Notarius Publicus

Ole Fenger

Notarius Publicus

Le Notaire au Moyen Âge latin

AARHUS UNIVERSITETSFORLAG

Copyright: Aarhus Universitetsforlag 2001 ©
Illustration: Kitte Fennestad
Imprimé par: Narayana Press, Gylling, Danemark
ISBN: 87 7288 924 1

AARHUS UNIVERSITETSFORLAG
Langelandsgade 177
DK-8200 Århus N
tlf. (+45) 89 42 53 70

www.unipress.dk

Traduit du danois par Lis Fenger
Edité avec l'appui des Fonds de l'Université d'Aarhus

I. Prologue

Les notaires et leur profession ont été l'objet d'évaluations toutes différentes. Au siècle des lumières comme on l'appelle, se propagea la conviction que les notaires étaient de faux savants, des gratte-papier, qui remplissaient les documents de nombreuses formules superflues pour se vanter en latin d'une connaissance non-acquise pour en imposer aux gens. Pour les auteurs de comédie ils étaient des victimes faciles: Molière en fournit les premiers exemples ainsi dans Les Femmes Savantes (1672) où Philaminthe dit au notaire (Acte V, scène III): Vous ne sauriez changer votre style sauvage, Et nous faire un contrat qui soit en beau langage. Et le notaire de répondre: Notre style est très-bon, et je serois un sot, Madame, de vouloir y changer un seul mot. Le notaire ne pouvait se conformer au désir qu'avaient les jeunes amoureux d'avoir un contrat de mariage plus romantique que juridique. Le notaire en tant que pédant formaliste est un personnage employé aussi dans les comédies de l'auteur danois Ludvig Holberg (1684-1754), où il fait figure d'homme ridicule.

Plus pertinente que la vue entretenue par les auteurs de comédies est la conception que se font les jurisconsultes des notaires qui exerçaient pourtant – et exercent toujours dans de nombreux pays – des fonctions juridiques. Quelle importance attribuer à l'emploi fréquent des notaires de formules puisées du droit romain, de réserves et de renonciations concernant les exceptions faites aux termes des documents. Quelle était l'importance des notaires pour la propagation et la réception du droit romain au Moyen Âge et dans la suite.

En ce qui concerne le droit danois Henning Matzen (1840-1910), historien du droit danois, n'avait pas de doutes. Dans son œuvre sur l'histoire du droit hypothécaire il précise qu'il n'est pas possible d'apporter des arguments en faveur de l'existence du droit canonique d'après les formules de celui-ci portant sur la renonciation à l'exception dans les obligations hypothécaires danoises:

L'explication est tout simplement comme suit: Les ecclésiastiques étaient au Moyen Âge auteurs olographes de tous les documents juridiques. Aux universités ils avaient

étudié le droit ecclésiastique. De celles-ci ils retournèrent chez eux, en partie en qualité de doctores decretorum, la tête remplie des règles du droit canonique, et la poche
pleine de formules adaptés à celles-ci, règles qu'ils employaient non seulement en
matière de leurs propres causes, mais également quand, à la demande des laïcs ils
devaient, surtout en tant que notarii (tabellionarii), écrire des documents.[1]

Et sur le droit romain Matzen écrit:

Les renonciations sus-mentionnées des obligations hypothécaires comprennent selon
leurs termes également ius civile qui selon le contexte et les sources peut être inter-
prêté seulement comme le droit romain, et point du tout comme le droit « laïc ». Dans
les certificats de dette faits ailleurs, par exemple en France ou en Hollande, on trouve
aussi un foisonnement d'exceptions désistées du droit romain. Mais à la question de
savoir si le droit romain a exercé une influence sur le développement du droit hypothécaire danois antérieur, il faut répondre carrément « Non ».[2]

C'était la conception de Matzen que le droit danois, en principe, n'avait pas
subi l'influence du droit étranger, pour lui le droit romain ainsi que le droit
canonique. Voilà pourquoi on ne s'étonne pas que, dans son œuvre maîtresse
« Forelæsninger over dansk Retshistorie » (Cours sur l'histoire du droit danois) ses pensées citées sur le droit hypothécaire comprennent en outre l'entier droit réel:

Les nombreux exemples dans les lettres du renoncement d'exceptionis iuris canonici
auraient pu indiquer que ce renoncement avait une certaine importance, dans la mesure où la cause est pendante devant le tribunal ecclésiastique, mais celui-ci appartenait d'ailleurs uniquement sans doute aux formules épistolaires des juristes savants,
pour les termes des lettres, desquelles on ne peut conclure à la mise en application
chez nous ni du droit canonique ni de jus civile, ce dernier étant presque toujours mentionné à côté du jus canonicum.[3]

L'activité des notaires au Danemark sera traitée par la suite. Ici il faut pourtant ajouter que la vue qu'avait Matzen sur les notaires et leur usage de formules superflues, était une idée répandue en Europe. Presqu' en même temps
que Matzen l'historien de droit allemand von Below écrivait que les formules
des documents du Moyen Âge qui réfèrent au droit romain ne prouvent en

---

1. Henning Matzen: *Den danske Panterets Historie*, Copenhague 1869, pp. 11-12.
2. Même œuvre citée à la page 15: Sur les renonciations.
3. Henning Matzen: *Forelæsninger over den danske Retshistorie: Indledning*. Retskilder.
   (Cours du droit danois: Introduction. Sources du droit). Copenhague 1897, p. 55-56.

rien sa mise en vigueur possible en Allemagne. Généralement il n'est question que de figures de rhétorique sans aucune importance réelle. Plutôt que d'une connaissance du droit romain elles témoignent d'une grande connaissance des formules d'origine étrangère.[4] D'autres auteurs ne dénient pas la connaissance qu'ont le notaire et le scribe du droit romain, mais trouvent leurs clauses superflues et les caractèrisent de hâbleries et d'envie d'impressioner.[5] Un exemple français: Auguste Brutails (1859-1926) attire l'attention en 1891 sur les malentendus qui sont le résultat de ce que les notaires méridionaux, sous l'influence des glossateurs, ont tout enveloppé dans un « vêtement romain » par un besoin naïf de « faire parade de leur érudition ».[6] Jacques Flach se déclare d'accord en 1908 avec la critique de Brutails portée sur les notaires.[7]

Qu'on entende depuis lors un autre son de cloche et qu'on regarde les notaires d'une façon toute différente sera signalé brièvement ici à travers quelques citations: Laurent Mayali écrit en 1979 concernant la situation au Midi, un domaine important pour le développement et la propagation au Moyen Âge du notariat, qu'il ne faut pas négliger « la présence des notaires dont le rôle dans la romanisation du droit n'est plus à mettre en doute ».[8] André Gouron fit en 1962 un pas de plus en qualifiant le notariat méridional de créateur de droit.[9]

Caractériser les notaires de phraseurs et de fanfarons est complètement erronné selon Winfried Trusen car ce jugement est fait par des auteurs pensant qu'il est superflu d'examiner la question de savoir si les formules des notaires auraient pu avoir une valeur judiciaire, peut-être une signification pas encore reconnue.[10] Concernant de telles examinations voir ci-après.

4. G.v. Below: *Die Ursachen des Rezeption des römischen Rechts in Deutschland.* Hist. Bibl., hrsg.v.d. Hist. Zeitschrift. XIX, 1905, p. 117.
5. Trusen (1962), p. 92.
6. A.Brutails: *Études sur les conditions des populations rurales en Roussillon au Moyen Âge.* Paris 1891, p. XXVI.
7. J. Flach: « Le droit romain dans les Chartes du IXe au XIe siècle ». *Mélanges Fitting,* T. II, Paris 1908, pp. 395.
8. Laurent Mayali: « Les Magistri dans l'ancienne Septimanie au XIIe siècle »: *Recueil de Mémoires et Travaux publié par la Société d'histoire et des Institutions des anciens pays de droit écrit.* Fascicule X, Université de Montpellier 1979, p. 100.
9. A. Gouron: « Le concours d'un droit écrit et d'un droit coutumier et l'expérience médiévale française ». *Annales Africaines,* 1968. Université de Dakar, Paris 1963, p. 203.
10. Trusen (1962), p. 92.

Le sujet, la période, le territoire

Plusieurs grands lexiques assimilent le mot souche du *sujet* « notaire » à celui
du « notariat » bien que les mots n'aient pas le même sens. « Notaire » représente une personne et la fonction de celle-ci, tandis que « notariat » (notaria-
to) est synonyme d'une institution, d'une charge notariale ainsi que d'une
étude de notaire, en français aussi bien qu'en allemand et en italien. Cette ins-
titutionalisation est de fraîche date et indique – dans ces langues – une fonction de droit public toujours en vigueur; il est donc néccesaire de souligner ici
que l'usage fait ci-après du mot « notariat » n'implique pas une institution ou
une charge, uniquement la fonction de notaire qui pourtant, selon les circonstances, dépend d'une autorisation, ou d'un brevet, au même titre que les pro-
fessions d'avocat actuelles chez nous. Quand on s'occupe de matières datant
du Moyen Âge on risque de ramener les dispositions de notre époque à une
période où elles étaient inconnues et où, par conséquent, on n'avait pas de
mots pour les désigner. Les Allemands parlent de « das öffentliche Notariat »,
mais, comme il va ressortir dans la suite, on avait une autre conception au
Moyen Âge qu'à l'heure actuelle de la distinction entre le public et le privé.

   L'auteur d'un livre français récent « Le Notariat » dit par manière d'introduction qu'on « a beaucoup écrit sur les notaires, mais le notariat reste
méconnu ».[11] D'autres ont souligné que les recherches traditionelles ont notamment examiné et traité les documents notariaux et écrit la biographie des
notaires en tant qu'individus, mais qu'un exposé détaillé et complet fait dé-
faut.[12] C'est un fait caractéristique de cette situation que la liste de l'écran sur
les livres présents à la Bibliothèque Nationale de Paris dont les titres renferment le mot de « notaire » dénote plus de 1500 œuvres, tandis que seulement
100 titres environ indiquent le mot de « notariat ». Les grands lexiques en italien, en français et en allemand traitent en détail le rôle du notariat selon la
législation en vigueur; mais l'histoire de celui-ci n'est écrite que de façon
sommaire, peut-être parce que, au Moyen Âge, le notariat n'était pas considéré comme une institution, ce qui explique le manque d'œuvres complètes
internationales sur le sujet. Ce qui s'en rapproche le plus ce sont les lexiques
et manuels – surtout allemands – de ces dernières années dont le Moyen Âge
constitue le cadre.[13] Mais il est évident que, quand il s'agit justement d'un

11. Jean Rioufol et Françoise Rico: *Le Notariat*, Presses Universitaires de France. Série
    « Que sais-je? », 1ère éd. 1979, 2e éd. 1992, p. 5.
12. Trusen (1962), p. 70, no 1.
13. Par ex. LdM, HRG et Coing, *Handbuch*.

sujet international tel que la fonction notariale, il est insoutenable de prendre comme point de départ les nations et les États récemment crées et par conséquent les frontières fixées en même temps, qui n'existaient pas au Moyen Âge. Les notaires de ce temps-là étaient fort mobiles, et leur savoir ne pesait pas lourd physiquement quand ils se déplacaient.

La *période* que traite l'exposé suivant sur la fonction notariale est « Le Moyen Âge », une expression peu adéquate car on oublie souvent que la période comprend environ mille ans de l'histoire de notre continent. Parlant au singulier du Moyen Âge, de l'homme médiéval, de sa conscience et de ses besoins, il faut se rendre compte que les dires y relatifs ne sauront nullement rendre compte des réalités qui s'étendaient sur mille ans. Chaque périodisation dans l'histoire est sujette à bien des inconvénients, mais elle est particulièrement déroutante quand il s'agit du Moyen Âge, qu'on parle du temps ou du lieu. C'est une banalité de dire que les hommes médiévaux ne savaient pas qu'ils vivaient au Moyen Âge. Les hommes de la Renaissance ont créé le mot dans le but de glorifier la période antique, que selon eux, on croyait voir renaître, sans prendre en considération que c'était à travers le Moyen Âge que l'héritage culturel de l'Antiquité avait été conservé et adapté. Ce qui était oublié – ou avait disparu – ne pouvait renaître. Il ne faut pourtant pas perdre de vue que la base nécessaire de la culture, de la société des institutions contemporaines ainsi que du savoir et de la croyance est formée par le développement peut-être de l'Antiquité mais bien sûr en tout cas de celui du Moyen Âge, sans pourtant marquer ici nettement le début du Moyen Âge et le passage à ce que nous appelons les temps modernes. L'histoire des notaires contribuera à mieux élucider ce procès entier.

En ce qui concerne finalement le *territoire* géographique, il ressortira que dans l'empire romain entier il y avait un notariat. Le résultat du partage de l'empire en 395 fut la création de deux empires soit gréco-byzantin oriental soit occidental de langue latine. L'Orient qui maintenait l'empire sur des parties de la péninsule italienne gardait intact le notariat. La langue du gouvernement et la langue judiciaire étaient grècques. L'exposé présent traite le Moyen Âge latin d'une part pour des raisons linguistiques, de l'autre parce que le notariat à l'Occident et dans les empires envahis par les Germains se développait d'une façon différente de ce qui était le cas dans les domaines byzantins. La grande œuvre législative de Justinien (527-565), empereur romain d'Orient, traité par la suite, renferme plusieurs règles sur la fonction des notaires; mais ce fut le développement ayant lieu au début du Moyen Âge, particulièrement dans les villes au Nord de l'Italie, qui joua un rôle important pour le notariat de langue latine, qui se propagea ensuite dans toute l'Europe

– pour employer une étiquette qui ne voulait pas dire grand'chose au Moyen Âge.

Voilà les cadres du sujet, de la période et du domaine; reste à caracteriser de plus près le personnage central, le notaire.

Notarius

Vu la versalité de la vie humaine et le cours continuel des générations, beaucoup de choses fermement ancrées dans la raison s'effondrent au cours des âges par suite de jalousie, d'effronterie et de témérité, voilà pourquoi nous jugeons juste et utile à l'aide de la permanence des lettres d'éterniser ces choses-là qui s'harmonisent à la raison et aux traditions et de les transmettre aux âges suivants.[14]

Les phrases sont mises en tête d'une lettre du 29 juillet 1215 dans laquelle Valdemar II le Victorieux, roi du Danemark (1202-1241), prend l'Église lubeck-oise sous sa protection. Parmi les témoins signataires il y a « Torsten, notaire, du ménage du roi », dans le texte original en latin: »De familia regis Dorstannus notarius… ». Dans la suite sera traitée l'activité des notaires dans le Danemark médiéval. Voici seulement quelques remarques sur la fonction du notaire dans la société. Elle remonte au temps où l'on passe des images narratives à une véritable écriture en rapport avec le son de la langue. L'ingéniosité de certains individus et les caractéristiques de certaines langues ont certainement joué un rôle dans ce long développement. Les hiéroglyphes égyptiennes et l'écriture sumérienne, cunéiforme appartiennent aux monuments linguistiques les plus anciens. Les scribes des Pharaons étaient des fonctionnaires haut placés, mais tous les peuples eurent besoin des scribes et de leur art pour que leurs récits religieux, leurs événements historiques ainsi que leurs faits et contracts politiques et juridiques pussent se maintenir et être prouvés indépendamment de la mémoire et de la véracité humaines.

La série des lettres servant à la transcription des sons s'appelle l'alphabet, une dénomination qui a son origine dans les premières lettres de l'alphabet grec, alpha et bêta. Les Grecs prenaient probablement leur signes graphiques chez les Phéniciens. De l'alphabet grec vont naître d'un côté l'alphabet latin, ayant depuis la plus grande expansion, de l'autre l'alphabet vieux slave ou cyrillique qui avec le temps fut celui des Russes. Comme déjà mentionné cet exposé-ci présent se limite à traiter la partie de l'Europe où le latin au Moyen Âge était la langue écrite commune. Que le latin fût ici la langue commune

14. DD-DRB 1-5 (57).

est dû à l'Église catholique. Le christianisme est la religion de l'écriture, car basée sur la Bible. Biblos est le nom grec de la cité phénicienne d'où les Grecs importaient le papyrus. Ensuite « bible » veut dire livre ou écriture. Tous les ecclésiastiques, des supérieurs haut placés jusqu'aux inférieurs bas placés devaient naturellement savoir lire et écrire. Ils devaient être capables de lire l'évangile du jour et les livres liturgiques pendant le service, ils devaient savoir écrire pour pouvoir exercer leurs fonctions; l'art de lire et d'écrire se propagea donc en même que l'œuvre de la propagation de l'Évangile.

Mais bien avant l'Église on emploie à Rome un grand nombre de scribes et parmi ceux-ci il y avait des *notarii*. Le radical du mot est *nota*, un signe, une estampille ou une marque. En employant de telles notes le notaire devient en grec un sténograph: un homme qui pratique une écriture abrégée, formée de signes conventionels qui lui permettent d'écrire quatre fois plus vite que s'il n'avait employé qu'une écriture ordinaire. La sténographie était bien connue dans l'Antiquité et était appelée par les Romains « l'art tironien », c'est-à-dire l'écriture à l'aide de notes tironiennes, *notæ Tironianae*, c'est-à-dire l'écriture à l'aide de notes tironiennes qui portent le nom de Tiron, affranchi et secrétaire de Cicéron, habile à l'art de sténographie.[15] Dans l'ancienne Rome il y avait des esclaves employés aussi comme porteurs des lettres, *tabellarii*, qui portaient la correspondance des citoyens aisés, correspondance appelée *tabellae* car écrite sur des tables de bois enduites de cire. Anciennement *tabellio* était la nomination d'un scribe synonyme de *notarius*.[16] Les deux accomplissaient des fonctions aux services public et privé. Mais à mesure que les magistrats romains avaient de plus en plus besoin de scribes permanents, les *tabelliones* devenaient des scribes urbains, *scrinarii urbi*, soumis à l'autorité des magistrats de la ville et organisés dans un corps particulier, le tablionnat. C'est parce que le mot de *tabelliones* était employé particulièrement dans le Code justinien que l'expression survivait au Moyen Âge, alors encore une fois avec la même signification que le mot de « notaire ».[17]

15. Maurice Jusselin: « Notes tironiennes dans les diplômes mérovingiens ». *Bibliothèque de l'Ecole des Chartes*, t. LXVIII, Paris 1907. Arthur Mentz: « Die tironischen Noten. Eine Geschichte der römischen Kurzschrift », *Archiv für Urkundenforschung*, t. XVII, 1942, pp. 222-235. P.Ganz (éd.), *Tironische Noten*, 1990.
16. Le mot codex vient de *caudex*, un morceau de bois, une table de bois. Cf. A. De Broüard: *Manuel de Diplomatique française et pontificale*. Paris 1948, p. 31.
17. L'histoire du notariat à l'Antiquité et au Moyen Âge n'est que très peu traitée dans les grandes encyclopédies dans les langues principales: *La Grande Encyclopédie* s.v. Notaire I, Histoire, XXVe tome, pp. 63-64, Paris, sans date: 2 colonnes. *Encyclopaedia Universalis*, Paris 1988, ne traite pas l'histoire ancienne du notariat dans l'art.

Par manière d'introduction il faut mentionner deux branches de science importantes pour l'histoire des notaires: la paléographie et la diplomatique. Le mot grec *palæographie* est la science du déchiffrage, de l'interprétation des écritures anciennes et le moyen de déterminer l'âge, la provenance et l'origine etc. de l'écriture alphabétique ancienne. L'expression paraît pour la première fois dans l'œuvre du bénédictin Bernard de Montfaucon (1655-1741). *Paleographia graeca sive de Ortu et Progressu Literarum* (1708) qui traite des écritures grecques. La paléographie permettait de déterminer l'âge et l'authenticité d'un manuscrit d'après la forme, le caractère et le style des lettres employées.[18]

La paléographie a beaucoup de points de contact avec la *diplomatique*, la science des diplômes, une science auxiliaire historique, qui tira ses origines au Moyen Âge, des nombreuses contrefaçons réelles ou fictives qui avaient lieu. Ce fut également un bénédictin français Jean Mabillon (1632-1707), l'auteur du célèbre *De re diplomatica* (1681), qui fonda la diplomatique, dont le but essentiel est de déterminer la valeur des diplômes et d'autres documents importants en tant que sources historiques. La paléographie et la diplomatique font partie de la science historique contemporaine, et sont des éléments centraux dans le processus des recherches méthodiques, ce qui sera le cas également dans la suite.[19]

« nota ». *Enciclopledia Italiana*, vol. XXIV, Roma 1934, s.v. Notaio, Storia, a une colonne. *La Grande Encyclopédie-Larousse*, vol. 14, Paris 1975, ne traite que le temps après 1791. *Meyers Enzyklopädisches Lexikon*, s.v. Notar, vol. 17, Mannheim 1971, n'accorde que quelques lignes au sujet, tandis que Brockhaus, *Die Enzyklopädie*, Leipzig 1998, sous « Notar » ne mentionne pas l'histoire du sujet. La Nationalencyklopedin suédoise en fournit quelques lignes, voir tome XIV « Notarialinstrument ».

18. Cf. Généralement: Jacques Stiennon: *Paléographie du Moyen Âge* (2e éd., Armand Colin, Paris 1991).

19. Sur la diplomatique en général: Harry Bresslau: *Handbuch der Urkundenlehre* I-II, Abth. I, Leipzig 1912-1915. Arthur Giry: *Manuel de diplomatique*, Paris 1925. Johs Steenstrup: *Nogle Hovedtræk af Skriftarternes Historie*, Copenhague 1915. Erik Kroman: *Skriftens Historie i Danmark*, Cph. 1943. Franz Blatt: *Under vor Haand og Segl*, Cph. 1943. KLNM voir « Diplomatik ».

II. Le droit romain

Le fait qu'on eût connaissance aux Moyens Âges greco-byzantin et latino-oc-cidental du droit romain antique est dû à Justinien 1er, empereur romain d'Orient en 527. Il avait la vocation de rétablir la splendeur de l'empire romain dans son intégrité territoriale. Comme un élément de ses efforts il désirait faire renaître le droit romain en faisant rédiger une grande œuvre codificatrice qui devrait renformer la législation impériale des siècles précédents *Codex*, ainsi qu'un vaste recueil d'extraits – en tout presque 10.000 fragments – de la littérature du droit classique datant des premiers deux siècles après la naissance de Jésus-Christ. Ce recueil, dont le nom est *Digesta*, terminé en 533, fut, la même année, complété par un manuel du droit romain, *Institutiones*, basé partiellement sur les institutions rédigées par le jurisconsulte Gajus datant du IIe siècle après Jésus-Christ. Ces trois exposés eurent ensemble force de loi pour l'Empire romain reconstitué que Justinien avait rassemblé autour de la Méditerrané.

Le rétablissement de l'Empire ne dura que peu de temps, tandis que le Code Justinien, complété de nouvelles lois particulières (*leges novellae*) s'avérerait être durable. A travers celui-ci on eut connaissance au Moyen Âge du droit romain, et c'est grâce à son influence qu'on peut parler d'une histoire du droit occidental commune. Le Code de Justinien, depuis appelé *Corpus Iuris Civilis*, fut un dénominateur commun au développement du droit.[1]

Un court résumé du développement du droit romain contribuera à comprendre l'arrière-fond historique de l'œuvre législative de Justinien, ce qui est utile, parce que les notaires médiévaux connaissaient et employaient les éléments et les règles du droit justinien.

De façon succincte le mot de droit romain est employé pour désigner le système de droit qui se propagea dans l'Empire romain environ à partir de 500 av. Jésus-Christ jusqu'à 500 après.

La dénomination comprend ainsi le droit simple en rigueur dans la communauté rurale de l'antiquité romaine, mais également le système de droit

---

1. LdM, voir Römisches Recht, Rezeptio, m. Litt. (F. Ranieri).

détaillé et compliqué qui atteint l'apogée sous l'Empire romain dans les premiers siècles après Jésus-Christ, et qui, sous les conditions de société modifiées de l'Antiquité romaine, évolue en ce qu'on a nommé le droit vulgaire, une expression à interprêter comme le résultat d'une simplification du droit romain.

Dans la République antérieure le développement du droit ne différait pas de la plupart des autres systèmes de droit. Les règles du droit se développaient sous forme de droit des coutumes et étaient considérées comme étant d'origine divine. De 451 à 450 av. Jésus-Christ le droit des coutumes fut rédigé par les décemvires désignés et le résultat en fut la loi des Douze Tables, dont la plupart sont connues. A la base de ce recueil de loi se développait le droit romain de la République, en même temps qu'il s'organisait en se nuançant à travers les décisions des Comices; et bientôt il fut séparé de sa liaison avec les règles morales et religieuses. Cet ancien droit romain, réservé aux citoyens dans la ville de Rome, était appelé *ius civile*, le droit des citoyens. Avec le temps ce droit ne savait satisfaire aux besoins créés par la République croissante; voilà pourquoi le préteur, qui depuis 367 av. Jésus-Christ avait été spécialisé dans la juridiction, devait intervenir, corriger et subvenir ou suppléer à ius civile en donnent aussi bien aux Romains qu'aux étrangers, qui étaient à Rome, la permission d'intenter une action leur garantissant ainsi la protection légale dans nombre de cas nécessaires, où *ius civile* qui gardait toujours sa validité ne permettait pas d'intenter une action. Les règles établies par le préteur en vertu de son *imperium* sont appelées ensemble le droit prétorien ou *ius honorarium*. Il était consigné par chaque préteur dans l'édit prétorien qui serait de grande importance pour le développement tranquille et approprié du droit romain.

Plusieurs domaines juridiques romains étaient sans doute influencés par le droit grec; mais les résultats du développement du droit romain dûs à la méthode pratique judiciaire du préteur, ainsi que de ses conseillers, sont originaux et uniques. Les règles du droit que pouvaient invoquer les Romains et les étrangers comme base de jugements romains, sont intitulées *ius gentium*, le droit des peuples, pour qu'on puisse ainsi marquer la différence entre celui-ci et l'ancien droit romain, *ius civile*.

A la fin de la République Quintus Mucius Scaevola (m. 82 av. Jésus-Christ) était un des jurisconsultes à Rome. A la chute de la République le préteur gardait son influence sur le développement du droit jusqu'à ce que la législation impériale fût la source du droit la plus importante du droit romain. A l'instigation de l'Empereur Hadrien l'édit prétorien fut rédigé vers 130 après Jésus-Christ par Salvius Julianus et demeurait inchangé depuis. Une grande influence était exercée par les jurisconsultes éminents à qui l'Empereur avait conféré la permission de *respondere* avec obligation légale dans les matières juridiques. La vaste littérature du droit romain est composée d'une grande partie de tels recueils responsifs. L'âge d'or de la jurisprudence, la période classique, comme on l'appelle, s'étend environ de l'an 50 jusqu'à vers 250 de notre ère. Parmi les plus célebres des jurisconsultes se trouvent Gaius, Paulus, Papinien, Modestin et Ulpien.

Les Romains permettaient largement aux habitants de leurs provinces de garder leurs systèmes judiciaires locaux; mais en sus de ceux-ci furent promulguées quelques règles dont le contenu relevait surtout du droit public. L'*edictum provinciale* renferme ces règles de la loi, vraisemblablement identiques dans les provinces différentes.

Le droit romain se propageait avec le temps pour être valable également pour ceux qui n'étaient pas Romains, parce que ceux-ci pouvaient invoquer des règles de *ius gentium.* Ce développement fut achevé avec la propagation du droit de cité romaine. L'opposition à l'intérieur de l'Empire romain entre les citoyens et les non-citoyens fut abolie en 212 après Jésus-Christ, quand l'Empereur Caracalla par l'édit *Antoniniana* accorda la citoyenneté romaine à presque tous les sujets libres de l'Empire.

La période près-classique du droit romain date du Dominat instauré par Dioclétian (284-305). Les fonctionnaires impériaux n'avaient plus des connaissance requises de la matière juridique pour perpétuer les traditions juridiques, et encore moins pour faire évoluer la science du droit, et le *ius respondendi* des jurisconsultes leur avait été retiré au milieu du IIIe siècle. En tant que fonctionnaires anonymes les jurisconsultes étaient réduits à n'être que des instruments servant l'Empereur absolu. Les grands changements politiques et culturels de l'Empire romain apportaient des modifications également au droit romain. Que le rôle de la ville de Rome et des institutions fût achevé à mesure que le centre de l'Empire se déplaçait vers l'Orient, eut pour résultat la disparition de la base des droits constitutionnel et procédural du droit romain. De grandes parties du système du droit devinrent ainsi difficiles à comprendre et problématiques à employer, et il fut par conséquent la tâche des jurisconsultes de simplifier et d'harmoniser les matières juridiceires. En résulta une période de droit « vulgaire », aboutissant dans l'Occident aux systèmes du droit des pays germaniques au temps des migrations des peuples, tandis que, dans l'Orient du Ve siècle apr. Jésus-Christ il était remplacé par une reconnaissance du droit romain classique enseigné dans quelques écoles du droit, dont la plus importante était située au Beyrotos phénicien (Beyrouth). Il ne faut pas sous-estimer l'importance de cette période préclassique. A travers la simplification et le remaniement des œuvres des jurisconsultes classiques le droit romain devenait compréhensible et utilisable pour les âges suivants et c'est l'effort fourni par les jurisconsultes orientaux qui rendait possible l'œuvre législative de Justinien.[2]

2. Jolowicz (1972), Wolfgang Kunkel: *Römisches Rechtsgeschichte*, Köln 1972.

III. Le droit romain et la forme écrite

Constat autem ius nostrum ex scripto aut ex non scripto. C'est ainsi que les Institutes de Justinien introduisent les règles du droit en concordance presque complète avec le jurisconsulte Ulpien. Le droit écrit est énuméré: *lex, plebi scita, senatus consulta, principum placita, magistratuum edicta* et *responsa prudentium.* Le jurisconsulte Julien explique ainsi pourquoi il n'est pas nécessaire de mettre par écrit les règles du droit: « Une coutume invétérée possède de droit force de loi, et c'est ce qu'on appelle le droit des coutumes. Car comme les lois ne nous engagent que par la seule raison qu'elles sont adoptées par la décision du peuple sans rédaction écrite elles doivent, comme de raison, obliger tout le monde; car qu'elle est la différence entre la manifestation de la volonté du peuple par une vote ou par ses coutumes de la vie quotidienne? ».

La première rédaction du droit des coutumes eut lieu, comme déjà mentionné, vers 450 av. Jésus-Christ: la loi des XII tables. Une lutte pour le pouvoir entre les patriciens et les plébéiens forme l'arrière-fond de cette rédaction. Ces derniers exigèrent la mise par écrit du droit des coutumes, car selon eux les patriciens administraient le droit à leur propre avantage et en disfaveur des plébéiens. La rédaction augmentait la sécurité publique, car personne désormais ne saurait être jugé d'après des règles inconnues.[1] Le droit des coutumes appartenait toujours aux sources du droit ce qui est précisé par l'argumentation de Julien citée.

L'ancien droit romain fonctionnait dans l'ensemble sans être rédigé, mais c'est évident que des documents rédigés sous l'influence grecque furent généralisés avant la fin de la République. Les testaments étaient presque toujours rédigés. La mise par écriture n'était pas une condition pour la validité des contrats, ni pour les conventions formelles ni pour les non-formelles, c'est-à-dire les contrats réels ou consensuels. *Stipulatio* était une des conventions verbales formelles les plus anciennes et les plus employées. La stipulation était une convention verbale basée sur une formule consacrée relative aux questions et aux réponses en présence des témoins. Mais Cicéron (106-43

---

1. Jolowicz, p. 14.

av. J.-Chr.) déjà place la stipulation parmi les *res quae scripto aguntur*. Les contrats consensuels étaient vraisemblement faits par écrit aussi, ou en tout cas de façon à être confirmés par une stipulation écrite.

Un modèle de contrats formels était le contrat littéral qui n'eut jamais une importance particulière, puisqu'il était limité seulement à renouveler une obligation déjà existante, une *novatio*. L'emploi de documents rédigés concernant des engagements contractuels était de plus en plus répandu dans la période classique du droit romain (le IIe et le IIIe siècle). Ceci est dû probablement à l'idée qu'on se faisait dans les provinces grecques qu'un contrat devait être fait par écrit. La forme la plus employée par les Romains était le « document double », c'est- à -dire deux textes conformes, dont l'un était fermé et scellé, tandis que l'autre était ouvert, de sorte que quiconque puisse le lire. Cette forme était très répandue dans l'Antiquité. Elle était connue dans l'ancienne Babylone et dans d'autres civilisations proche-orientales comme elle était répandue dans l'Égypte de la période hellénistique. Il n'y a pas nécessairement un rapport historique entre l'usage courant au Proche-Orient ou en Égypte, mais il ne fait aucun doute que les Romains s'étaient inspirés par son usage dans la civilisation hellénistique.[2]

En Égypte on écrivait des manuscripts sur papyrus, mais dans d'autres parties de l'Empire romain on employait généralement en matières judiciaires, un *diptychon*, une tablette double dont les feuillets étaient garnis d'une couche de cire, donc la même nature double que renferme *diploma*. La tablette ayant trois feuillets s'appelait *triptychon*. De tels documents sont surtout des objects trouvés mis au jour par les fouilles de Pompéi.

Les deux textes n'étaient pas toujours complètement conformes. Il arrivait souvent que le texte fermé eût une forme « objective », c'est-à-dire écrit à la première personne (par ex. d*ixit se accepisse*), tandis que le texte ouvert était « subjectif » (par ex.*scripsi me accepisse*). De ces deux la forme « objective » semble être la plus ancienne, mais la pratique romaine, comme avant celle-ci la pratique grecque, a tendance à préférer la forme subjective. Le mot généralement employé pour désigner un document subjectif est *chirographum*, mot qui dénote l'influence grecque. Dans quelques quittances de Pompéi le texte ouvert et le texte fermé sont déjà des *chirographi* dans le vrai sens du mot; peut-être y avait-il dans l'Empire romain entier, comme sans doute déjà en Égypte, une tendance commune à reproduire le texte ouvert dans un résumé faisant partie du texte fermé, qui petit à petit disparaissait complètement. En tout cas on n'a pas d'exemples après le IIIe siècle.

2. Jolowicz, p. 414.

La mise par écrit des actes juridiques a plusieurs buts: par exemple tout simplement avoir la preuve par écrit d'un acte juridique qui, qu'il soit authentique ou non, est accompli sans l'emploi de l'écriture. De l'autre côté l'écriture pouvait-elle être « dispositive » ou « constitutive », c'est-à-dire qu'elle contenait sous forme permanente, une déclaration de volonté qui, à elle seule, rendait l'écriture effective. Cet effet dispositif était peut-être dû à ce que la loi n'en parlait pas, à ce que les deux parties avaient choisi cette mode d'expression.

C'est un phénomène bien connu dans l'histoire du droit que l'ancien emploi de la mise par écriture n'a qu'un but: celui de fournir la preuve et dans ce domaine le droit romain ne fait pas exception. Les actes juridiques conformément au *ius civile* demandaient d'autres documents que la mise par écrit pour être valables. Si celle-ci était employée, c'était pour enregistrer qu'on avait respecté ces formes, et on choisisait par conséquent une forme objective du document. Dans deux cas seulement se développait en *ius civile* une forme de rédaction par écrit nettement positive. L'une était le contrat littéral caractéristique déjà mentionné, l'autre l'acte de cession par testament.

Le *ius gentium* donnait au document dispositif un plus large ressort d'action, puisque les parties d'un contrat consensuel étaient libres de mettre leur convention par écrit, leur permettant ainsi d'imiter la forme grecque pour l'emploi de documents. L'influence grecque exercée sur le droit romain se fait voir nettement dans deux domaines: la stipulation mise par écrit et le billet simple. Comme déjà mentionné l'emploi de stipulations rédigées se généralisa après Cicéron. D'après la théorie romaine seul le but avait force de preuve, mais un Grec l'interpréterait d'une autre manière. Quand l'Empereur Caracalla en 212 après J.-C. propagea le droit romain à un grand nombre de peuples ayant vécu jusque là sous le système grec, ces peuples ne comprenaient certainement pas le principe romain, mais continuaient à regarder la mise par écrit comme la condition nécessaire pour que la promesse fût génératrice d'obligations. Cela était contraire à la pensée romaine, mais même à Rome on était fondé à croire que la stipulation rédigée était le résultat d'une stipulation imposée par la loi, supposition qu'il était normalement difficile de réfuter. Et la preuve du contraire fut complètement exclue selon une loi de l'an 200 apr. J.-C., car celle-ci plaçait sur le même plan la seule demande de stipulation et celle qui avait été réalisée. Par cela même la stipulation se transforma en contrat rédigé.

Le fait d'avouer une dette par écrit était, selon le droit romain classique, uniquement un moyen de preuve, mais les Romains connaissaient le principe des Grecs. Ainsi selon Gaius une obligation par écrit peut-elle résulter de *chirographae* et *syngraphae*, le fait qu'un homme écrit qu'il est debiteur ou qu'il désire payer sans qu'on en ait énoncé une stipulation.

Il ajoute pourtant que de tels contrats sont surtout employés par les *peregrini*, c'est-à-dire des gens venant de la civilisation grecque. La distinction entre les deux points de vue est claire en théorie, mais guère en praxis dans l'Empire romain entier. Ce qui est incontestable c'est qu'on a traité les seules *chirographa* concernant la reconnaissance d'une dette de la même manière que des documents concernant la stipulation, quand il s'agissait de *exeptio non numeratae pecunia*, une conception juridique qui se développait dans la période post-classique et qu'il faut mentionner ici parce que qu'elle était bien connue par les notaires du Moyen Âge. Son emploi est le plus facile à comprendre si on le met en rapport avec collusion, dol ou malversation commises de sorte qu'un prêteur demande à celui qui désire lui emprunter une somme d'argent, un document relatif à cette somme, qui pourtant ne sera pas payée. Si la stipulation habituelle concernant le remboursement était contractée et instrumentée, la situation au temps de Gaius était telle que la dette devrait être payée par le débiteur nommé, parce qu'il l'avait promis par la stipulation formelle. Mais s'il était poursuivi en justice pour le paiement, il pourrait obtenir *exceptio doli*. Dans ce cas il a la charge de la preuve. Mais si on n'avait pas énoncé une stipulation verbale, mais seulement écrit un document où la dette était reconnue, il en serait autrement, car l'action demandée du prêteur ne serait pas basée sur une stipulation mais sur *mutuum*, et le défendeur n'avait pas besoin d'*exeptio*. Il n'avait qu'à nier la dette, puisque, si l'argent n'avait pas été payé, il n'y avait pas de *mutuum*, car *mutuum* était un contrat réel. Cette différence disparut avec la loi de l'an 2000 apr. J.-C. Le document était maintenant la preuve suffisante du versement de l'argent et c'était au défendeur de prouver le contraire s'il en était capable. Dans les deux cas la réforme de la loi permettait au défendeur, dans le délai d'un an, d'éliminer la force obligatoire du document en niant sans preuve avoir reçu l'argent. Le fardeau de la preuve incombait ainsi au demandeur qui devait prouver que l'argent avait été payé. Mais si le délai d'un an avait expiré, le défendeur devrait payer en toutes circonstances. Ceci ressort d'une loi de l'an 228, et le document est devenu la preuve incontestable de la dette.

Nous ne connaissons pas l'année exacte de l'introduction d'*exceptio non numeratae pecuniae*, mais elle est mentionnée dans une loi datant de 215, un résultat possible de la loi de cité de Caracalla datant de 212. Un système unique applicable à presque tous les habitants de l'Empire romain comportait le risque que la vue qu'entretenaient les Grecs sur les documents en tant que force obligatoire en eux-mêmes dût se répandre. L'*exceptio non numeratae pecuniae* y obviait.

Les idées grecques sur l'importance des documents rédigés se répandaient pourtant fortement dans la période post-classique, surtout quand il s'agissait d'enregistrement de documents et de formes de transmission mises par écrit. La pratique d'enregistrement se faisait déjà à l'époque classique, mais on ne sait pas s'il est dû à l'influence grecque ou à un développement indépendant de la juridiction volontaire selon le droit romain.[3]

L'*exceptio non numeratae pecuniae* nécessite quelques commentaires sur les exceptions en général en tant que base de l'usage que s'en font plus tard les notaires. Cette exception prend ses racines dans la procédure de formules dont le nom vient de *formula*, l'ordre par écrit déstiné au juge, dans lequel le préteur fixait les objects de litige des parties et donnait l'ordre au juge de prononcer un jugement conformément à la conclusion du demandeur, si le juge trouvait celle-ci prouvée. *Formula* est organisée selon un plan schématique déterminé qui contient trois élements: 1) la désignation d'un juge dans le procès en instance, 2) *Intentio*, la demande du demandeur, 3) *Condemnatio*, l'ordre au juge de comdamner si *intentio* était reconnue exacte. Les éléments étaient insérés à l'intérêt du demandeur. A l'avantage du défenseur le préteur pouvait ajouter *exceptio*, qui signifiait que, bien que *intentio* d'ailleurs fût reconnue exacte, la condamnation judiciaire ne devait pourtant pas se faire sous la condition formulée dans *execptio*. La dénégation de la vérité de la demande formulée par le défenseur n'était pas une *exceptio*. Une telle par contre présupposait la reconnaissance de la vérité de la demande faite par le défenseur, mais, notons-le, sous de telles circonstances que, selon le défenseur, la condamnation n'aurait pas lieu, par exemple parce que le créancier avait accordé un sursis de paiement. On pouvait de même arguer de toute une série de causes de nullité, par ex. peur ou contrainte, *exceptio metis*, et dol, *exceptio doli*. Le pouvoir qu'avait le préteur d'approuver des actions, *actiones*, était avec ses attributions d'*exceptiones* une façon de développer le système du droit. Les règles sur *exceptiones* forment une partie importante de *ius honorarium* du préteur et l'exception faisait au Moyen Âge partie intégrante des formules des notaires, surtout de sorte que l'auteur d'une promesse en renonçant faisait abandon de son droit à faire opposition concernant la validité de la promesse.

Selon le droit romain classique le préteur pouvait éleminer l'effet d'*exceptio* en accordant au demandeur la *réplicatio* faisant ainsi une exception de l'ex-

3. Jolowicz, pp. 414-420.

ception à laquelle la *duplicatio* pourrait répondre. Ces moyens de droit seront laissés de côté ici, car seule la première *exceptio* eut de l'importance pour les documents médiévaux et par conséquent pour les formules des notaires.[4]

De l'ancien droit romain des obligations quand le droit fut comme la prononciation des mots, c'est-à-dire les mots corrects et les formules fixes, le droit romain se pliait au principe de la procédure formelle du *processus legis actio*, soit qu'il faut respecter les formules. L'emploi de l'écriture qui allait en augmentant n'y change en principe rien.[5]

Également importantes pour le droit romain et la mise par écrit sont les lois sur les donations de l'an 323 rendues par l'empereur Constantin le Grand, complétées ensuite par des additions ainsi que par une loi d'achat et vente datant de 337. Constantin décida, certainement à cause de la pratique courante et répandue, que la transmission de propriété ne pourrait désormais plus s'effectuer par le moyen de conventions verbales. Des documents constitutifs devraient être instrumentés et ensuite enregistrés par l'autorité publique. Trois éléments sont importants â ce propos:

1) Le document constitutif doit être instrumenté sous forme de lettre par un notaire ou par le cédant ni *privatim* ni *occulto*, mais *scientibus plurimis, vicinis praesentibus, sub clamationibus populi, testificantibus vicinis*, pour pouvoir prouver le vrai droit de propriété du cédant et pour éviter le dol. C'est ainsi que s'assure la publicité concernant les actes judiciaires.

2) Les documents de donation (et ensuite aussi de vente) doivent être présentés à l'autorité, même au gouverneur de la province ou à une autorité communale à la signification aux actes (*gesta*). Ce n'est ainsi que la convention obligatoire a force de loi.

3) La tradition séparée de la convention obligatoire doit, comme selon l'ancien droit romain, avoir lieu publiquement devant témoins, et quand il s'agit de biens immobiliers il faut que le cédant quitte la parcelle de terrain et que le nouvel propriétaire en prenne possession devant des voisins convoqués, *advocata vicinitate*. Depuis le Ve siècle au moins sont présents à cet acte des agents de l'autorité qui couchent par écrit ce qui s'est passé comme c'était le cas pour la convention.[6]

---

4. Jolowicz, p. 208.
5. Sur processus legisactio: Jolowicz, pp. 191 suiv. Tamm: *Retshistorie*, vol. 2, pp. 51 suiv.
6. Classen, pp. 34 suiv. L'art. 96 des statuts municipaux plus récents (av. 1443) de Ribe proscrit la preuve devant 12 voisins, DgK II-49.

Constantin dit clairement pourquoi la publicité en présence des voisins et des autorités est nécessaire. D'une part il s'agit de la sécurité publique ici et maintenant et dans la suite: il faut éviter des cessions frauduleuses et des ventes doubles. D'autre part la loi assure à travers l'enregistrement public la base fiscale: la base mise par écrit est assurée pour rendre le débiteur responsable des impôts fonciers, d'autres impôts et des droits sur les héritages.

On peut donc constater que, contrairement au droit classique qui avant tout prescrivait des formes solennelles pour le contrat verbal, la forme vulgaire du nouveau droit romain se caractérise par une écriture double quand il s'agit de transmission: il existe des documents particuliers concernant les donations, l'achat et la vente, les testaments etc. et à côté de ceux-ci un acte d'autorité qui enregistre l'acte juridique qui n'est réalisé qu'ainsi. Mais l'acte juridique n'est pas rendu public seulement par le concours et l'enregistrement de l'autorité, mais également par la présence des voisins à l'écriture et à la tradition.

Les notaires de l'Empire romain (du IIIe au VIe siècle)

La plupart des institutions sociales et des fonctions administratives du Moyen Âge prennent leurs racines dans l'Antiquité romaine, ce qui vaut de même et nettement pour les archives et les chancelleries du Moyen Âge, qu'on ne peut décrire sans avoir une connaissance approfondie des institutions romaines pareilles.

L'empereur Dioclétien (285-305) donna une constitution monarchique à l'Empire romain, ce qui apporta de nombreuses réformes à l'appareil administratif. Le nouveau régime se reflète dans le conseil impérial appelé maintenant *sacrum consistorium*, parce que ses membres restaient debout (*consistunt*) et seul l'empereur restait assis. Le nombre des conseillers variaient, en 444 il y en avait 20. Les tâches du Consistorium n'étaient pas définies, mais au IVe siècle il fonctionnait comme un conseil impérial utile qui conseillait l'Empereur en matière politique et administrative et également concernant la législation et la juridiction quand l'Empereur était juge.

L'empereur conférait à des personnes les plus hautes dignités (*dignitates*) en signant lui-même *codicilli*; quand il s'agissait de moins grandes dignités, on donnait à la personne choisie un certificat (*probatoria*), rendu par un *scrinarius*. Le chemin à parcourir pour obtenir une fonction débutait par la fonction d'*exceptor*, de scribe, d'enregistreur ou de greffier. Ceux-ci étaient à l'origine des secrétaires professionnels, employés par les fonctionnaires au fur et à mesure des besoins. Dans la suite ils furent pourtant organisés dans *scolae* ou en corporations, et peu à peu ils constituaient une certaine catégorie de fonctionnaires.[7]

Prenant comme point de départ la situation au début du Ve siècle, – et plus particulièrement le manuel de l'administration romaine *Notitiae dignitatum utriusque imperii* – les secrétaires publics, *scrinaria*, dépendaient d'un *magister officiorum*, à ranger parmi les dignitaires les plus haut placés de l'Empire, intitulés *viri inlustres*.[8] Il y avait quatre bureaux d'expédition: *scrinium memoriae, scrinium epistolarum* – ou dans l'empire d'Orient où les correspondances grecque et latine étaient adaptées par deux bureaux séparés: *scrinia epistolarum – scrinium libellorum* et *scrinium dispositionum. Scrinium espitolarum* s'occupait des affaires venant de l'extérieur, de demandes et de recours adressés à l'empereur, notamment en cas de litige. *Scrinium libellorum* était le bureaux central de suppliques et de requètes, mais était en outre chargé par l'empereur de s'occuper de *cognitiones. Scrinium memoriae* rédigeait les décisions impériales plus courtes, instrumentait des nominations à certaines fonctions, surtout militaires, moins élevées, et semble avoir donné une forme définitive aux réponses aux suppliques par les autres bureaux pour ensuite les expédier. *Scrinium dispositionum*, établi plus tard que les autres, semble essentiellement s'être occupé de matières concernant l'administration interne. Les *magistri*, qui étaient *viri spectabiles*, étaient à la tête des trois *scrinia* premièrement mentionnés, tandis que *scrinium dispositionum* était dirigé par un *comes*, dont la position équivalait à celle des sous-chefs dans les autres bureaux.

Les *magistri* des trois *scrinia* plus anciens avaient auparavent eu le droit de soumettre directement les textes à l'approbation de l'empereur, mais perdirent ce rôle politique important, lorsque l'empereur Constantin Ier le Grand (306-337) introduisit entre eux et l'empereur une des charges à la cour les plus haut placées, *quaestor sacri palatii*. Par cela même le questeur fut chargé de la mise à l'approbation finale des mesures législatives et de la décision concernant les requêtes.[9]

A côté des fonctionnaires ici mentionnés il y avait le bureau impérial des notaires. Au cours des âges on interprétait différemment dans l'Empire romain la dénomination de *notarius*. D'abord « notarius » désignait chaque scribe maîtrisant *notae*, l'écriture rapide, qui est ou un scribe non-affranchi, ou un scribe privé rétribué, mais ensuite le *notarius* était considéré comme un

---

7. Jolowicz, p. 428.
8. Cf. à ce propos Bresslau I, p. 184.
9. Bresslau I, pp. 184-186.

personnage plus distingué, parce que les secrétaires impériaux depuis Gordien II le Jeune (238-244) étaient appelés *notarii*. Ils constituaient comme déjà mentionné une corporation particulière, *scola*, et étaient placés en plusieurs catégories: la supérieure et la plus distinguée était *tribuni et notarii*, La deuxième *domestici et notarii*, tandis que le reste était appelé seulement *notarii*. *Tribuni et notarii* avaient le rang de *viri spectabiles* et devaient enregistrer au conseil impérial (*consistorium*) pendant toutes les délibérations concernant les affaires de l'Empire. Le haut degré de confiance y attaché avait pour résultat qu'on employait souvent les *notarii* comme émissaires dans des affaires diplomatiques, administratives, financières, voir même militaires. Le chef de ces notaires était *primicerius notariorum*, un des fonctionnaires de l'Empire les plus haut placés, qui gardait et tenait registre de la liste des fonctions dans laquelle étaient notées toutes les fonctions militaires et civiles. Cette charge rapportait des droits casuels, pour lui de beaux revenus. C'est un signe de l'importance de la charge que son détenteur en 423, après la mort de l'empereur Honorius osa aspirer à la dignité impériale.[10]

Aux quatre scrinii, à la questure et au notariat s'ajouta au Ve siècle encore une fonction impériale: le référendariat. L'origine des référendaires est inconnue, mais ils furent mentionnés pour la première fois en 427. Ils étaient connus dans l'Empire d'Orient au Ve et au VIe siècles; mais il est probable qu'ils fonctionnaient également dans l'Empire d'Occident, car on les retrouve dans l'Empire des Ostrogoths. Sous Justinien il y avait périodiquement quatorze référendaires, mais le même empereur réduisit en 535 leur nombre à huit. Ils avaient le rang des *magistri scriniorum* et des *primicerius notariarum*, et comme eux ils étaient des *viri spectabiles*. L'historien byzantin Procope (mort v. 562) décrivait leur fonction ainsi: Ils avaient la présentation directe et orale devant l'empereur de toutes les requêtes reçues en matières extrajudiciaires et judiciaires et c'était leur tâche d'informer les juges aussi bien que les supplicants des décisions prises. Il leur était défendu sous la menace d'une punition sévère de se mêler dans la fonction du jugement, étant donné que leurs textes étaient signés par eux et non par l'empereur. Que cette fonction leur conférât une grande influence est évident, leur donnant ainsi de riches possibilités de se procurer des revenus illégaux, ce qui est illustré par les plaintes portant sur la corruptibilité des référendaires.[11]

Dans la période plus récente de l'Empire romain la juridiction était com-

10. Bresslau I, pp. 188-189.
11. Bresslau I, p. 190.

plétée par une juridiction volontaire dans le seul but de constater des actes légaux assurant ainsi leur authenticité. Le système se répandait aux provinces romaines, aussi même à la Gaule. Dans cette fonction les scribes étaient nommés *tabelliones*, c'est-à-dire des scribes sans autorisation publique, à la différence des tabularii, attachés à la *tabula*, et dont la *fides publica* était le garant de l'authenticité des actes du litige et des jugements. Pour pouvoir s'y égaler les documents dressés par des tabellions seraient confirmés par deux témoins.

L'œuvre législative de Justinien Ier (529-534) donne des règles sur des *tabelliones* et des notaires, ainsi que sur des *instrumenti* (documents ayant une authenticité publique). Les décisions les plus importantes sont Codex 4,21 (De fide instrumentorum), 4,19 (De probationibus) et 10,3(De fide et iure hastae fiscalibus), Digesta 22,3 (De probationibus et praesumtibus), 22,4 (De fide instrumentorum) ainsi que Novellae 44 (De tabellionibus) et 73 (Quomodo instrumentis etc.).[12] D'une importance particulière est Novella 44 de 537 qui parle de la fonction d'un *tabellio*, qu'il devait exercer sans assistance étrangère de sorte qu'il pût attester éventuellement l'acte juridique rédigé devant un juge. Cet acte devait être grossoyé seulement sur un document ayant une *protocolla* indiquant le nom du fonctionnaire fiscal local (*comes largitionum*) de l'empereur qui fonctionnait à la date de la passation et les renseignements demandés habituellement. Si un *tabellio* contrevenait à cette loi, il perdrait le droit de fonctionner comme tel, et encourrait la peine prévu par la loi.

Après la dislocation de l'Empire de la péninsule italienne, le domaine de celle-ci fut partagé en deux zones centrales: l'une ancrée dans ses rapports avec l'Empire byzantin, l'autre dans ses rapports avec le royaume des Lombards. Dans la première zone le tabellionat survivait, mais placé sous la surveillance des magistrats des villes. Les tabelliones conservaient la profession, et constituaient une *scola*, une corporation organisée. A Rome ils étaient appelés *tabelliones* ou *scrinarii urbis*. A Naples ils étaient réunis sous le nom de *curiales*. Ceux-ci s'organisaient également, ayant un *primarius* comme chef. Ce qui leur était commun c'était leur effort pour former peu à peu une corporation fermée nettement délimitée, qui possédait le monopole de ratifier les documents ayant plein effet juridique public. A cet égard la fonction du tabellionat se manifeste surtout dans *completio*, la pratique de passer un document revêti d'une formule consacrée et d'un signe de notaire. Il est probable que la

---

12. Pour les autres décisions voir H.G. Heumann: *Handlexikon zu den Quellen des römischen Rechts*, Iéna 1884, sous Notarius et Tabellio.

fonction de ces *tabellioni, scrinarii* et *curiales* se confond avec celle des *scribes* des registres publics déjà mentionnés.

Les notaires de l'Église de la plus haute Antiquité

Il est très vraisemblable qu'il y avait des notaires ecclésiastiques avant Constantin Ier le Grand. Les vieilles communautés chrétiennes employaient certainement de tels notaires, puisque le mot de *notarius* ne désignait pas anciennement que celui-ci était un fonctionnaire public, mais était employé normalement pour désigner des scribes privés, affranchis ou non-affranchis. Tout porte à croire que ces communautés s'organisaient dans le cadre des règles du droit romain sur les associations et les corporations. Comme des communautés chrétiennes se constituaient en communautés funéraires (*collegia funeraticia*) elles eurent des droits de corporations déclarés authentiques publiquement. Par cela même elles eurent le droit de posséder des biens immeubles et des capitaux, et de laisser les affaires de leurs communautés administrer par le supérieur permanent. Les grandes communautés avaient en tout cas besoin d'un corps notarial d'employés auxiliaires. Mais nous n'avons pas de témoignages certains qui attestent l'existence de notaires pontificaux au IIIe siècle.[13]

On n'aurait de meilleures informations sur l'organisation de la chancellerie pontificale qu'après Constantin, quand l'Église investie de sa constitution épiscopale bientôt pleinement organisée s'intégra dans le système du droit romain en tant qu'institution reconnue par le droit public, et à laquelle même pendant la période, allant de Constantin à Arkadius et Honorius vers 400, on accorda une juridiction épiscopale, en concurrence avec les tribunaux ordinaires d'affaires en matière civile.

S'il faut faire un court résumé des sources du IVe siècle au VIIIe siècle il y a, sous Grégoire Ier (590-604) les notaires de la sainte Église romaine (*notarii sanctae ecclesiae Romanae*), unis dans une corporation (*schola*), pareille à celle de la cour impériale. A l'intérieur de cette *schola* – et sur le modèle des *tribuni* de la cour impériale – il y avait des *notarii*, dont le nombre reflétait les sept régions ecclésiastiques à Rome. Un *primicerius* était à la tête des *notarii* en tant que fonctionnaire pontifical. Comme les notaires impériaux du conseil secret

---

13. Bresslau I pp. 191-192 où est contestée la valeur historique de ce que raconte *Liber Pontificalis*, soit que l'évêque Clément Ier (90-97) aurait ordonné aux notaires régionaux de coucher par écrit l'histoire des martyrs. Ce renseignement est référé sans réserve, dans la *Grande Encyclopedie* XXV p. 65, s.v. Notaire, et dans *Le Grand Larousse*, s.idem v.

de l'empereur, les notaires du pape fonctionnaient-ils surtout dans des synodes, où la forme de délibération, et d'autres traits d'ailleurs, imitaient la
pratique romaine, surtout celle du Sénat. Ils tiennent registre des débats du
synode, s'occupent des documents des déliberations, lisent à haute voix les
actes produits, et traduisent des documents d'autres langues à la langue de
discussion du synode. Ainsi forment-ils le secrétariat et le personnel de bureau de l'assemblée synodale.

Primicerius, le chef des notaires, fut très tôt un des personnages les plus influents à la cour pontificale. En périodes de vacance il dirigeait les affaires du
saint-siège ensemble avec l'archiprêtre et l'archidiacre, et il était un conseiller
très accrédité chez le pape. De ces siècles il y a de nombreux exemples de la
grande influence qu'il exerçait. S'y ajoutaient des tâches particulières de di-
plomatie et d'administration, tâches imposées encore et encore aux notaires
du pape – pareil à ce qui était le cas pour les notaires impériaux. Il faut y ajouter que *primicerius* était également chef des Archives pontificales, dont il était
l'administrateur réel, ce qui ressort de son titre.[14]

14. Bresslau I, pp. 192-196.

IV. L'héritage de l'Empire romain

L'historien de droit austro-allemand Heinrich Brunner (1840-1915) a constaté que « parmi les conservateurs de l'histoire du droit les scribes de documents étaient les plus conservateurs ». Que ces propos renferment une certaine vérité est confirmé par les titres de propriété que détiennent aujourd'hui les propriétaires d'immeubles danois: Plusieurs formules consacrées remontent, inchangées, aux documents du Moyen Âge. En employant des termes consacrés on croyait avoir des garanties suffisantes pour garder son droit.[1]

L'œuvre législative, déjà mentionnée, de Constantin datant de 323 et de 337 qui exigeait la forme écrite concernant les donations, l'achat et la vente, ainsi que l'enregistrement de ces documents par l'autorité publique fut modifiée depuis sur divers points, mais l'idée fondamentale se maintint pendant les siècles suivants. Elle forme la base de la même exigence de la forme écrite dans les codifications des empires germaniques anciens et également dans la pratique documentaire, exigence connue en beaucoup d'endroits depuis le Ve siècle. Il faut pourtant ajouter qu'avec la décadence de l'administration romaine des provinces, seules les villes et les communes continuent à enregistrer les documents qui, depuis le VIe siècle, avaient été désignés *gesta municipalia* et qui étaient inscrits dans des protocoles particuliers.[2]

L'existence de *gesta municipalia* est la pierre angulaire des documents romains post-classiques. Si la confirmation de l'autorité publique disparaît, la situation sera une autre. Classen constate que par là se termine l'Antiquité dans ce domaine et le Moyen Âge commence.[3]

A cause des vestiges casuels on ne sait pas en général exactement combien de temps se faisait l'enregistrement de *gesta*. A Ravenne on le faisait encore vers l'an 600. On n'en a pas, en Italie, des témoinages plus tardifs. En Espagne on a conservé des formules des Wisigoths du VIIe siècle qui confirment l'existence continue de *gesta*. La vaste législation wisigothe comprend plusieurs

---

1. H. Brunner: *Zur Rechtsgeschichte der römischen und germanischen Urkunde*. Berlin 1880, Vol. I, p. 3.
2. Classen, p. 35.
3. Classen, p. 42.

types de documents mais ne parle pas de *gesta municipalia*. Le droit wisigoth présume évidement que les testaments, les donations, l'achat et la vente et d'autres transmissions sont valables sans la confirmation publique et susceptibles d'être rédigés en privé.

Lex Romana Curiensis ayant peut-être son origine dans les Alpes Rhétiques et qui était une version révisée du code promulgué par le roi des Wisigoths Alaric II (484-507), *Breviarium Alaricianum*, modifia la procédure concernant les donations des biens-fonds: au lieu de faire la donation devant un juge ou un tribunal elle devait être confirmée par des hommes honnêtes et dignes de foi et des témoins curiaux. Le mot de *gesta* s'explique ainsi *hoc est omnis carta*. Gesta devient *carta* et *boni homines* suffisent en tant que témoins.[4] En employant des mots latins on a ainsi créé des documents constitutifs, valables sans la participation de l'autorité publique, et ceci même dans une région de la culture de la basse époque romaine qui n'était pas influencée par le droit germanique.[5]

De la royaume des Francs, d'Angers, de Tours, de Bourges, de Sens et de la région parisienne on a beaucoup de formules de documents, datant des VIIᵉ et VIIIᵉ siècles, qui n'invitent pas à croire à l'existence de gesta et de protocoles de gesta. Dans Lex Ribuaria franc on trouve des actes relatifs à la vente et aux donations par documents (chap. 59 et 60). L'accomplissement public (*in mallo*) et la passation publique sont décisifs pour assurer l'autenticité. Quand il s'agissait de choses d'une moindre valeur il fallait sept témoins, mais douze si la valeur était plus grande. Si le document était contesté le scribe (*cancellarius*) et les témoins en attesteraient l'authenticité par serment. La cession de propriété était pourtant possible sans l'existence d'un document si *traditio* avait eu lieu devant deux témoins. L'arrangement franc ressemble ainsi exactement à l'enregistrement de transmissions du droit romain, alors les *gesta municipalia* romains peuvent-ils empreindre le développement. Non pas le tribunal en tant qu'institution, mais sa fonction publique correspond à l'arrangement romain.[6]

---

4. Karin Nehlsen-von Stryk: Die boni homines des frühen Mittelalters. *Freiburger Rechtsgeschichtliche Abhandlungen*, Neue Folge, tome 2, Berlin 1981.
5. Sur le notariat rhéto-romain depuis le IVᵉ siècle: H.Baltl: *Einflüsse des römischen Rechts in Österreich* (IRMAE), Pars V, 7-9 (1962), § 4: Zum Urkundenwesen: Rätoromanische Urkunde und Notariatsimbreviatur, pp. 20-23.
6. A. Broüard: *Manuel de Diplomatique française et pontificale. L'Acte Privé*, Paris 1948, p. 76: «…à celle des contrats que les parties venaient conclure au tribunal (*in mallo*) afin d'obtenir la publicité requise (*non fraudo sed in publico*) ».

Harry Bresslau, l'auteur de Handbuch der Urkundenlehre für Deutschland und Italien, a traité le *cancellarius* mentionné dans une autre œuvre « Urkundenbeweis und Urkundenschreiber im älteren deutschen Recht (1886).[7] Celui-ci est caracterisé de *titulaire d'une charge de greffier* et est identique au *cancellarius* constitué en même temps que les juges, comme il ressort de Lex Ribuaria chap. 88.[8] Cette conception est depuis longtemps généralement acceptée, mais dernièrement se font entendre quelques protestations. Peter Classen trouve très invraisemblable que « chaque comte exerçant la fonction de juge pût avoir dans son service un *cancellarius* ou un *amanuensis* titularisé. Classen l'appele un exemple de « Behördenschematismus », schématisme de fonction qui, d'un côté correspond peut-être à la situation du Ve siècle, de l'autre nettement à celle du XIXe siècle, mais qui ne vaut pas quand il s'agit des VIIIe et IXe siècles. Les sources disent le contraire étant donné que la plupart des *cancellarii* ou *amanuenses* y mentionnés étaient des scribes fonctionnant aux couvents ou chez des évêques. Si d'autres scribes sont mentionnés il faut qu'on demande *si* ils étaient attachés à un tribunal, *si* ils fonctionnaient librement et indépendamment, *si* ils avaient une formation ecclésiastique, et *si* ils étaient ecclésiastiques au sens juridique. Dans beaucoup de régions au Midi un rapport avec les *tabelliones* romains est possible, bien qu'il soit difficile à prouver. Là où l'on ne discerne pas un tel rapport à un endroit spécifique, ou à un tribunal, E. Stengel choisit de parler de « scribes publics ».[9]

Les documents produits par les scribes francs à l'intérieur et à l'extérieur du champs d'application de Lex Ribuaria ont en commun la passation publique: *actum publice, actum in mallo publico, in villa publica*, et d'autres expressions semblables. Non pas l'action de passer mais sa mise par écrit est une chose publique. Classen ose dire: Cet *actum publice* remonte en définitive à l'œuvre législative de Constantin qui exigeait un document public relatif aux

---

7. Dans *Forschungen zur deutschen Geschichte*, p. 26.
8. Le sens originel de cancellarius est huissier de cancelli, grilles. Le mot cancellarius est connu dès le IVe siècle, tandis que cancellaria, Chancellerie, n'est employé que du XIIe siècle. Cancellarius était huissier, parce que cancelli étaient les grilles de la cour de justice. Au royaume des Francs cancellarius, « chancelier » désignait les greffiers d'un tribunal ou les scribes comtaux, mais du IXe siècle employé seulement pour désigner des scribes ecclésiastiques, et, particulièrement, le chef d'une « chancellerie », mot, qui avant le XIIe siècle, et relatif à cette institution dans la diplomatique, peut s'employer seulement comme une notion auxiliaire. Cf. LdM s.v. Kanzlei, Kanzler et Chancellier, chancellerie.
9. E. Stengel: *Nova Alamanniae, Urkunden, Briefe und andere Quellen* I-II, Berlin 1921-30, surtout I, pp. LIII suiv.

donations et à la vente, et une passation publique de la chose passée – sans qu'on dise par cela que c'était seulement chez les Romains que les Francs avaient fait connaissance de la publicité relative aux actes légaux.[10]

Quand pour Classen le schématisme de fonction est un signe d'anachronisme qui, sans fondement, représente les *cancellarii* comme des fonctionnaires, et quand Stengel les appellent des « scribes publics » chaque fois que leur appartenance à un endroit ou à un tribunal n'est pas apparente, le même problème se pose à propos des notaires. Dans l'article « Das öffentliche Notariat » Armin Wolf choisit de s'occuper uniquement de « notaires publics », pour lui des *fonctionnaires* désignés par l'empereur ou par le pape. De telles désignations n'ont pas lieu, selon Wolf, avant la fin du XIIᵉ siècle. Il écrit qu'on doit naturellement faire la distinction entre ces *notarii publici* et les « notaires » plus anciens (mis entre guillements par Wolf), les hommes sachant écrire d'origine différente, et ayant des fonctions différentes et dont on peut constater la présence depuis l'époque carolingienne. Ceux-ci sont écartés de son sujet.[11]

On peut se demander si Armin Wolf par cela même ne se rend pas coupable, lui aussi, d'un « schématisme de fonction », que peut-être surtout la tradition allemande est disposée à stimuler. Ou présenté d'une autre manière: le titre de *notarius publicus* est-il la vraie délimitation de son sujet? Il l'est seulement s'il désigne sans ambiguïté une fonction publique, mais il ne l'est pas si le notaire public est une personne qui uniquement à travers son art d'écriture est capable de faire des instruments ayant l'authenticité publique, *fides publica*. En toutes circonstances il est étonnant que le mot de notaire soit mis entre guillemets avant l'existence de notaires autorisés par l'empereur ou par le pape. Ce qui est décisif c'est la conception qu'on se faisait de ceux-ci en ces temps-là, et dans ce domaine les glossateurs entrent en scène plus tard. Grâce à eux le droit romain est adapté aux besoins de la société médiévale.

Bien qu'on puisse démontrer une continuité évidente entre l'emploi romain et l'emploi médiéval des documents, il faut noter un changement décisif: l'écriture judiciaire se modifie à cause de l'écroulement de l'appareil administratif, et parce que la confirmation publique des documents dans le domaine restreint d'une administration locale subit bientôt le même sort. Sous de telles conditions modifiées le document écrit a une autre fonction. Appeler cette évolution une germanisation où une vulgarisation ne nous rend pas

10. Classen, pp. 43.
11. Coing: *Handbuch* I, p. 506.

plus avisés, mais il faut souligner que la mise en écrit n'était pas une condition pour le droit. Le droit romain préclassique et le droit des tribus de langue germanique fonctionnaient sans être mis par écrit, mais à l'aide de gestes symboliques et de formules orales faites et dites *publiquement*, c'est-à-dire devant des témoins qui plus tard pourraient confirmer ce qui s'était passé. Mais le temps passe, les années s'accumulent, créant ainsi « la mère de l'oubli ». « Car tout acte temporel disparaît avec le temps, s'il n'est pas confirmé par la voix des témoins ou des témoignages écrits », comme dit l'*arenga* de nombreuses lettres médiévales, la formule du préambule motivant la mise par écrit. Et les témoins non seulement ils oublient, mais ils meurent aussi.

La mise par écrit entrait dans le droit romain en tant que preuve, et dans les documents médiévaux se trouvent beaucoup d'éléments hérités de l'Empire romain, mais leur contenu et leur fonction ont changé. La société de la basse époque romaine était administrée bureaucratiquement par les fonctionnaires selon le droit positif et était munie d'un appareil documentaire public. Une bureaucratie administrative suppose une hiérarchie qui a un conseil effectif. Seule l'Église était en état de satisfaire à ces demandes pendant la période de migration des peuples. Et l'Église connaissait l'utilité des documents mis par écrit quand elle avait à défendre ou à prouver ses privilèges, comme c'était le cas également pour les laïcs, les grands propriétaires ruraux, les commerçants et d'autres. Et chez qui allait-on demander le secours quand les formules écrites étaient nécessaires pour s'assurer et prouver son droit? La réponse est évidente: chez les *tabelliones* et les *notarii*, mentionnés dans le Code Justinien, dont l'existence était justifiée ainsi par les exigences de la société. Ils s'autorisaient et s'organisaient indépendamment à la façon des corporations – et *sans être fonctionnaires*. Grâce à eux la pratique d'instrumenter de la basse époque romaine est rendue applicable au Moyen Âge.

Au niveau linguistique « droit » veut dire ce qui est conforme à la règle et ce qui est sans déviation. Le droit au Moyen Âge était valable car ancien. Voilà pourquoi l'homme ne saurait créer ni changer le droit, et il n'est par conséquent pas étonnant que les scribes de documents soient appelés les plus conservateurs parmi les conservateurs. La tâche des notaires était de procurer une preuve irréfutable que chaque juge devrait prendre pour base. C'était le devoir des notaires – ainsi que leur art. Sur la base de l'héritage de Rome ils développèrent du VIIIe jusqu'au XIVe siècle cet art dont le Nord de l'Italie était le berceau et le latin la langue commune.

L'administration romaine devait être un idéal pour les rois des royaumes germano-italiens. L'appareil d'administration compliqué créé dans le courant du IVe et du Ve siècle pour statuer sur les matières de la chancellerie, demeurait presque inchangé dans les deux royaumes germaniques qui étaient les premiers à être fondés en territoire italien, ceux des Lombards et Ostrogoths. Nous ne savons que peu de choses à propos de l'administration du Barbare Odoacre (v. 433-493), le seul document conservé de ce roi, un acte de donation datant de l'an 489, est pourtant signé par un *vir illuster et magnificus*, Andromachus, en sa qualité de *magister officiorum*, représentant du roi qui ne savait écrire; cet acte est écrit par le notaire du roi Marcianus nommé *vir clarissimus*. Mais on retrouve par contre dans le royaume des Ostrogoths presque toutes les expressions relatives aux compétences administratives de l'Empire romain, bien que nous ne puissions pas conclure à ce qu'elles aient eu le même contenu.

Par contre, ni l'Église, ni les Lombards, ni les Francs ne faisaient entrer pleinement chez eux le système administratif romain, étant donné que l'Église utilisait le tabellionat de l'Antiquité romaine, tandis que les rois des Lombards imitaient le notariat et le référendariat. On constate, en ce qui concerne *le royaume des Lombards*, que la pratique administrative romaine survivait grosso modo chez les Lombards; mais en général cela ne vaut pourtant pas pour les registres publics. A la fin du royaume sont mentionnés – peut-être à l'imitation des Romains – *publici notarii*, qui étaient des scribes officiels; l'édit du roi Rachi (744-749) datant de 746 confère à leur vérification une authenticité particulière: ainsi à la confirmation d'un renoncement réciproque et mutuel de *exceptio non numeratae pecuniae*, l'exception de paiement du droit romain.[12]

En général il n'est pas possible d'examiner l'histoire du notariat et du tabellionat relative au temps immédiatement après la chute de l'Empire d'Occident. Mais il est incontestable que, en Italie en tout cas, les deux catégories survivaient en dépit de la migration des Barbares, bien qu'elles fussent toutes les deux empreintes de la confusion et de la vulgarisation caractéristiques aux autres institutions romaines qui ne disparaissaient pas totalement.[13]

Les sources conservées relatives à la chancellerie du royaume des Lombards sont rares. Aucun texte original ne subsiste des anciennes lettres royales, et avant le milieu du VIIIe siècle il n'y a que peu de fragments dont on a pris un compte-rendu. En 747 est qualifié de *notaire* un fonctionnaire de chancellerie inférieur Sisinnius. En 751 il est certainement nommé au poste de *référendaire*, et en 762 il fonctionne comme chef de la chancellerie. Un suc-

12. *Encyclopedia Italiana*, s.v. Notaio, vol. XXIV, Roma 1934.
13. *La Grande Encyclopédie*, s.v. Notaire, tome XXXV, pp. 63-64, Paris, s.d.

cesseur en tant que référendaire s'appelle en 771 Andreas qui, en 755, est mentionné comme notaire, et qui, en 773 fonctionnait au titre de légat chez le pape.[14]

La plus ancienne des lois lombardes était l'édit de Rotharis de 643. Les 388 chapitres de cette loi étaient, de façon germanique, faits d'une manière si concrète et casuistique que le besoin des règles générales et abstraites du droit romain est évident. Les traditions de loi romaines exerçaient par conséquent une forte influence sur le droit coutumier germanique. Phénomène ensuite universel dans toute l'Europe occidentale. Le texte de loi mis par écrit fut en lui-même une acceptation des modèles romains. Le droit romain avait une plus large importance pour le droit lombard qu'ailleurs, surtout parce que, dans les villes italiennes, il y avait toujours des notaires maîtrisant la tâche de dresser des documents qui constituaient des preuves relatives aux actes judiciaires. Le travail des notaires du haut Moyen Âge se fondait sur des modèles romains, mais là où les notaires romains étaient aussi des fonctionnaires publics capables de s'occuper de tâches privées, les notaires du haut Moyen Âge n'avaient pas de responsabilité publique. Ils travaillaient pour des privés, des villes, des églises et des grands seigneurs sous la résponsabilité du droit privé. Les notaires lombards par contre étaient à considérer comme des scribes employés chez des privés sans *publica fides*.[15] Mais les notaires pouvaient donner une forme à des diplômes et des actes de justice. Ceci impliquait l'emploi de formules et de répétitions que les personnes, sachant écrire sans problèmes, pouvaient apprendre à maîtriser et à enseigner aux autres, mais c'est surtout dû à ce phénomène que le notariat survivait en tant que métier et au bénéfice de l'emploi continu de documents mis par écrit après l'invasion des tribus germaniques. Mais le fait que le notaire dût maitriser les formules nécessaires à l'achat et la vente et les différentes formes de droit à des biens immeubles ou à des biens meubles n'impliquait pas qu'il comprenait les théories de droit sur lesquelles reposaient les différentes formes de droit à ceux-ci, dans le droit romain.

De Broüard constate généralement, à propos du développement du notariat à l'époque, qu'il n'y a aucun pays qui arrive au niveau du royaume lombard en ce qui concerne leur conception de l'écriture et de l'activité d'écrire elle-même. Et les *tabelliones* antiques survivaient sans doute dans les parties de l'Italie non conquises, et qui continuaient de vivre selon le droit romain.

---

14. Bresslau I, p. 353.
15. Radding, pp. 23-24.

La seule rénovation était que le *notarius civitatis* devenait le *notarius comitatus* dont l'activité s'étendait jusqu'aux limites du comté.[16]

Le besoin qu'on avait de documents nécessitait des références aux lois écrites, dans une proportion inconnue au Nord de l'Europe. Les notaires devaient avoir une telle connaissance des lois lombardes qu'ils pouvaient baser l'élaboration des documents sur celles-ci, ce qui d'ailleurs indique l'abondance des textes de loi écrits. Mais même cette expertise modeste avait une grande valeur dans le haut Moyen Âge. Voilà pourquoi on allait chercher beaucoup de juges lombards parmi les notaires.[17]

Que les fonctionnaires de la chancellerie des rois lombards fussent ecclésiastiques ou laïcs ne ressort pas nettement des sources. Mais à en juger par leur position parmi des témoins, ils étaient probablement laïcs. Les notaires ne semblent pas avoir eu une position sociale particulièrement élevée. On employait pourtant les fonctionnaires de la chancellerie comme des émissaires diplomatiques, et la fonction de juge leur était imposée comme des missi royaux, et ils participaient aussi au travail de rédiger les lois.[18]

La société italienne restait une société urbaine: les grands propriétaires vivaient dans les villes, et les régions étaient administrées par les villes. Les conquérants de la migration des Barbares auraient par conséquent à s'assurer l'empire sur les villes s'ils désiraient administrer un territoire. Ceci ne valait pas seulement pour l'Italie, mais aussi pour le Midi et l'Espagne où le passé romain avait mis une empreinte durable. Les rois devaient nécessairement gouverner à partir des villes, qui de leur côté consolidaient leur position de centres administratifs et politiques à cause de la résidence royale. La capitale des Ostrogoths fut Ravenne, celle des Wisigoths Séville, et Pavie au sud de Milan celle des Lombards. Le palais à Pavie, le « Palais sacré », *palatium sacrum*, devint en 572 le centre de l'administration royale du riche Nord de l'Italie lombarde.[19]

L'histoire de Pavie suivit ainsi pendant longtemps des lignes parallèles à celles de Ravenne et de Séville. Mais Pavie, à la différence de ces deux centres, gardait sa position après que la Lombardie avait été conquise par Charlemagne en 774. Bien que les rois francs fussent souvent des figures distantes, parce qu'ils menaient souvent leur politique au nord des Alpes, Pavie restait

---

16. A. De Broüard: *Manuel de Diplomatique française et pontificale. L'Acte Privé*, Paris 1948, pp. 155 et 160.
17. Radding, pp. 30-31.
18. Bresslau I, p. 358 suiv.
19. Radding, p. 40.

la ville du couronnement et l'endroit où se passaient des rendez-vous importants et était par conséquent la résidence préférée des rois et le centre d'administration d'où étaient envoyés les émissaires du roi.[20] Des possibilités
croissantes d'études en étaient la conséquence, surtout après le soutien de
Charlemagne à la création d'un établissement d'une école à Pavie. Cette évolution était sans doute aussi à l'avantage de la formation des juges et des notaires. Depuis longtemps les notaires fonctionnaient comme scribes des rois
lombards. Leur expertise était utile, et ils étaient employés dans d'autres
fonctions que celle du secrétaire, et après 774 ils furent munis par Charlemagne et ses successeurs des mêmes fonctions qu'ils avaient remplies sous
les rois lombards. Ils accompagnaient, comme déjà mentionné, les émissaires
du roi, *missi*, et quelques-uns avaient le titre de *missus*, et assistaient aux cas
litigieux et prononçaient des jugements.

Que les notaires fussent admis au grade de juges se reflète dans un grand
nombre de documents datant du milieu du IXe siècle.[21] *Notarii domini regis* et
notarii sacri palatii devenaient *iudices domini regis/imperatoris*, ce qui n'empê-
chait pas les juges de continuer à faire fonction de témoin aux documents privés et à les instrumenter. Nous n'avons que peu de vestiges relatifs à l'organisation de la chancellerie sous les rois mérovingiens de la monarchie
franque. Contrairement à l'habitude des Lombards les noms des scribes ne
sont pas mentionnés dans les lettres royales des rois francs, mais des fonctionnaires de la chancellerie haut placés signent et sont garants de la véracité
du contenu. On sait par d'autres sources que ceux-ci s'appellent *referendarii*
comme dans la chancellerie lombarde.

L'office de référendaire mérovingien était comme celui des Lombards: un
office laïc de la couronne qui conférait à l'officier une grande influence, lui
permettant même d'être assesseur au tribunal du roi. Sous les référendaires il
y avait d'autres fonctionnaires et parmi ceux-ci *notarii*. Un tel était en 584
l'agent diplomatique de Childebert II à la cour byzantine.[22]

Les greffiers furent introduits un peu plus tard dans le domaine du droit
salien sous le règne de Dagobert Ier (628-638). On les appelait *notarii* ou *amanuenses*.[23]

---

20. Frédéric Ier Barberousse s'y fit couronner, en 1154, roi d'Italie.
21. Radding, p. 41 et C. Manaresi, *I placiti del « Regnum Italiae ». Fonte per la storia d'Ita-
lia*, vol. 92, 96, 98, Roma 1955-60.
22. Bresslau I, p. 363.
23. Cf. A de Broüard: *Manuel de Diplomatique française et pontificale. L'Acte Privé*. Paris
1948, p. 129.

A la fin du VIIIᵉ siècle s'opère un changement important à la chancellerie. Les référendaires du temps des Mérovingiens étaient tous des laïcs, mais petit à petit ils furent remplacés par des ecclésiastiques, de sorte que, autour de l'an 800, il n'y avait aucun fonctionnaire laïc dans la chancellerie du royaume. Ceci est certainement dû à une décision prise par Charlemagne, parce qu'il avait besoin du support de l'Église et de l'expertise ecclésiastique et qu'il lui manquait des personnes ayant une formation supérieure. L'influence de l'Église sur la chancellerie et le notariat est fondamentale pour l'organisation et le développement des royaumes ouest-européens, ainsi que pour leur constitution et leur administration. Justement parce que les plus importants fonctionnaires centraux et, pour ainsi dire, uniques des royaumes étaient ecclésiastiques.[24]

La monarchie franque avait aussi des *cancellarii* à la cour comme dans les provinces. Les fonctionnaires de la chancellerie royale semblent être appelés *cancellarii* déjà au temps des Mérovingiens, ce qui, en général, était également le cas pour les scribes des tribunaux comtaux relatifs aux régions des Francs ripuaires, des Alamans et des Burgondes, tandis que dans le ressort juridique salique on les appelait le plus souvent *notarii* ou *amanuenses*. Ce qui explique pourquoi les deux dénominations étaient employées pour désigner les fonctionnaires de la chancellerie carolingienne. Le premier chef de la chancellerie de Charlemagne était appelé *notarius*, et dans une lettre à Charles le pape Hadrien donna au deuxième, Rado, le titre de *protonotarius*, inhabituel à Rome comme au royaume des Francs, et le troisième, Ercanbald, était appelé *cancellarius* par le pape Léon III, tandis des sources de la même époque l'appelaient *notarius*. Déjà sous Louis Iᵉʳ le Pieux (814-840) le titre de *notarius* avait une signification officielle: « Notaire » devenait le titre habituel des fonctionnaires servant sous le chef de la chancellerie, et n'était plus employé pour désigner celui-ci, qui, par les notaires, était appelé *magister*, leur chef; mais ce n'était pas un titre indiquant une fonction. Ce qui était plus important c'était que deux capitulaires provenant de Charlemagne en 808 et de Louis Iᵉʳ le Pieux en 823-25 appelent le chef de chancellerie à qui est confié certaines tâches *cancellarius noster*. Ce qui explique certainement le mieux le sens de son titre de fonction reconnu, qui, nettement dénote une situation supérieure à celle du notaire.[25]

---

24. Bresslau I, p. 374.
25. Bresslau I, pp. 378-380. Voir HRG sous le mot de protonotaire. Au Danemark en 1216 un curé-doyen Ivar est appelé protonotaire. DD-DRB I-5 (73).

Au temps de Charlemagne il faut distinguer entre les agents et les fonctionnaires publics, qui instrumentent des documents du tribunal (*placita*). Au temps des Mérovingiens les limites entre leurs fonctions étaient indécises, mais sous Charlemagne les documents du tribunal furent dégagés des tâches de la chancellerie. Cela ressort nettement à propos des notaires des comtes palatins après Louis Ier le Pieux. Seuls ceux-ci pouvaient instrumenter des documents de tribunal.

La question de savoir si la chancellerie participait à la rédaction des capitulaires impériaux reste incertaine. C'était le cas au temps des Mérovingiens, mais à partir de l'époque carolingienne rien ne permet de l'affirmer. L'élaboration différente des diplômes, résultats de grandes séances à l'intérieur de l'Empire va à l'encontre d'une rédaction à la chancellerie; celle-ci, tout au plus, avait pu fournir une copie définitive au net.[26]

Charlemagne décida en 803 que ses émissaires désigneraient des notaires dans leurs domaines respectifs, et en 805, il ordonna que chaque évêque et chaque abbé auraient son notaire à lui.[27] Cet arrangement persistait dans la partie italienne de l'Empire carolingien en dépit de la dissolution de l'Empire, peut-être parce que l'Église depuis un décret rendu par Justinien en 528 avait gardé une institution notariale applicable seulement aux domaines appartenant à l'Église dans les régions lombardes.[28] Ce décret prescrivait que les documents fussent rédigés par *tabelliones*, le mot employé dans les registres pontificaux pour désigner ceux qui étaient nommés notaires.

Les royaumes séparés de la monarchie de Charlemagne et de Louis Ier le Pieux après la mort de ce dernier héritaient les fonctions de la chancellerie de Charlemagne. Mais sous Lothaire Ier (840-855), comme sous Louis le Germanique (843-876), s'opéraient peu à peu des changements relatifs à la fonction du chancelier, probablement pour des raisons politiques et personnelles, tandis que les notaires gardaient la leur, voir même s'y voyaient assurés surtout quand, pendant des périodes, la fonction de chancelier n'était pas remplie.[29]

Les notaires publics étaient toujours autorisés par les missi impériaux, et les accords de vente et les testaments étaient rédigés seulement par eux. Le nombre de ces notaires s'augmentaient au cours du IXe et du Xe siècle avec l'autorisation d'un nombre croissant de notaires impériaux et de *notarii sacri*

26. Bresslau I, p. 381.
27. *Monumentae Germaniae Historica, Capitularia* I, Hannover 1883, pp. 145 et 121, note e.
28. *Codex Iuris Civilis* IV, 21, 17.
29. Bresslau I, pp. 411-413.

palatii. Mais à côté de ces notaires impériaux il y avait des notaires autorisés par le pape, des protonotaires apostoliques, les notaires des évêques etc. L'importance du notariat s'accroissait en même temps que renaissait l'enseignement scientifique du droit romain, dont Bologne constituait ensuite le centre.

Dans la dernière partie du millénaire il y avait des signes nets d'une croissance féconde du droit au Nord de l'Italie. On écrivait des œuvres détaillées sur le droit romain ainsi que sur le droit lombard. L'extension d'une terminologie juridique et technique et celle du droit romain dans la Lombardie et la Toscane ressort des documents notariaux. Mais il vaut pour toutes les renaissances de l'histoire que ce qui est oublié ou mort ne peut renaître. On a parlé de la renaissance du droit romain grâce à la maîtrise du droit romain antique de quelques juristes; mais à cause de nos connaissances approfondies du droit et de la vie judiciaire du millénaire, il est plutôt question au Nord de l'Italie d'un développement et non pas d'une renaissance magique. Le traitement minutieux de la période précédente portant sur la corrélation entre le droit lombard et le droit romain était basé sur des méthodes analytiques, développées par les jurisconsultes romains.[30] Cela se reflétait, comme déjà mentionné, peu à peu dans les documents des notaires, non seulement en ce qui concerne la terminologie, mais aussi le contenu, car la différence entre les juges et les notaires s'efface.

La pratique se développait parmi les juges au Nord de l'Italie, dans le courant du Xe et du XIe siècle, qu'ils ne rédigeaient pas eux-mêmes les documents, mais laissaient cette tâche aux scribes du tribunal, d'abord concernant des cas isolés, par la suite en général. Les actes ainsi rédigés par un *notarius* à la demande du juge avaient authenticité publique, car remplaçant ceux du juge. Cette authenticité publique devenait par la suite valable aussi pour les documents, rédigés par des notaires sans mandat donné par le juge. Vers l'an 1100 se termina ainsi un développement venant de la seule assistance à la rédaction d'un document à un *notaire indépendant du tribunal ayant authenticité publique*. Mais le rapport avec la fonction de juge subsistait encore au XIIIe siècle dans le titre de fonctionnaire *iudex et notarius*.

Dans l'Italie centrale et au Nord de l'Italie le document se transformait dans le courant du XIIe siècle en un instrument de notariat, dont l'authenticité publique était basée uniquement sur la signature du notaire. La rédaction d'un document qui, d'origine, n'avait que deux étapes, en avait désormais une troisième:[31] Un changement des traits fondamentaux culturels, sociaux et

---

30. Radding, pp. 113-116.
31. Ld M, s.v. Konzept und Reinschrift.

politiques, la renaissance de l'étude du droit romain, la construction d'une structure sociale à l'aide d'actes légaux, et un besoin croissant d'une mise par écrit notariale, tout cela aboutissait à l'introduction de livres contenant des abréviations pour les motifs de fiabilité et de force probante. Sur ces livres voir plus-bas. En même temps on aggravait les exigences relatives à la personne du greffier et au document lui-même: l'autorisation, la competénce et les résultats des documents rédigés par lui. A part des notaires qui, comme déjà mentionné, se nommaient *notarii sacripalatii* ou *notarii domini*, il y en avait d'autres qui s'appelaient *Mediolanenses, Papienses* – d'après leurs villes natales – Milan ou Pavie, ou seulement *notarii*, à qui était conférée l'autorisation par le corps des notaires local. Le fait qu'une partie de ces notaires dont le champ d'action était restreint aient demandé, après la séance du parlement à Roncaglia, en 1158, à Frédéric Ier Barberousse d'avoir une autorisation royale, prouve qu'on avait eu des problèmes quant au ressort de validité des documents faits par les notaires locaux. L'autorisation impériale donnait aux notaires la possibilité de travailler partout dans le royaume, *ubique locorum*, tandis que les notaires autorisés localement ne pouvaient rédiger que des documents ayant la validité à l'intérieur de la ville où ils étaient autorisés. La validité des actes notariaux était par conséquent limitée au territoire de la ville.

Ce problème s'accentuait avec l'autorisation pontificale des notaires. Étant donné que le pouvoir papal, en tant que *auctoritas universalis*, était au-dessus du pouvoir impérial, les notaires autorisés par le pape devaient ainsi pouvoir rédiger des documents ayant pleine foi et une validité universelle, non seulement quand il s'agissait de matières spirituelles, mais également en matières laïques. L'école de droit à Bologne reconnaissait par conséquent assez tôt l'habilité pontificale d'autoriser des notaires pouvant pratiquer *ubique locorum*.

Il règnait pourtant quelques doutes à propos du domaine de l'activité des notaires pontificaux. Ce qu'illustre la proposition d'un compromis faite par le jurisconsulte Albericus de Rosate (v. 1290-1360). Il proposait que le notaire autorisé localement ne rédigeât des documents qu'à l'intérieur du territoire de l'autorité locale, mais que ces documents rédigés par un tel notaire eussent la *validité ubique locorum*.[32] Ceci valait également pour le pape qui, en matières *laïques* ne devait avoir qu'une autorité restreinte.

---

32. Cf. LdM, s.v. Notar, Notariat, pp. 1278-1279, G. Costamagna, avec références biographiques.

Comme il ressortira ci-dessous, toutes les différences entre les notaires autorisés par le pape ou l'empereur s'effacent petit à petit. Il y en avait beaucoup qui avaient les deux formes d'autorisation, mais celle du pape est toujours mentionnée avant celle de l'empereur, généralement accordée par un
comte palatin ou Pfalzgraf (lat. Palatium = all. Pfalz).

V. La chancellerie pontificale

Vers l'an 1000 est mentionné à la curie pontificale un chancelier, *cancellarius*, détenant une position prépondérante. Celle-ci fut pendant une certaine période attachée à la charge du bibliothécaire pontifical, *bibliothicarius,* titre qui remonte au VIIIe siècle. L'importance du bibliothécaire augmentait petit à petit: de simple administrateur des archives pontificales il était en outre chargé de dater les lettres pontificales d'égal avec le *primicerius* des notaires. C'est ainsi que le bibliothécaire, qui, selon une règle établie, était un évêque, venait au niveau des fonctionnaires les plus influents à la cour pontificale.

Les fonctions de chancelier et de bibliothécaire s'unissèrent en 1037 sous le titre de *bibliothecarius et cancellarius,* mais à partir du milieu du XIIe siècle on ne parle que de *cancellarius* en tant que chef de la chancellerie pontificale. Le titre de bibliothécaire fut transmis à un juge laïc et disparut peu après l'an 1200.[1]

Sur le modèle des *notarii palatii* de la ville de Pavie fut introduit au début du XIe siècle le titre de fonctionnaire *scriniarius et notarius sacri Lateranensis palatii* à la curie du Saint-Siège. C'était alors courant de nommer le siège du pape et de la curie *sacrum palatium Laterense.* L'étiquette *sacrum palatium* était déjà – comme mentionné auparavant – employée pour désigner le palais à Pavie qui, sous les Lombards, était le centre de l'administration royale.

L'expression *cancellaria apostolica,* employée pour désigner et l'endroit et les personnes rédigeant les documents pontificaux, remonte de toute façon au pontificat d'Alexandre III, de 1159 à 1581. Les fonctions avaient d'abord une structure vague et peu bureaucratique, mais dans le courant du XIe siècle on éprouvait un besoin croissant pour rendre cette structure plus efficace à cause du fardeau de travail de plus en plus lourd. A partir du milieu du siècle les cardinaux-diacres furent désignés chanceliers, et quant aux notaires ils ne furent pas seulement choisis parmi ceux qui fonctionnaient à Rome; on sait par exemple qu'un Allemand de la chancellerie impériale était devenu notaire pontifical. Les papes d'origine allemande du XIe siècle voyageaient souvent en Italie, en France et en Allemagne, et il y avait donc un besoin croissant de no-

1. Bresslau I, pp. 211-240. LdM, s.v. Bibliothecarius (P. Rabikaukas).

taires ayant des connaissances internationales plus approfondies que celles des greffiers de la ville romaine.[2] Ceci se reflète dans le titre des notaires: l'ancienne dénomination *notarius regionarius* est remplacée par *notarius sacri Lateranensis palatii*. A partir de 1050 des ecclésiastiques non-romains firent fonction de chanceliers pontificaux.[3]

La forme stable de la chancellerie pontificale semble renforcer le rôle des notaires. Non seulement les notaires fonctionnaient-ils comme les suppléants du chancelier, mais quand la fonction de chancelier fut vacante en 1187, on ne désigna plus à partir de là un nouveau chancelier. De ceci s'ensuivit que l'instrumentation des documents de la chancellerie fut à la charge des notaires de l'Église, dont l'élévation à une fonction et à un rang supérieurs semble s'élever encore plus à cause d'une autre réforme de l'organisation de la chancellerie pontificale sous Innocent III (1198-1216), qui d'ailleurs apporta beaucoup de modifications à l'administration pontificale.[4] Sous lui fut formulée définitivement une formule de serment déstinée aux *notarii sacri palatii* ou *notarii domini papae* dont le contenu implique la réforme.[5] Et maintenant on n'hésite plus entre les désignations *notarius* et *scriptor*, très répandues au XIIe siècle. A partir du temps d'Innocent III on commença comme *scriptor*, capable d'avancer à *notarius,* ce qui ressort nettement d'exemples qui datent de 1200 à 1230. Ainsi était fixée la hiérarchie des fonctionnaires, et en l'absence d'un chancelier, un vice-chancelier était l'administrateur supérieur de la chancellerie pontificale. Il était en général cardinal. Comme successeurs des notaires régionaux romains fonctionnaient sous lui six ou sept notaires pontificaux, souvent absents, parce qu'envoyés comme légats ou émissaires pontificaux. Le vice-chancelier et les notaires appartenaient à la *familia* du pape, et ceux-ci avaient un rang juste au-dessus de celui des cardinaux. Le travail manuscrit était fait par des scribes, *scriptores*, qui prêtaient serment devant le vice-chancelier. Et ceux-ci étaient organisés dans une corporation particulière.[6]

La Curie romaine reconnaissait déjà avant 1180 que les documents des notaires avaient une authenticité publique qui faisait pleine foi, ce qui était confirmé dans l'œuvre législative canonique *Liber Extra* de 1234 (X.2.22.2). Le

2. Bresslau I, pp. 227-230.
3. Bresslau I, pp. 266-267.
4. Bresslau I, p. 270.
5. La formule de serment pontificale déstinée aux notaires est citée dans les lettres danoises pour la première fois en 1290. DD-DRB II-3 (395).
6. LdM, s.v. Kanzlei, B(2), (P. Herde); C.R. Cheney, *The Study of the Medieval Papal Chancery*, London 1966; N.del Re, *La Curia Romana*, Roma 1970, vol. 3; P. Herde: *Beiträge zum päpilchen Kanzlei- und Urkundenwesen im 13. Jh.*, 1967.

Decretum de Gratien (v. 1140) emploie encore le vieux sens du mot de notaire, c'est-à-dire uniquement secrétaire (Decr. Grat. C. 1 q. 2 c.4.). Reconnaissant la force probante des documents notariaux l'Église devint l'acteur central de la propagation du notariat, parce que, à l'intérieur de son domaine, elle mettait en application, petit à petit et d'un pays à l'autre, le principe d'employer des notaires à verbaliser des actes juridiques de l'Église. Déjà le concile du Latran IV avait décidé en 1215 (dans chap. 38) qu'une *persona publica* devrait faire acte des procès. Et en tant que telle les notaires étaient tout indiqués.

Il y avait parmi les notaires publics un grand nombre d'ecclésiastiques, comme c'était le cas pour les jurisconsultes. Il n'était plus permis aux grades supérieurs d'exercer des fonctions de notaire (cf. X. 3. 50. 8). Les ecclésiastiques appartenant à des grades inférieurs avaient la permission de se marier, de sorte que la charge de fonctionnaire pourrait se transmettre de père en fils pendant les générations. Le manuel officiel et livre de sagesse de la chancellerie, *Liber provincialis,* renferme les renseignements suivants sur le développement historique de la Chancellerie pontificale. Selon celui-ci il y avait à l'intérieur de la corporation des notaires une disposition hiérarchisée qui semble être basée sur l'ancienneté. Le vice-chancelier et les notaires tenaient ménage et domestiques en commun. Quand le pape marchait à la tête d'une procession solennelle, il était accompagné par le vice-chancelier et les notaires; ils avaient, comme mentionné, un rang supérieur à celui de tous les prélats directement après les cardinaux; ils assistaient le pape au bureau, la *camera,* comme le faisaient les cardinaux au consistoire. Ils étaient seulement soumis à la juridiction pontificale et recevaient de la curie des apports d'argent et des allocations en nature considérables.[7]

Le vice-chancelier surveillait tous les employés de la chancellerie, et était le responsable suprême de toute la correspondance selon le serment de fonctionnaire qu'il avait prêté. Sous sa direction c'étaient des notaires désignés par le pape qui s'occupaient de l'expédition pratique et journalière des affaires parvenues à la chancellerie. Selon les règles de la procédure tout passait par eux, et c'étaient eux qui présentaient les causes au pape. Ils recevaient les demandes du pape et élaboraient des brouillons à ses réponses. Pour cette tâche les notaires avaient des *abbreviatores,* comme on les appelle, ou tout simplement *breviatores.* Ce n'étaient pas des fonctionnaires pontificaux dans la plus grande partie du XIIIe siècle, mais les assistants privés des notaires employés dans leurs bureaux respectifs. Un fardeau de travail plus lourd avait pour effet, vers l'an 1300, qu'ils étaient engagés par les vice-chanceliers

7. Bresslau I, p. 272.

à qui ils prêtaient serment, de sorte que la plupart des brouillons étaient faits par les abréviateurs et non par les notaires.

Dans le courant du XIVe siècle les notaires furent largement écartés de leur collaboration pratique relative à la rédaction des documents dans la chancellerie pontificale. Le pape Jean XXII (1316-1334) organisa une réforme de la chancellerie ayant pour résultat que les notaires furent privés de leur rédaction concernant les affaires de grâce, de sorte que seules les affaires de justice étaient de leur ressort; mais ici également leurs fonctions furent limitées, car celles-ci passèrent entre les mains à un *corrector* ou à des *procuratores* dans *audientia*. *Audientia litterarum contradictarum (audentia publica)* était, depuis Innocent III (1198-1216), une institution de la curie ayant des fonctions judiciaires, parmi lesquelles celle de rédiger des documents. Dans *audientia publica* sont notifiés tous les décrets de la curie destinés au public.[8]

Le lien entre le vice-chancelier et les notaires se relâchait à cause de l'arrêt de leur ménage commun, peut-être en rapport avec la période à Avignon. Mais en dépit des restrictions de leur domaine de travail dans le courant du XIVe siècle il y avait un nombre augmentant de notaires dans le temps suivant. Des sept notaires d'origine il y avait en 1425 quarante, nombre que Martin V (1417-1431) cherchait à réduire, avec pour seul résultat qu'il fallait désormais distinguer entre les notaires véritables qui fonctionnaient et les nombreux notaires titulaires survenus. Une distinction entre *notarii sedis apostolicae* et des notaires appartenant à un rang inférieur avait pour conséquence déjà au XIVe siècle que les premiers étaient appelés *protonotarii*, qui n'était pourtant pas un titre officiel. Benoît XII (1334-1342) fixa le nombre d'abbréviateurs à 24, mais celui-ci monta jusqu'à ce que Sixte IV (1471-1484) le fixât à 72.[9]

Au XVe siècle les notaires n'ont plus de fonctions pratiques à la chancellerie pontificale, mais recevaient pourtant des paiements pour la rédaction ainsi que d'autres commissions.

Comme déjà indiqué, notre connaissance des détails de l'histoire de la chancellerie pontificale est basée initialement sur les manuels de la chancellerie, qui, pendant la période à Avignon, sont complétés par des livres de cens et de contributions. De cette histoire il ressort que le notariat jouait un rôle central pour le développement de l'administration de l'Église – et ainsi pour la création de ce qu'on appelle par un terme moderne « l'Etat ouest-européen ».

8. L.d.M. s.v. Audientia litterarum contradictarum.
9. Bresslau I, p. 296, HdR s.v. Notar, Notariat, colonne 1275 et suiv. (A. Gaulik), LdM s.v. Kanzlei, colonne 922-926 (Th. Frenz).

VI. Le notariat dans le Midi de la France
(IXᵉ–XIIIᵉ siècles)

A l'Antiquité et au Moyen Âge il semble avoir eu d'étroits rapports culturels entre ce que nous appelons de nos jours l'Italie du Nord et le Midi de la France. Celui-là appelé pendant la migration des peuples le pays des Lombards, et, sous les Carolingiens et les successeurs de Charlemagne la Lombardie. Aussi longtemps qu'un « royaume » français vu du sud était quelque chose de faible et de lointain, ce qu'il fut pendant des siècles, on a employé, et emploie toujours, surtout les historiens de droit français, plusieurs noms pour désigner les différentes régions du sud de la France. Ainsi le fort vieux nom *la Septimanie*, de *septem*, parce que depuis César la 7ᵉ légion romaine avait le privilège d'avoir leur quartier d'hiver dans le littoral méditerranéen entre les embouchures du Rhône et de l'Aude. En été, par contre, on faisait stationner la 7ᵉ légion dans les régions froides au Nord de la Gaule ou dans la province romaine de *Britannia*. Une autre province historique au sud de la France est le Languedoc, où Toulouse est la ville centrale. « Languedoc », d'après la langue ou l'on dit *oc* « oui », c'est-à-dire *l'occitan*. Souvent le Languedoc est mentionné ensemble avec *le Roussillon*, situé entre le Languedoc et la Méditerranée et où Narbonne est la ville centrale.

Le *Midi*, le *Midi de la France* ou *la France Méridionale* couvre une surface plus large, mais il s'agit pourtant toujours des régions situées au nord ou au nord-ouest de la Méditerranée, contrairement aux régions du sud-ouest, l'Aquitaine ou *le Sud Ouest aquitain*.

D'une plus grande envergure est le terme *les pays de droit écrit*, qu'on emploie en général, bien qu'on y attache des compréhensions différentes, pour désigner toute la région au sud d'une frontière plus ou moins distincte entre, normalement, Bordeaux et Genève; tandis que le terme *les pays de droit coutumier* couvre le domaine vers le nord du droit non écrit. Pendant le siècle précédant on a vivement discuté le bien-fondé de ces termes, mais ils s'emploient toujours, entre autres choses parce que cette frontière ne se réfère pas seulement à la différence entre les fondements du droit, mais à des différences dans les domaines de la langue, de la construction des maisons et de la façon de cultiver la terre, différences qui font que les éthnologues de nos jours parlent de « *les deux France* ».[1] Cela n'entre pas dans le cadre du sujet de ce livre, mais l'énumération des autres termes employés pour désigner les régions au Midi de la France est la base nécessaire pour décrire l'extension du notariat *au Midi* dont les historiens de droit français (méridionaux) ont fait une analyse détaillée.[2] Quand leurs études méritent une attention particulière, la raison n'en est pas seulement l'histoire du notariat local du Midi, mais surtout les connaissances qu'on acquiert à travers les études détaillées des fonctions judiciaires et politiques des notaires dans le domaine du droit écrit et du droit coutumier, normalement non-écrit, ce qui était un phénomène général dans l'Europe occidentale médiévale. Voilà pourquoi la situation au Midi de la France, du IXe jusqu'au XIIIe siècle, offre un intérêt général pour l'histoire du notariat.

Dans ce qui précède est esquissée l'importance de quelques villes lombardes en tant que centres du développement du droit pendant la période souvent chaotique entre l'Antiquité et le Moyen Âge notamment à propos des possibilités qu'avaient les notaires comme professionnels. Ils n'étaient pas à l'origine des jurisconsultes de métier, ayant une base théorique, mais les détenteurs du pouvoir politiques de la Lombardie, d'abord le pouvoir royal ensuite le pouvoir impérial, avaient besoin d'assistance juridique sous forme d'un droit commun comme fondement d'une juridiction, qui n'était pas basée sur les règles locales d'une seule ville, car il était à craindre que celles-ci pussent consolider l'autonomie locale au détriment de l'intérêt qu'avaient les gouvernants pour créer un régime central et homogène. Les formules substantielles des notaires en latin, la langue commune, aidaient à y arriver; étant donné que personne ne désirait ni ne s'attendait à trouver une originalité théorique, alors l'usage de la langue reflétait nécessairement un arrière-fond de droit romain commun. Bien des choses étaient mal comprises ou fortement simplifiées, mais nous savons aujourd'hui que c'était aussi le cas *avant*, soit dans les rapports entre le droit justinien et le droit romain classique, soit *ensuite* à travers la conception qu'avaient les glossateurs du droit justinien. On emploie les termes latins dans le sens que leur confère la postérité, que faire

---

1. Kari Helmer Hansen: « De to Frankriger. Et möte mellom det sentraleuropeiske og det mediterrane kulturområde ». *Nord Nytt*, 1972 (Oslo 1972), pp. 67-76.
2. Pierre Tisset: « Mythes et réalités du droit écrit ». *Études d'Histoire du droit privé offertes à Pierre Petot*, Paris 1959, pp. 553-560, et André Gouron: « Le concours d'un droit écrit et d'un droit coutumier et l'expérience médiévale française ». *Annales Africaines*, 1962 (Paris 1963), pp. 197-205.

d'autre si l'on n'est pas philologue classique ou historien, mais un praticien de qui, en tant que juge ou notaire, ou les deux à la fois, on s'attend qu'il trouve la solution d'un problème pratique – ici et maintenant.

Sous cet aspect nous retournons à la situation dans le Midi de la France. Le point de départ ici, après la chute de l'empire romain, est le même qu'ailleurs: une culture urbaine de nombreuses villes commerçantes industrieuses, situées au littoral méditerranéen ou à côté des routes commerciales dictées par les fleuves. Ces villes, pas exemple Marseille, Arles, Nîmes, Montpellier, Béziers et Narbonne développaient assez tôt un haut degré d'autonomie qui, contrairement à ce qui était le cas pour les villes lombardes, n'entrait pas en conflit avec le besoin politique qu'éprouvait un homme au pouvoir pour établir un régime central effectif dans la région. Ni les ducs majorquins et catalans, ni les comtes de Montpellier ne nourrissaient de telles ambitions.

La raison pour laquelle les savants parlèrent pendant longtemps des pays du droit écrit est à trouver dans la conception générale que le droit écrit était le droit romain, qui, grosso modo, survivait intact dans le Midi de la France. Le juriste danois Ernst Andersen constate, en 1970, que « le droit valable en Provence, au Languedoc et au Dauphiné n'avait pas perdu son empreinte romaine en dépit des capitulaires des Carolingiens et d'autres législations ».[3] La distinction entre les *pays de coutumes* et les *pays de droit écrit* fut solidement étayée en 1830, quand l'historien français, H. Klimrath qui, après des études minutieuses sur le terrain et dans les archives élabora une carte, *Carte de la France coutumière*. Il marqua nettement les limites entre les juridictions, bien que, par-ci par-là, quelques enclaves des deux côtés; mais marquant pourtant une différence presque univoque en ce qui concerne le fondement de droit juridique. Beaucoup continuaient à travailler sur la base de ses résultats qui, dans leur ensemble, n'étaient pas mis en doute.[4] Ce ne fut qu'en 1908 que l'historien Jacques Flach éleva une protestation sérieuse.[5] Il dit, en citant M. Brutails, que la « division de la France en pays de droit écrit et en pays de droit coutumier, quelqu'ancienne qu'elle soit d'ailleurs, est une grave erreur historique », si, en parlant du droit écrit, on veut dire le droit romain, basé sur la théorie romaine juridique. Flach constate que les documents d'une importance juridique, provenant des pays français du IXe au XIIe siècle, dénote une

3. *Træk af Juraens Udvikling* I, Copenhague 1970, p. 54.
4. J. Hilaire: « Coutumes et droit écrit; Recherche d'une limite ». Centre d'Étude d'histoire juridique (*CNRS. ERA* no. 145), 1983, pp. 153-175.
5. « Le droit romain dans les chartes du IXe au XIe siècle en France ». *Mélanges Fitting*, I, Paris 1908, pp. 383-421.

ignorance à peu près totale du droit romain. Il explique ce fait en écrivant que l'autorité du pouvoir royal s'émiette à la fin du IXᵉ siècle, et par cela même la justice régulière. L'exercice du pouvoir judiciaire la plus nécessaire est prise en charge par les grands seigneurs locaux qui remontent aux preuves fermes, typiquement des ordalies sous forme de combats judiciaires, et d'épreuves par le fer etc. Par cela même on n'a ni besoin de débats judiciaires ni d'autorités romaines comme les juristes Paulus, Ulpien ou Gaius. Pour expliquer cette erreur historique, Flach réfère à un article datant de 1891, où le collègue, Auguste Brutails, dénonce les vrais coupables, les notaires, *les tabellions du Midi*, « qui par un besoin naïf de faire parade de leur érudition », et sous l'influence des glossateurs ont donné « un vêtement romain » à leurs actes « dont le fond n'a rien de romain, est purement coutumier ».[6] Et Flach de constater: « Quant aux collections de Justinien, nous n'avons pour la France aucune preuve qu'elles y aient été transcrites ou se soient trouvées dans nos bibliothèques avant la fin du XIᵉ siècle. Les scribes les auraient-ils eues à leur disposition, il est invraisemblable qu'ils s'en fussent servis ».[7]

Après ceci nous retenons: la vaine vantardise des notaires, mais il faut pourtant ajouter qu'ils avaient la connaissance de l'autorité du droit romain et qu'ils pourraient l'employer s'il y en avait besoin.

Quelle est l'attitude des chercheurs nouveaux vis-à-vis de ce problème? En tout cas plus nuancée, et on a abandonné en général la vieille conception des *pays de droit écrit* en tant qu'identiques au champ d'application intact du droit romain. Mais cela ne diminue pas l'importance des notaires, bien au contraire.

A propos de l'importance du droit romain, le juriste Pierre Tisset constate en 1959 que, « si, dans l'ensemble de la France, le droit romain persiste en relatif état de conservation et d'intégrité dans les actes de la pratique jusque vers le milieu du VIIIᵉ siècle, après cette date, on le sait, tout cela se brouille et s'estompe: on ne comprend plus les notions et les catégories juridiques romaines; les actes confondent, par exemple, vente et donation. La décadence juridique est complète. « Et l'activité des notaires n'y apporte pas de modifications. Ils continuaient leur pratique, employaient leurs formules consacrées conformément aux désirs de leurs clients sans s'occuper du droit romain et de ses commentaires.[8]

---

6. Flach, cf. Note 5, pp. 395-396. A. Brutails: *Étude sur la condition des populations rurales en Roussilon au moyen âge*, Paris 1891, p. XXVI.
7. Cf. Note 5, p. 399.
8. Cf. Note 2, Tisset, p. 553.

Vu ceci on ne s'étonne pas que le titre de *notarius* disparaisse complètement au cours du Xe siècle; le dernier endroit où celui-ci est nommé est à Narbonne en 955 et 978. Mais la présence des juges, *judices,* disparaît également
des sources dès la deuxième moitié du Xe siècle. Le phénomène ne fait qu'affirmer ce qui a été dit précédemment à propos d'un retour aux ordalies, qui
ne suppose pas une fonction de juge personnifiée.[9]

Le chercheur qui a éclairé de la façon la plus détaillée le développement
du droit au Midi est André Gouron, professeur de l'histoire du droit à l'université de Montpellier, qui confirme que les textes du XIe siècle dénote l'extrême pauvreté de la science du droit ainsi qu'une confusion nette en ce qui
concerne les notions.

Mais ensuite cela s'arrange: Considéré à la lumière de la période de décadence, le XIIe siècle apparaît comme l'époque d'un renouvellement, dont les
effets se font voir nettement dans les domaines du droit, de l'esthétique, de
l'architecture et de l'art ecclésiastique. La réception du droit romain n'est pas
arrivée en bloc, mais de façon dispersée et par étapes. A partir du premier
tiers du siècle il y a quelques traces de la pénétration modeste du droit romain, concrètement du droit justinien, mais les raisons en sont inconnues.
Pendant le deuxième tiers du XIIe siècle apparaissent des personnages qui introduisent de nouveaux éléments dans la pratique de la Septimanie: ils s'appellent *magistri,* mais il est évident qu'il est question de notaires qui rédigent
des actes et s'occupent de trancher les litiges. Sous ces conditions on assiste à
un développement distinct de la pratique du droit vers 1150, et en même
temps est évoqué le droit canonique dans une source de la région. Nous apprenons les noms d'un certain nombre de ces *magistri.*

Mais quelle est l'origine de ceux-ci? Plusieurs sont probablement des Italiens ou des praticiens qui ont fait leurs études en Italie. Mais il est évident
que les *magistri* sont des praticiens, et ils sont laïcs, car ce n'est que vers la fin
du XIIIe siècle que les ecclésiastiques ont le titre de *magistri.* Un certain Au-
bertus se décore en 1162 du titre *magister de legibus,* et *un magister* Durantus
apparaît souvent comme notaire public. Il arrive également que le titre de
causidicus apparaisse.

André Gouron constate que ces personnages exercent « une influence dé-

---

9. André Gouron: « Les étapes de la pénétration du droit romain au XIIe siècle dans
   l'ancienne Septimanie ». *Annales du Midi,* tome 69, Toulouse 1957, pp. 103-120, surtout p. 105 et suiv. Jean-Marie Carbasse: « Le duel judiciaire dans les coutumes méridionales ». *Annales du Midi,* tome 87, Toulouse 1979 pp. 385-403 et Jacques Flach,
   l'art. pp. 303-304 cit. Note 5.

cisive sur les actes » qu'ils élaborent, et il en fait la preuve de façon détaillée et minutieuse.

Les décennies des deux côtés du milieu du XIIe siècle est dans toute la Septimanie une période de croissance rapide et d'enrichissement « d'abord du vocabulaire juridique, ensuite du fonds même de pratique, et cela sans doute sous l'influence des *magistri* qui arrivent très probablement du Nord de l'Italie. « Mais précisément dans la mesure où la pratique assimile les données du droit nouvellement reçu, elle prend conscience de ce que ce droit apporte de révolutionnaire à l'égard des traditions méridionales: ainsi s'explique le mouvement de résistance aux solutions juridiques romaines – ou du moins justiniennes – qui caractérise dans cette région le dernier tiers du XIIe siècle » (A. Gouron). Cette résistance se manifeste par deux tendances générales *contre* l'importation d'un système juridique: « le mouvement des renonciations d'une part, la prise de conscience d'*usages coutumiers*, d'autre part » (Gouron) et un désir de les garder dans une situation donnée. Une renonciation d'ordre général ou d'ordre plus concret apparaît d'abord dans des régions isolées et situées au loin, où les coutumes s'étaient conservées, et où par conséquent on est hostile à la pénétration du droit romain. Mais la renonciation se propage aux zones littorales qui, normalement, étaient favorables à la pénétration du droit romain. Et ce sont des solutions romaines que les renoncements impliquent.

A la même époque apparaît la *consuetudo*, la coutume, de droit privé ainsi que de droit public. Ceci est exigé tant par les villes que par les régions. Mais ni ce fait ni les renonciations n'empêchent que le droit romain fasse de nouveaux progrès à la fin du XIIe et au début du XIIIe siècles.

Ce phénomène explique, selon Gouron, qu'il devient courant en même temps, dans les villes, *de mettre par écrit les coutumes*, un mouvement qui caractérise le siècle suivant, à Montpellier en 1190 et en 1204, ensuite à Narbonne et à Carcassonne, et finalement à Toulouse en 1286. L'arrière-fond en est le désir de préserver des usages qui diffèrent du droit romain. Le résultat en fut que les usages se propagent plus rapidement vers le Nord que vers l'Est et l'Ouest. Voilà pourquoi la Septimanie est à considérer comme le point de départ du *droit écrit*.[10]

Le rôle joué par les notaires dans ce développement est une question naturelle à se poser à ce propos, et il est tentant de révéler la réponse dont les chercheurs sont tombés d'accord, et que Laurent Mayali exprime ainsi:

---

10. L'art. réf. dans la note 9, pp. 108-120.

« Dans cette quête, il ne faut pas omettre de signaler la présence des notaires dont le rôle dans la romanisation du droit n'est plus à mettre en doute ».[11]

Cette observation nécessite une explication plus détaillée, car elle diffère totalement de la dépréciation des notaires telle qu'elle était formulée par Flach et Brutails dans les années précédant et suivant l'an 1900. Comme mentionné auparavent, André Gouron signale que la distinction entre les *magistri* et les *notarii* disparut à la fin du XIIe siècle et que ce personnel exerçait une influence décisive sur les actes qu'il élaborait. Une partie de cette influence peut paraître de pure forme, mais elle révèle néanmoins une connaissance de la pensée juridique: « la nature du contrat est en général précisée par l'insertion de la formule *titulo perfecte…* suivie du mot de vente, de transaction, d'échange, ou bien de l'expression *titulo pignoris*, ou même *titulo feudi* ».[12] Des précisions semblables se trouvent dans le droit de la famille, le droit des testaments, le droit de procédure. Ensuite Gouron a mis l'extension du notariat en rapport avec l'apparition d'une nouvelle administration parallèle des villes *au Midi*, le *régime consulaire* comme on l'appelle, car les *magistrates* sont nommés « *consuls* ».[13] Depuis plus de cent ans l'apparition des consulats dans *le Midi* est le sujet d'une vaste littérature: le consulat était-il importé d'Italie ou était-il une résurgence au XIIe siècle de l'administration des villes gallo-romaine? Une discussion en détail relative à ces deux hypothèses sera laissée de côté ici. Le consulat, s'inspirant de l'administration de l'Antiquité romaine n'apparaît dans les villes italiennes qu'au cours du XIIe siècle, et d'abord dans la région lombardo-ligure. Cent ans après il fait son apparition dans les régions rhénanes au Nord des Alpes, et entretemps il se diffuse vite dans *le Midi* de la France. Des consulats apparaissent dans la Septimanie déjà vers 1130, d'abord autour la basse vallée du Rhône, en 1141 à Montpellier et peu de temps après à Béziers et à Narbonne. A Toulouse le titre de *capitularii*, depuis traduits en *capitouls*, signale des réformes de l'administration en 1152, qui à partir de 1175 est complétée de consuls. Cette expansion consulaire va le plus rapidement le long de la côte, et atteint seulement la Provence centrale et septentrionale après 1220. Pour comparer on peut signaler des textes qui nous

11. Laurent Mayali: « Les *magistri* dans l'ancienne Septimanie au XIIe siècle ». *Recueil de droit écrit*, Fasc. X, Université de Montpellier 1979, pp. 91-105, spéc. p. 100.

12. Cf. L'art. cit. dans la note 9, pp. 113-116.

13. A. Gouron: « Diffusion des consulats méridionaux et expansion du droit romain aux XIIe et XIIIe siècles ». *Bibliothèque de l'École des Chartes CXXI*, Paris 1963, pp. 26-76, et de même: *La science du droit dans le Midi de la France au Moyen Âge*, Londres 1984.

présentent des consuls à Barcelone en 1249. Gouron, qui dans ce domaine également est celui qui a fait les recherches les plus détaillées, dit à propos de l'expansion consulaire relativement ralentie au nord dans les régions autour du Rhône, qu'elle est due à l'opposition des puissances féodales, qui craignaient l'autonomie éventuelle du consulat de la ville.[14]

Dans cet ordre d'idées il est décisif et très illustratif que Gouron, à l'aide de deux cartes où toutes les villes pertinentes sont nettement marquées, soit capable d'indiquer les années de l'expansion des consulats avant 1220 et des premiers signes de la pénétration du droit romain. Les deux cartes dénotent un parallélisme net. Comment l'expliquer?

Bien que, selon Gouron, on ne puisse contester le rôle créateur de la ville de Bologne dans une renaissance juridique, il y a d'autres villes telles que Pavie et Pise qui manifestent quelque chose de semblable. « Il ne faut donc point négliger les points de repère que peuvent fournir parallèlement au vocabulaire juridique repris au droit de *Justinien*, différentes pratiques diffusées en même temps depuis l'Italie »[15]: le notariat d'abord, mais on peut mentionner également certaines formes de prêter serment. Des critères sûrs de l'influence du droit romain sont « des pratiques et expressions propres aux textes du *Corpus Iuris Civilis*, telles que la *donatio propter nuptias*, la présence de sept témoins à la confection du testament, ou bien des termes connus du droit anté-justinien et donc utilisés en Gaule avant les grands invasions des Ve et VIe siècles, mais totalement oubliés entre- temps ».

Que nous apprend cette méthode appliquée au nombre considérable des documents publiés dans les régions méridionales au XIIe siècle? Gouron y répond en disant: « La diffusion du notariat, tout d'abord, s'est produite dans les conditions qui rappellent étrangement les étapes de l'expansion consulaire »: *Notarius publicus* à Montpellier et à Béziers en 1139, à Saint-Gilles et à Agde en 1140, *magistri (de legibus)* à Montpellier en 1134, à Saint-Gilles et à Béziers vers 1150, à Arles en 1154, *jurisperitus* à Nîmes après 1138, *causidici* dans la même ville avant 1160.

Il est évident que les notaires et les consuls sont des phénomènes urbains; ce n'est que plus tard et petit à petit qu'ils deviennent ruraux, mais à propos du consulat l'expression est ambigue. Elle désigne « des magistrats élus par les corps de métiers, des représentants de la bourgeoisie et de la noblesse, ou simplement certains coseigneurs ». En ce qui concerne la pratique et les méthodes, la romanisation du droit ne produisait pas non plus un haut degré

---

14. Cf. L'art. cit. dans la note 13, pp. 26-50.
15. Cf. L'art. cit. dans le note 13, p. 54.

d'uniformité. Mais qu'il ne s'agisse pas d'une querelle de mots sont démontrés par des efforts féodaux ensuite royaux pour limiter voir même parfois interdire l'érection d'un consulat ou l'usage du droit romain qui avaient en commun le domaine de leur expansion, et qui, selon André Gouron, vont de pair dans la création de la pratique juridique.[16]

Comme nous venons de le voir, il y a des traces certaines d'infiltrations savantes faciles à transporter d'Italie, de sorte que le notariat et le consulat s'introduisent dans le même domaine pour ensuite s'en disperser en même temps que l'usage linguistique du droit de Justinien. Ils avaient trois traits en commun: la diffusion du notariat, du consulat et de la langue savante. On ne peut donc pas exclure l'hypothèse portant sur l'existence d'une forme d'enseignement, mais ce qui est décisif c'est ce qu'exigeait la pratique juridique ou notariale.[17]

Depuis se répand la connaissance du Décret de Gratien presque en même temps dans l'Europe occidentale, et, partout, la connaissance des compilations de Justinien est mise en rapport avec des études du Décret. Mais le Midi de la France semble être en avance, puisque l'on y était parmi les premiers à attacher de l'importance à l'œuvre de Gratien.[18] Successivement les conditions pour combiner les études du droit civil et du droit canonique semblent s'améliorer à Paris et dans les villes environantes, où les évêques stimulaient les études en créant un milieu actif de théologiens, de moralistes et de grammairiens; ceux-ci cultivaient la logique aristotélicienne, savaient maîtriser les *pro et contra* et possédaient l'expertise de résoudre des contradictions en faisant alterner stylistiquement des exemples abstraits et concrets. L'emplacement au Nord de la France des facilités pour faire des études avait pour effet que des ecclésiastiques venant des régions de la chrétienté latine y affluaient. Et les étudiants travaillaient à conditions égales: plus que jamais leurs motifs étaient soumis aux exigences de la pratique juridique ou notariale.[19]

En *Lombardie* le pouvoir royal et impérial avait besoin des notaires pour renforcer le pouvoir central en employant la forme écrite dans l'administration et dans la juridiction. Un pouvoir central demande un fondement du droit homogène. La connaissance qu'avaient les notaires du droit justinien

---

16. Cf. L'art. Cit. dans la note 13, pp. 54-72.
17. A. Gouron, « La science juridique française aux XIe et XIIe siècles: Diffusion du droit Justinien et influence canonique jusqu'à Gratien ». *Ius Romanum Medii Aevi* (IRMAE), Pars I, 4 d-e (1978). 118 pages. L'auteur y a rassemblé les arguments pour regarder le Midi de la France comme centre de la science juridique.
18. Cf. Note 17, loc.cit.§ 8 i.f.
19. Cf. Note 17, loc.cit. § 37 i.f.

était la base de ce fondement commun au-dessus du droit local des cités qui favorisait une autonomie contre laquelle luttait le pouvoir central. Cette connaissance a certainement survécu, bien que sous une forme simplifiée, mais pourtant apte à constituer une clef de voûte pour les juges et notaires au service du roi ou de l'empereur, jusqu'à ce que les premiers témoignages du début de l'an 1000 nous fassent voir que les juristes lombards étudiaient le droit romain.[20]

Dans *le Midi* de la France il n'y avait pas un pouvoir central analogue. Un pouvoir royal français n'avait pas d'influence dans le domaine. De 1113 à 1245 la Provence fut unie à la dynastie catalane, et encore de 1276 à 1344 le royaume comprit Majorque, les Baléares, le Rousillon, la Cerdagne et Montpellier, et Perpignan constituait la ville centrale. Les villes étaient par conséquent susceptibles de garder et d'élargir leur autonomie. Mais bien que, dans les villes, on rédigeât et mît par écrit le droit coutumier local transmis, ces règles ne pouvaient subvenir aux besoins d'ordre pratique et juridique, créés par les liens étroits entre les cités lombardes. S'y ajoute le besoin de règles juridiques dû à la transformation de la société. Les effets de ces besoins se reflètent dans les domaines du droit de la famille et du droit des successions, mais tout particulièrement en ce qui concerne le droit procédural où les ordalies ou d'autres preuves formelles n'étaient plus acceptées, et, en aucun cas, par les commerçants étrangers qui exigeaient la sécurité publique dont ils jouissaient dans leurs pays.

C'est un phénomène bien connu dans l'histoire du droit que les règles des droits maritime et commercial se propagent des centres de commerce prédominants par les routes de commerce. C'est un phénomène aussi bien connu que, dans des régions lointaines, moins bien développées, l'acceptation et la réception d'autres règles de droit se généralisent quand l'on en a besoin. Traditionnellement on a fait une distinction entre la réception due au besoin ou due à l'autorité, bien que, en règle générale, il ne soit pas nécessaire de parler d'une alternative.[21]

La réception due au besoin veut dire la réception du droit étranger dans les domaines où il manque de règles, et la réception d'autorité veut dire qu'on emprunte des règles venant d'un autre système de droit auquel est attribuée, pour des raisons différentes, une autorité supérieure à celle du droit local. Le droit canonique avait une telle autorité pour des raisons de religion, ce qui était le cas également pour le droit romain, mais pour des raisons profanes,

---

20. Radding, p. 69.
21. Erik Anders: *Den europeiske rettens historie*. Oslo 1983, p. 124 et suiv.

historiques, en tant que système de droit très avancé de l'ancien empire mondial. C'est un trait caractéristique du droit médiéval que le fait d'inventer de nouvelles règles ne venait à l'idée de personne, car le droit n'était pas à créer, il existait déjà sous forme de coutumes- içi ou ailleurs où il était à emprunter.

Mais on oubliait parfois les règles du droit. Le droit des coutumes non mis par écrit ne restait que dans la mémoire. Mais le droit écrit pouvait aussi tomber dans l'oubli, si l'on n'avait pas besoin de certaines règles ou qu'on n'en comprît pas le sens. Il en était ainsi pour le droit romain – comme déjà mentionné – dans *les pays de droit écrit*, voilà pourquoi c'est une erreur faite par les chercheurs de croire que le droit écrit était aussi un droit applicable et appliqué. Nous savons maintenant que le droit romain disparut au cours du XIe siècle dans le droit écrit des pays du Midi de la France. Mais l'art d'écrire, *miraculum litterarum*, ne disparaissait pas. Une fois arrivé, c'est pour y rester toujours.

Il était évident que les ecclésiastiques au moins devaient savoir lire et écrire, et, bien que le titre de notaire disparaisse au Xe siècle sous la décadence juridique, il est pourtant possible de dégager la connaissance disparue du droit romain grâce aux actes écrits. On avait toujours besoin de scribes laïcs, et même s'ils s'obstinaient à donner « un vêtement romain à leurs actes », ce n'était pas nécessairement pour « faire parade de leur érudition », mais plutôt parce qu'ils avaient un besoin pratique, pressent d'avoir une meilleure preuve matérielle relative aux droits et aux devoirs que ne fournissaient pas les preuves formelles; ajoutez à cela que ce n'était pas nécessairement aux positions du droit romain qu'on demandait des preuves écrites, mais, à un aussi haut degré, aux positions du droit coutumier.

André Gouron constate que les raisons de l'infiltration réelle du droit romain sont inconnues, mais dans *le Midi* une situation a probablement surgi où les réceptions du besoin et de l'autorité se confondent. Des *magistri* et/ou notaires d'origine et de formation différentes fonctionnent en pratique. Non seulement ils rédigent des actes de leurs clients, mais, à partir de la fin du XIIe siècle ils sont chargés de rédiger des statuts urbains.

Dans les actes étaient insérées des renonciations aux exceptions du droit romain et une confirmation des règles coutumières, mais à la rédaction des statuts urbains des problèmes semblables avaient surgi qui nécessitaient un choix entre le droit romain et le droit local. Ce choix présupposait une connaissance des possibilités de fait et nécessitait une connaissance plus détaillée du droit romain, dont l'autorité résidait non moins dans le fait qu'il était apparemment apte à fournir des réponses à tous les problèmes juridiques de l'époque, et même à plus de problèmes que ceux-ci.

Il faut pourtant souligner que les praticiens ne se sentaient pas toujours obligés de choisir entre le droit romain et les coutumes mises par écrit, mais que, souvent, ils proposaient d'autres solutions aptes à subvenir aux besoins concrets. Selon Gouron le développement d'une telle source du droit est chose rare dans l'histoire du droit médiéval – et celle-ci se base sur la pratique des notaires.[22]

Un grand besoin pratique de règles, un besoin théorique d'être capable de constater les concordances et les différences entre le droit romain et le droit des coutumes, ainsi que le besoin politique du régime consulaire d'éviter de nouvelles règles susceptibles d'affaiblir l'autonomie des villes, tout cela sert suffisamment à expliquer pourquoi les notaires avaient acquis des connaissances renouvelées et élargies du droit romain et pourquoi celui-ci avait pénétré dans *les pays de droit écrit*, cette expression naturellement prise au sens révisé. Mais les sources ne disent pas où et comment ils avaient acquis ces connaissances.

Le notariat joue un rôle important dans le sphère du droit privé comme dans le sphère du droit public, et est un acteur décisif participant aux efforts que font les villes pour rester indépendantes des seigneurs féodaux ou d'autres. Les consulats de plusieurs villes ont leur *notarius publicus* bien à eux. Mais les notaires ne sont pas seulement des instruments. A mesure que s'élargissent leurs connaissances juridiques, ils obtiennent leur propre autorité, avec le résultat que leur pratique devient pour ainsi dire la source du droit dans le domaine entre le droit romain et les coutumes locales. Les conditions politiques, économiques et sociales dans *le Midi* étaient favorables aux notaires dans la période traitée ici. Ils savaient remplir toute une suite de demandes couvrant ainsi des besoins impérieux dans le domaine du droit.

L'emploi public de notaires engagés se propage rapidement du *Midi* vers le Nord: De Marseille (1185), Lyon (1220), Grenoble (1226-39), via la Savoie (1240) et Saint-Moritz (1250-60) la voie est ouverte à ce qui constitue la Suisse actuelle.[23] Mais au Nord de La France ce n'est que relativement tard – en 1274

---

22. A. Gouron, l'art. cit. note 2, p. 203.
23. Sur la Provence: R. Aubenas, *Études sur le notariat provençal au moyen âge et sous l'Ancien Régime,* Paris 1931. Sur la Bourgogne et la France-Comté: Jean Bart-Michel Petit-jean, *L'influence du droit romain en Bourgogne et en France-Comté* (IRMAE), Pars V, 4e (1976), p. 21-33. Sur le Dauphiné: Philippe Didier, *Le droit romain dans la région dauphinoise* (IRMAE), Pars V, 4 f (1979), p. 12 et suiv. Sur le Centre de la France: L. Boyer, *Le droit romain dans les pays du centre de la France* (IRMAE), Pars V, 4 d (1977), p. 13-15. Sur la Suisse: Sven Stelling-Michaud, *La diffusion du droit romain en Suisse* (IRMAE), Pars V, 12 b (1977), § 5: Notariat, notaires, ars notaria et formulaires, s. 15-19.

– qu'on trouve le premier notaire public à Liège. On ne sait pas exactement, si cette propagation des notaires est le fait de leurs déménagements d'une ville à une autre, car il est seulement possible de chercher la trace de quelques noms célèbres qui dénotent une grande mobilité. Mais que les villes du Midi de la France fussent de bons fournisseurs de notaires, Toulouse en fournit un exemple. La matricule du notariat nous montre que, pendant soixante-dix ans (1266-1337), furent nommés 3984 notaires.

La distinction traditionnelle de l'histoire du droit français entre les domaines du droit écrit et du droit des coutumes forme la base, ces dernières décennies, des études minutieuses des chercheurs qui décrivent de façon détaillée l'origine de cette distinction, et se concentrent sur le développement dans *Le Midi*. La plupart des chercheurs cités ici ont regardé cette région à la loupe, ce qui peut avoir pour résultat que la situation paraît comme quelque chose de particulier, car ils ont renoncé à mettre leurs résultats dans un contexte plus large. Comme il ressort du précédent, André Gouron a pourtant attiré l'attention à la croissance des études du droit romain et du droit canonique, mises en œuvre par l'Église et ses évêques à Paris et ses alentours pour remplir les exigences posées notamment par le notariat. Plus on allait en Europe vers le Nord, moins ces exigences diminuaient. Ceci sera traité ci-dessous – mais en conservant le souvenir des notaires *au Midi*, surtout comme une invitation à ne pas reporter le notariat officiel de l'époque contemporaine à la situation du Moyen âge millénaire.

VII. Le droit canonique

Que la chancellerie pontificale employât des notaires à partir du XIe siècle et que la curie reconnût la valeur des actes notariaux en tant que preuve concluante avaient pour résultat que le domaine des notaires s'étendait au droit de l'Église, qui sera traité brièvement ici, comme c'était le cas pour le droit romain du chapitre II.

L'Église en tant que notion n'était même pas au temps de l'Église primitive une affaire intérieure d'ordre spirituel. Les communautés s'efforçaient assez tôt d'entrer en contact avec la société environnante. Avec la propagation du christianisme chaque communauté chrétienne entrait en contact avec des profanes, d'abord lentement, ensuite sous la persécution des chrétiens avec les autorités laïques supérieures. Après l'acceptation par le pouvoir impérial du christianisme, les communautés s'organisaient en corporations auxquelles était conférée la personnalité civile selon le droit romain. En tant que *persona christianorum* l'Église devenait ainsi une corporation reconnue juridiquement.

Il ressort des sources conservées que certains chrétiens reconnaissaient assez tôt qu'ils étaient soumis à des normes obligatoires différentes de celles des hommes au pouvoir laïcs. L'axiome disant qu'il faut donner à Dieu ce qui lui appartient et à l'empereur ce qui lui appartient (Luc. 20,25), était non seulement une séparation des pouvoirs de l'Évangile, mais impliquait deux sortes de normes.[1]

La réponse à la question de savoir qui était soumis au droit de l'Église est fournie par les Évangiles, selon lesquelles Jésus Christ dit que recevoir le baptême est la condition nécessaire pour être membre de l'Église visible. Tous les chrétiens étaient ainsi soumis aux normes et règles de l'Église.

En ce qui concerne les rapports qu'il y avait entre l'ancien droit de l'Église et le droit romain laïc, il est important que l'Église, en tant qu'institution et organisation, fût reconnue et que, dès le début, elle se développât à l'intérieur de *Orbis Romanus:* l'empire romain et le système du droit romain.

Au début on considérait la communauté comme identique à l'Église, mais

---

1.   Willibald M. Pløchl: *Geschichte des Kirkenrechts*, vol. 1, Wien 1960 p.4 et suiv.

plus tard on élargissait la notion de l'Église à comprendre également les installations de la communauté. Cela était un effet de ce que les communautés avaient eu la possibilité de disposer de leurs propres biens, surtout de leurs propriétés foncières ou biens-fonds. L'Église, *ecclesia*, était ainsi étendue, vers l'an 200, de manière à comprendre non seulement la communauté rassemblée pour assister au service, mais le bâtiment où l'on s'assemblait.[2] Le fait même de posséder des biens crée pour l'Église le besoin de s'assurer la disposition et le droit de ceux-ci, et cela ne pouvait se faire qu'aux prémisses du droit romain laïc. Voilà pourquoi les communautés chrétiennes devaient connaître et accepter le droit romain, et beaucoup de ses règles et de ses institutes étaient incorporées dans le droit de l'Église, mais, pourtant, on maintenait la distinction entre les deux formes de règles du droit.

En conformité de ce qui précède le droit canonique veut dire désormais le système du droit d'Église, c'est-à-dire les normes relatives à l'Église et aux membres de celle-ci, faites par le système ecclésiastique autorisé. Le Nouveau Testament et les livres sacrés de l'Église primitive emploient le mot de *canon* pour désigner toutes règles concernant la foi ou la discipline religieuse d'un chrétien; ensuite le mot désignait une règle de conduite selon laquelle conformer sa vie, ou tout simplement les règles d'ordre public. A partir du IVe siècle les règles de conduite furent rendues par les synodes ecclésiastiques, assemblées des évêques et des doyens; plus tard le pape pouvait rendre des préceptes, désignés de canones.

Au IVe siècle déjà on commençait en divers endroits de rédiger des recueils plus ou moins suffisants du droit de l'Église. Le premier recueil méthodique fut élaboré vers 500 par Dionysius Exiguus dont l'œuvre eut une certaine influence depuis lors; elle fut ainsi élevée, dans une forme révisée, au rang de droit de l'Église relatif à l'Église franque. Plusieurs nouvelles compilations du droit de l'Église circulaient en Franc au milieu du IXe siècle qui aidaient à créer l'unité du droit de l'Église.

Mais ce fut pourtant le moine à Bologne Gratien qui, le premier, vers 1140 élaborait une compilation et une systématisation satisfaisantes du droit canonique. Les compilations antérieures étaient pleines de contradictions relatives aux nombreuses règles, dont l'origine datait des époques et des endroits différents; mais tous les documents étaient harmonisés par Gratien et traités d'après la méthode scientifique et scolastique de l'époque, parce qu' on prenait en considération l'utilité pratique des règles. Le recueil, le Décret de Gra-

2. Le mot grec ecclesia veut dire d'abord assemblée populaire, ensuite communauté. Le mot Église vient du grec kyrikón, d'orig. (une maison) « appartenant au Seigneur ».

tien, est divisé en trois parties qui traitent les sources du droit, la juridiction ecclésiastique et les règles relatives aux fonctions ecclésiastiques et aux sacrements. Bien que le Décret de Gratien fût une œuvre privée, elle était un recueil de règles déjà valables; voilà pourquoi elle était approuvée en général par l'Église et réformait la science médicale.

À côté des légistes, ceux qui enseignaient le droit romain, il y avait maintenant les décrétalistes pour qui le droit romain était sujet à un traitement scientifique. Le centre de leur activité au Moyen Âge était situé en Italie, particulièrement à l'université de Bologne. Ensuite ce fut la France qui prit la tête. Dès environ 1150 jusqu'au début du XIIIe siècle les décrets pontificaux (decretales) eurent une grande importance pour le développement du droit canonique, ce qui nécessita de nouveaux recueils des lois de l'Église. Parmi ceux-ci les recueils de Grégoire IX d'environ 1230 («Decretales Gregorii IX »), du pape Boniface VIII de 1298 (« Liber Sextus »), et de Clément V de 1305-1314 (« Clementinae »), avec le Décret de Gratien, constituent le Corpus Iuris Canonici, comme on l'appelle, qui fut officiellement publié à Rome en 1582. Ce recueil ne comprenait pas l'entier droit canonique, car le droit coutumier de l'Église n'était par exemple pas inclus. On ne rémédia à ce manque qu'en 1918, quand un nouveau recueil de loi entra en vigueur, maintenant comme une codification ecclésiastique véritable, le Codex Iuris Canonici.

Le droit canonique a, pendant son développement, largement incorporé des éléments importants pris d'autres systèmes de droit laïcs, notamment du droit romain. Il avait été dans un étroit rapport avec celui-ci depuis le temps de l'Église primitive, et il importait également que ce fût justement dans la ville natale de Gratien, Bologne, que le droit romain eût eu une renaissance peu de temps avant. En comparaison avec le droit romain, le droit canonique n'a incorporé que peu d'éléments pris d'autres systèmes de droit européens; mais, inversement, il a compté beaucoup dans le développement de ceux-ci.

Le droit canonique était, à cause du droit romain, un système de droit très perfectionné dans beaucoup de domaines de droit importants. Au Moyen Âge déjà, le droit canonique ne comprenait pas seulement le droit de l'Église en général, c'est-à-dire des règles relatives à l'organisation de l'Eglise et à la compétence des fonctions ecclésiastiques des sacerdoces du corps écclesiastique; mais il s'occupait aussi de beaucoup d'autres circonstances de la vie que l'Église désirait réguler selon ses idéaux. La compétence des tribunaux ecclésiastiques dépendait, d'après le droit canonique, des parties et de l'objet et du caractère de la cause. Toutes causes, y comprises les affaires criminelles, intentées à un ecclésiastique était du ressort de la juridiction de l'Église. À cela s'ajoutaient toutes les « matières spirituelles », notion assez vague comprenant toutes les affaires qui concernaient la situation de l'Église et le salut de l'âme: Voilà pourquoi les tribunaux de l'Église avaient la compétence de statuer non seulement sur les affaires d'hérésie, de sortilège, de blasphème, de crimes contre et de violations de l'Église, de son personnel et de ses biens, mais sur les délits d'adultère, de parjure, d'usure, de bigamie. A part de ces affaires criminelles l'Église désirait la juridiction concernant toute une série de causes civiles. Étant donné que le mariage était un sacrement, l'Église désirait-elle statuer sur des affaires concernant la légitimité d'un mariage, la séparation, la légitimité des enfants etc. Il était, selon l'Église, le devoir des chrétiens de la placer dans leurs testaments, et les causes y relatives étaient donc aussi ecclésiastiques; de même quand il s'agissait d'affaires de dettes, si on avait promis de rembourser la dette sous la foi du serment.[3]

Il était naturellement le désir de l'Église que la législation laïque des différents pays se conformât à ou fût remplacée par le droit canonique dans des sphères de vie importantes pour l'Église. Le problème était souvent résolu avec la reconnaissance de la compétence de l'Église dans certaines affaires faites par l'autorité laïque, de sorte que le droit canonique, par ce moyen, s'intégrait dans le système du droit local. Cela n'allait pas sans obstacles, ce que démontrent par ex. les conflits violents au Danemark pendant la dernière moitié du XIIIe siècle entre les tribunaux ecclésiastiques et laïcs; parmi ces derniers notamment celui du roi. Mais les tribunaux de l'Église au Danemark exerçaient une large juridiction, non seulement parce que le procès de l'Église était plus rapide et mieux organisé et dirigé mais que l'exécution des jugements ecclésiastiques était plus efficace que celle des laïcs. Le juge des affaires ecclésiastiques était, selon le droit canonique, l'évêque local, qui, petit à petit, et dans des affaires de moindre importance, laissait à l'archidiacre, au Danemark aux curés-doyens ou à des fonctionnaires, *officiales*, de juger à sa place. Luther condamnait le droit canonique, et celui-ci perdit sa validité là où la Réformation fut adoptée, ainsi au Danemark, ou ce ne fut que lentement qu'il fut remplacé par une législation laïque.

Le droit canonique a joué un rôle décisif dans le développement du droit dans le domaine entier de l'Église, dans les pays scandinaves également. L'Église et les tribunaux apportaient à la juridiction des réformes si importantes que le principe de l'écriture, le recours, le principe de l'inquisition, la décision majoritaire, ainsi que la théorie de la preuve légale, selon laquelle le demandeur a la preuve du serment, et selon laquelle 2 témoins font pleine foi.

3. Cf. Gén.: W.M. Plöchl: *Geschichte des Kirchenrechts*, Bd. 1-4, Wien 1953-66. Hans Erich Feine: *Kirchliche Rechtsgeschichte*. Köln 1964.

L'épreuve par le fer fut abolie et la charge de preuve réprimée; et le droit canonique introduisit enfin le principe de l'équité (*aequitas canonica*), de la bonne foi (*bona fides*) ainsi que celui de la culpabilité (*culpa*), et sous ce titre la distinction entre la volonté, la faute grave ou légère, et le cas fortuit. En tout ce sont des efforts pour réprimer une rigidité exagérée au tribunal (rigor *juris*).[4]

Que le droit canonique ait mis son empreinte à un tel degré sur le droit commun européen (*ius commune*) est dû, d'une part, au droit de procédure, d'autre part aux juges érudits professionnels qui obtenaient que toute une suite d'axiomes canoniques fussent d'une validité absolue en Europe occidentale, également dans le domaine du droit laïc

---

4. *Recht und Verfassung*, p. 9-24: « Das kanonische Recht im vorreformatorischen Zeitalter » (Hans-Jürgen Becker).

VIII. Ars notariae

Les chercheurs français avaient à reviser l'expression « les pays du droit écrit » pour lui donner une autre signification que celle de l'endroit où l'on continuait à vivre d'après le droit romain écrit, et, de la même manière, la conception de « les pays du droit coutumier » comme équivalente au domaine du droit non-écrit a-t-elle subi des changements. Non seulement parce que le droit coutumier était mis par écrit dans les juridictions, l'une après l'autre, mais parce que l'on reconnaissait les résultats de l'œuvre des notaires des deux côtés de la démarcation trop distincte, telle qu'elle était tracée sur la carte de Klimrath datant de 1830.

L'exposé précédent du notariat au Midi s'est fondé sur les études approfondies des problèmes relatifs à la propagation simultanée et parallèle du consulat, du notariat ct de la terminologie du droit romain faites par un grand nombre d'historiens du droit. A propos de l'importance des notaires est cité *Laurent Mayali*, qui soulignait qu'on ne pourrait plus ignorer cette importance. Mais les circonstances qui sont à la base de leur influence sur le développement du droit, leur technique et leur méthodes n'ont presque pas été traitées. On connaît beaucoup de leurs noms et de leurs titres, mais comment procédaient-ils? Qu'y avait-il derrière le développement allant de l'écriture de notes des scribes romains au *notarius publicus* du XIIIe siècle qui avait peut-être une fonction de générateur du droit, quoiqu'il ne fût pas un fonctionnaire?

Maintenant on s'est aperçu de ce problème traité par plusieurs chercheurs. Qu'ils soient surtout français, est compréhensible quand on se rend compte de l'envergure et de la profondeur des études relatives à la situation *au Midi*. Que plusieurs des successeurs procèdent de façon plus généralisée est aussi évident. Il faut élargir les cadres de sorte qu'ils comprennent le passage entier du droit non-écrit au droit écrit, et le domaine entre les deux, à partir de leur l'emploi, et de l'emploi répété, jusqu'aux coutumes et aux us et coutumes.

Après les invasions des tribus germaniques dans l'Empire romain on a parlé de la dégradation ou du déclin du droit, mais il faut pourtant souligner quelques symptômes certains d'une survivance de l'ancien ordre juridique à côté duquel surgissent de nouveaux éléments. Entre la pratique de fait et le droit officiel se trouve un domaine de droit où l'acte écrit était un élément efficace et important. Car les documents privés ne disparurent jamais, et dans ceux-ci se trouve le germe des coutumes.

Pour le droit romain classique, l'écriture n'était pas une condition nécessaire pour la formation de l'acte juridique, seulement la possibilité qu'on avait de s'assurer une preuve; mais la pratique au Moyen Âge était, pour ainsi dire, guidée par un formalisme de l'écriture de sorte que l'écriture et le contrat se confondent parce que l'écriture supporte le contrat. On parlait par exemple de « lettre hypothécaire » et non pas de « mise en gage ». En accumulant de tels documents en les employant à plusieurs reprises, un processus de consolidation est mis en marche qui crée la substance du droit coutumier.

Le *notaire*, celui qui note, se trouve entre l'écrit et le droit. C'est lui, qui, par la mise en forme et par la rédaction de l'acte instrumentaire, rend possible le passage du concret et de l'individuel à la constatation d'une situation judiciaire, susceptible d'être incorporée dans une règle objective et abstraite, la coutume.

C'est cet « art d'écrire le droit » que pratique le notaire du Moyen Âge. Il ne prétend pas créer le droit,mais imiter la routine par la description de ses éléments, et, pour ce faire, il adopte une « forma », susceptible ensuite de s'appliquer à d'autres cas semblables. Ceci va se faire selon les règles de *l'ars notariae* qui seront ainsi décisives pour la compréhension d'une époque où les notaires jouaient un rôle important pour la formation du droit coutumier. Ce n'est pas aux notaires de « donner une solution en droit à des problèmes concrets »; mais il faut qu'ils transcrivent « un cas particulier dans une forme commune et générale », qui permet de créer la liaison à la coutume, »source formelle originaire du droit. » « Pour cela il y a deux étapes à franchir. La première consiste à mettre en usage … un ensemble d'usages, répétés ou nouveaux, dont, dans la deuxième étape, il sera possible d'en extraire l'essence, c'est-à-dire d'abstraire la coutume ».

Une fois n'est pas coutume, mais ce qui se répète est susceptible d'entrer dans la conscience collective et de revêtir le caractère d'une règle; et les scribes jouent un rôle central dans ce domaine, les ecclésiastiques dans les chancelleries des abbés et des évêques, mais aussi au service des rois et des grands seigneurs, et les nombreux scribes intitulés tabelliones, tabularii ou notarii.[1]

---

1. Françoise Fortunet; Ars Notariae, Coutume en Actes et Alchimie du Droit. *Mémoires de la Société pour l'Histoire du Droit et des Institutions des anciens pays bourguignons, comtois et romands. Les actes du Congrès consacré à « La coutume. Inspiration, formation, expression »*, 10-12 sept. 1982, Paris 1984, pp. 295-314. Conc. le titre: l'expression d'ars notaria est celle qui est la plus employée par les historiens de l'histoire du droit.

L'étude des recueils les plus anciens d'actes et de lettres servant de modèles ou de *formulae* nous initient à la façon dont un scribe ou notaire du haut
Moyen Âge décrit une déclaration de volonté individuelle et particulière
dans un document générateur du droit systématisé. On rédigeait, en partant
des formules considérées comme modèles, des recueils, systématisés ou non,
destinés à l'emploi pratique dans les chancelleries ou par des notaires individuels. Un tel recueil est appelé *formularium*.

On est d'avis que déjà au IVe siècle il y avait des formulaires destinés à cet
emploi dans la chancellerie pontificale. Des formules continuellement répé-
tées dans les lettres pontificales nous invitent à y croire. Les manuscripts de
formules les plus anciens dans les archives du Vatican n'apparaissent pourtant seulement à partir du IXe siècle.[2]

Il est étrange qu'aucun recueil de formules ne soit transmis du haut
Moyen Âge de l'Italie qui avait un notariat tellement bien organisé. Mais,
dans les pays germaniques et notamment dans les pays des Francs, c'étaient
des églises et des couvents qui prenaient soin de faire des copies de tels recueils, les IXe et Xe siècles constituant le point culminant de cette survivance
littéraire. Une influence de la tradition romaine est possible bien qu'on ne
connaisse que peu de recueils de formules romaines. Le recueil le plus ancien
du pays des Francs provient d'Angers et est daté de la fin du VIe siècle. Il y a
là-dedans un mélange net d'éléments romains et germaniques, aussi bien au
niveau linguistique qu'au niveau juridique. Le recueil le plus ancien du pays
des Alamans, daté de la fin du VIIIe siècle provient de l'abbaye Murbach en
Alsace. De la Bavière il y a des recueils qui datent du IXe siècle.

Contrairement à ce qui était le cas pour les recueils rédigés à titre privé,
les *formulae imperiales* étaient rédigées dans la chancellerie de Louis 1er le
Pieux, et, grâce à celles-ci nous avons connaissance des actes des empereurs
carolingiens. Dans la basse époque carolingienne le nombre des recueils de
formules se réduisent.

Il n'y a pas de recueils datant des Xe et XIIe siècles de la chancellerie de
l'empire allemand. Les lettres dénotent une certaine influence des notaires
italiens, et quelques-unes de celles-ci avaient pu servir de modèles quand les
collègues ou les successeurs rédigeaient des minutes ou des copies. Un for-

---

L'auteur choisit le terme grammaticalement aussi correct de ars notariae, de notaria,
écriture abrégée, sténographie. Généralement sur le sujet: J. Gillesen: *La rédaction des
coutumes dans le passé et le présent*, Bruxelles 1961. Cf. Aussi Jens Evald: *Retskilderne
og den juridiske metode*, Copenhague 1997, p. 45 et suiv.: Sædvanerne, et Franz From,
Om oplevelse af andres adfærd, Copenhague 1953, p. 175 suiv.
2. Sur les recueils de formules cf. Siems (1992) pp. 345-430.

mulaire de diplômes élaboré par deux notaires, et depuis souvent employé
dans les diocèses de l'Allemagne du Nord, est probablement instrumenté
dans la chancellerie d'Henri IV(1056-1105).[3]

L'art de rédiger un texte est appelé, depuis le XIIe siècle, *ars dictaminis* ou
ars dictandi, les règles dictant la bonne prose, surtout la rédaction incontestable d'actes importants. Le sens de la notion de *dictamen* s'est rétréci dans la
combinaison *ars dictaminis*, car au Moyen Âge cette expression s'applique à
l'art de la prose et à l'art de la versification. Dès le début du XIIe siècle l'*ars
dictandi* devint une partie autonome de la rhétorique, dont d'autres sont *ars
aregandi, ars poetica, ars praedicandi, et ars notariae*.

L'*ars dictandi* est l'art de dresser un document en due forme. Selon la forme les lettres sont groupées en deux: les diplômes qui sont les actes juridiques, et les lettres privées. Le style diplomatique est un élément nécessaire
à la composition de ces diplômes. Le diplôme distingue entre 1. le texte, le
contenu véritable, le noyau de la lettre, et 2. le protocole, le cadre du texte,
composé de a) prologue (le protocole véritable) et de b) une fin (eskhatokol).
Le protocole peut renfermer plusieurs parties. D'abord une invocation (invocatio remontant aux temps chrétiens les plus reculés, quand chaque acte commençait par une prière), qui est employée fréquemment dans les diplômes latins les plus anciens. Ensuite le nom et le titre de l'auteur (intitulatio). Puis
l'adresse (inscriptio), celui ou ceux à qui est adressée la lettre, où celui à qui
elle est annoncée. Et là les lettres se divisent en deux groupes, selon que la
lettre est destinée à une personne (*destinator*) ou qu'elle est « ouverte », c'est-
à-dire destinée à tous, omnibus.

Le *texte* peut commencer par un préambule, *arenga* ou *praeambulum*, où
l'on expose des motifs, contenant souvent une explication, en termes communs, de ce qu'on écrit. L'*arenga* était souvent un exposé très détaillé surtout
dans les temps anciens; plus la lettre est de date basse, plus court est en général le motif.[4] Normalement on fait montre, dans l'*arenga*, d'une méfiance
saine vis-à-vis du monde qui l'entoure, quand par ex. on écrit: « on met souvent en doute ce qui arrive à bon droit, si ceci ne peut s'appuyer sur l'écriture
» – en tout des formules qui démontrent l'émerveillement initial qu'on éprouvait quand l'écriture pouvait éterniser la parole.

Toujours avant le texte véritable peut être insérée une courte formule de
promulgation ou de notification (*promulgatio* ou *notificatio*), par ex. *notum facimus universis.*

---

3. LdM s.v. Formel (U. Nonn).
4. Cf. ex. ci-dessous dans les lettres danoises, p. 118 suiv.

Ce n'est qu'alors que le lecteur est arrivé au noyau du texte, qui, naturellement, diffère d'une sorte de lettre à une autre; ce texte doit, de son côté, employer des formules consacrées, bien que nombreuses et différentes. En règle
générale il y a la narration (*narratio*) qui explique le fondement de l'instrumentation du diplôme, et le développement de l'action même ou de l'acte juridique. Une déclaration de volonté (*dispositio*) est inscrite aux titres constitutifs de propriété, aux titres hypothécaires, aux testaments etc. Le dispositif,
dispositio, vient dans les jugements, après la déposition des parties.

Le *style de chancellerie* se développait dans le texte des lettres, étant donné
que les autres parties de la lettre étaient exprimées en formules consacrées.
Les caractéristiques de ce style sont de longues phrases, de nombreux *hypo-
taxes* et l'enregistrement exact de toutes les situations relatives au cas donné;
c'est-à-dire par ex. la renonciation formelle d'exception de l'argent non-pesé,
et de toute autre renonciation etc. (*expresse renuntians excepcioni non numerate
seu eciam non ponderate pecunie et omni alii exceptioni que michi nel memoratis per-
sonis aliquo tempore possent competere / et omni auxilio juris canonici et civilis
etc.*).[5] En employant tant d'expressions parallèles ou synonymes on s'efforçait
de couvrir entièrement un domaine conceptuel.

Le *texte* se termine normalement par un témoignage attestant l'authenticité du document (*corroboratio*) en référant à la signature ou au signe.

L'*eskhatocole* renferme l'indication nécessaire de la date et du lieu d'origine, parfois terminé par un vœu ou un salut, par.ex. *In Christo valete !*

Dans les instruments dressés par un notaire est ajoutée la confirmation du
notaire, par ex.:

Et je sousigné, Giovanni, appelé Ricco de Guartino, *notarius publicus* par l'autorisation
de la sainte Église romaine, ai écrit et publié ceci, à la demande du doyen et mandataire, et je l'ai signé, sur demande, en indiquant l'année, le mois, le jour et l'indiction,

Et le signe du notaire y met le point final.[6]

Les diplômes latins du Moyen Âge se caractérisent ainsi par leur emploi
de formules consacrées, de modèles et de formes textuaires invariables. Aucun rédacteur de diplômes et d'actes légalement valables n'avait eu la liberté
relative à la composition, au style ou au choix des mots. Ne pas respecter le
modèle déterminé crée un soupçon quant à l'authenticité. Celui qui ne maî-

5. DD I-7 (221).
6. DRB II-2 (232).

trisait pas l'*ars dictandi* devait avoir recours au notaire pour s'assurer son droit et la preuve de celui-ci.

Il en est autrement quand il s'agit des lettres privées, qui, au sens actuel du mot, étaient rares au Moyen Âge, et qui n'entrent pas dans le sujet de ce livre.[7]

Une œuvre médiévale sur l'*ars dictandi* était composée d'une partie théorique et un appendice contenant les modèles de lettres et de documents: Les différents types de lettres, les parties des documents et les règles de leur composition; et ensuite des commentaires relatifs à l'écriture, au sceau, aux signes des notaires et à la signature.[8] Mais ces règles pour la bonne prose ne pouvaient satisfaire, à la longue, aux besoins des notaires. Ils avaient besoin d'une meilleure formation juridique, à cause de l'importance agrandissante de la jurisprudence savante. Les notaires à Bologne s'associèrent au début du XIIIe siècle dans une corporation *societas tabellionum*, qui organisait l'enseignement des notaires futurs. Le programme des études impliquait des cours magistraux sur les *institutiones* de Justinien qui, bien qu'elles fussent insérées dans la codification de cet empereur, étaient un manuel de droit romain. Après la fin de l'enseignement, les notaires à venir devaient passer un examen pour entrer à la société des notaires et pour exercer le métier.

Ce développement, ayant lieu sous la direction du notaire Rainerius de Perusio, eut pour effet que l'*ars notariae* fut séparé de l'*ars dictandi* dans la première moitié du XIIIe siècle. L'expression d'*ars notariae* fit son apparition pour la première fois dans la matricule des notaires de Bologne en 1221, employée sans doute pour marquer l'autonomie du notariat en tant que branche de science, *ars*. Les professeurs de l'art notarial s'intitulèrent, à partir de 1244, *doctor artis notariae* par analogie avec le titre de *doctor* des professeurs de droit. Depuis le XIVe siècle il y avait des professeurs de l'*ars notariae* aux facultés des *artes* des universités, à Bologne (1306), à Perouse (1313), à Modène (1328), à Padoue (1341) à Florence (1359) et à Pavie (1365).

L'*ars notariae* devenu une discipline de science autonome fit naître une littérature du notariat particulière, soit des formulaires, contenant des explications juridiques, qui étaient différents des recueils de formules et de lettres courants des notaires et des chancelleries. Un *formularium tabellionum* de 1200-1205, par erreur attribué au juriste Irnerius (mort vers 1125), contient de telles explications juridiques.[9]

---

7. A. de Broüard: *Manuel de Diplomatique française et pontificale. L'Acte Privé*, Paris 1948, pp. 7 suiv. et 153 suiv; Skautrup, vol. 2, pp. 69-73 et Frantz Blatt: *Under vor Haand og Segl*, Copenhague 1943, pp. 13-19.
8. LdM, s.v. Ars dictaminis, Ars dictandi (H. M. Schaller).
9. LdM s.v. Ars notariae (P. Weimar).

Le fondement de cette nouvelle branche de la science est avant tout à trouver dans les règles significatives du droit romain ou canonique y relatives; mais aussi dans les formations/rédactions des coutumes provenant particulièrement du Nord de l'Italie, qui, parfois, pénétraient dans les règles locales. Les normes les plus importantes du recueil des lois justinien étaient *de fide instrumentorum* et *de probationibus*; mais on écrivait également de nombreuses gloses et des commentaires détaillés à d'autres *leges* et *canones* pertinants qui faisaient partie de l'enseignement.[10]

Parmi les juristes les plus célèbres on peut mentionner Azo (m. 1220) et Accursinus (vers 1185-1263,[11] et parmi les canonistes Tancrède (vers 1185- v. 1236), Innocent IV (pape 1243-1254), Godfredus de Trano (mort 1245) et Henricus de Segusio, Hostiensis (vers 1200-1271).[12]

D'autres professeurs célèbres de l'art notarial étaient à côté de ceux déjà mentionnés, Rainerius de Perusio, « notarius atque index » entre 1211 et 1227, Salathiel (mort 1274/75) et avant tous Rolandinus Passagerii (1215/16-1300) qui était notaire et professeur à Bologne vers le milieu du XIIIᵉ siècle. Ses trois œuvres, *tractatus de notulis, summa artis notariae* et *flos ultimarus voluntatum* prenaient une grande extension et étaient imprimées à plusieurs reprises.[13] La première œuvre introduit le lecteur au notariat en général. La deuxième donne les exemples pratiques, munis de commentaires, de différentes sortes d'actes juridiques. La troisième explique en détail la théorie et la pratique concernant la confection d'un testament authentique.Rolandinus élaborait lui-même un commentaire à sa *summa* qui date de 1256. Elle fut appelé plus tard *aurora*. Petrus de Unzola (mort 1312) donna à ses additions à l'*aurora* le titre de *meridiana*. Il y a en outre des commentaires détaillés ajoutés aux trois œuvres de Rolandinus, faits par Petrus de Boacteriis, qui mourut après 1321. Un manuel très répandu, destiné aux notaires au service du tribunal ecclésiastique, fut écrit par Jean de Bologne entre 1280 et 1292. À part ces œuvres déjà mentionnées étaient transmis de nombreux traités sur l'art notarial, des formulaires et des recueils de modèles.[14]

Les notaires médiévaux tenaient leurs registres en employant des abréviations (*imbreviatura*), de sorte que certaines formules standard étaient seu-

---

10. D. 22,4; C. 4,21; C. 10,3 – D.22,3; C. 4,19; X. 2,22, X 2,19; Clem. 2,7.
11. Cf. P.Weimar dans Coing, *Handbuch* I, p. 128 suiv.
12. Cf. K. W. Nörr Dans Coing, *Handbuck* I, p. 365 suiv.
13. LdM s.v. Notar, Notariat (G. Dolezalek/K.-O. Konow) Fortunet p. 229, Trusen (1977), pp. 198-199.
14. LdM s.v. Notar, surtout 1044-1045, cf. note 8. Sur la situation au Danemark voir p. 124 suiv.

lement ébauchées. Sur la base de l' « imbreviatura » les notaires étaient capables, plus tard, de rédiger des actes aux termes complets des formules, s'ils en avaient besoin, ou après la mort d'un collègue, ou à la transmission d'une cause à un autre notaire. Les notaires introduisaient souvent, après le XIVe siècle, leurs abréviations directement dans les actes en litige, qui devaient être écrits séparément pour chaque litige. Mais les introduire dans un livre d'abréviations était pourtant la méthode habituelle, et ces imbreviatura constituent des sources d'une grande valeur, parce qu'elles renferment, de façon continue, tout ce qui était débattu devant le notaire, c'est-à-dire également les affaires de tous les jours sans importance durable, qui n'aboutissaient pas à un document définitif, ou bien à un document d'une importance de courte durée et, par conséquent, mis au rebut plus tard.

Quelques archives nord-italiennes gardent des livres d'imbreviatura, datant du XIIe siècle, ainsi surtout à Gènes (depuis 1154). Le nombre des livres d'abréviations, provenant de France et d'Italie et datant du XIIIe siècle, accrut tant à partir de cette date et jusqu'à la fin de l'Ancien Régime que ceux-ci remplissent des kilomètres de rayons aux archives.

Les notaires ecclésiastiques étaient, dans leur activité, soumis au contrôle épiscopal. Et plusieurs villes et souverains laïcs promulgaient des ordonances relatives à l'autorisation des notaires et à la pratique de leur fonction. Un contrôle plus ordinaire était fait par des corps de notaires qui se trouvaient en Italie, en France et en Catalogne.[15]

Les glossateurs avaient contribué, depuis le XIIIe siècle, à la grande propagation rapide du notariat, qui avait lieu surtout parce que le notaire dans ses gloses à la codification justinienne apparaît comme une *persona* publica qui, *à* travers sa participation, conférait force obligatoire aux instruments publics, *publica instrumenta*.[16]

Les notaires étaient ainsi considérés partout comme des hommes estimés, appartenant à la couche supérieure de la ville. D'avoir été des scribes professionnels, ils furent désormais les praticiens du tribunal. D'avoir été des scribes rendant uniformes des actes juridiques qui avaient le même contenu et cela dans un latin de plus en plus érudit, ils devinrent des experts des lois et des droits de qui on présupposait qu'ils avaient une connaissance complète du droit, y inclus du droit romain et du droit canonique. En partant de cette connaissance ils étaient en état de faire en sorte que le droit pût couvrir les nouveaux besoins de la société, par ex. en développant les activités commer-

15. LdM, s.v. Notar, spéc. 1045, cf. note 8.
16. HdR s.v. Notar, Notariat, spéc. 1280 (J. Lalinde Abadia).

ciales et les possibilités de croissance des villes, ce que les statuts municipaux mis par écrit avaient tendance à freiner, parce qu'ils figeaient un état donné. A cause des notaires le droit restait vivant. Mais leur faculté de généraliser le droit ne menaçait pas la société médiévale, caractérisée par la distinction des classes sociales et par les privilèges dont ne bénéficiait qu'un petit nombre. La pratique notariale arrivait à assurer des intérêts particuliers judiciaires dans un système de droit commun, en tenant compte des coutumes susceptibles d'élargir ou d'adapter la règle générale, sans jamais l'enfreindre.[17]

En faisant adapter les actes juridiques réels aux formules, le notaire prescrit les éléments qu'il juge susceptibles d'obtenir un statut juridique. Les formules réfèrent à des situations juridiques abstraites. Elles traduisent les faits réels en langue de droit. C'est cette signification qu'il faut donner à la locution généralement attribuée à la pensée scolastique: « la forme l'emporte sur le contenu », phrase critiquée ensuite à cause de sa rigidité.

La contribution d'Armin Wolf à la grande œuvre allemande, *Handbuch der Quellen und Litteratur der neueren europäischen Privatrechtsgeschichte* a été mentionné plus haut.[18] Servant de prélude à une biographie détaillée sur les notaires et le notariat, Wolf donne une vue d'ensemble sur les notaires et le notariat mise dans un contexte européen relatif au sujet, ce que, probablement, personne n'a fait auparavent. Par contre il se limite à traiter seulement du notariat public, pour lui les *notarii publici*, fonctionnant au service public et officiel selon une nomination ou désignation faite par une autorité ecclésiastique ou laïque, ce qui était la condition pour pouvoir dresser un instrument public (*instrumenta publica*) ayant force probante (*fides publica*). Mais selon Wolf, ce n'est que sous l'empereur Frédéric Ier Barberousse (1152-1190) et le pape Alexandre III (1159-1181) que commence la propagation du notariat public dans l'Europe latine. Cela signifie qu'il ne tient pas compte de l'origine historique des notaires en tant que scribes privés, non plus de leur rôle futur d'experts juristes exerçant leur profession plus ou moins privée, et qui, sans autorisation aucune d'une autorité ou d'un tribunal publics, confirmaient les actes juridiques, et par leur seule signature conféraient force obligatoire aux documents. Cet exposé s'efforcera de mettre l'accent sur quelques traits de ce développement à partir de l'empire occidental en passent par la migration au Moyen Âge.

Il faut définitivement souligner que chaque notaire est *publicus* ainsi que sa fonction est publique. Toute activité notariale est publique, puisque la pu-

17. Fortunet, p. 313.
18. Coing, *Handbuch* I, pp. 505-514.

blicité est sa raison d'être. L'opposé d'un *notarius publicus* n'est *pas* un notaire privé sans fonction publique, mais un personnage qui écrit des lettres privées, non déstinées à la publication. Ou, exprimé d'une autre manière: un *notarius publicus* dresse un document ayant force probante, sans qu'il soit nécessairement nommé par l'autorité publique. Qu'une forme d'autorisation se généralise ne change en principe rien; pour des détails, voir ci-dessous.

Armin Wolf choisit, comme déjà mentionné, de se limiter, dans son prélude à la biographie, à traiter « le notariat public », là où les recherches plus anciennes ont examiné surtout « die Notariats*urkunde* », c'est-à-dire l'institution en elle-même au lieu des « produits », pour employer un mot neutre, mis en écrit du notariat public.

En danois nous connaissons pas le mot de « *Urkunde* », mais les recherches allemandes parlent, de la fin du XIXe siècle, d'une « *Urkundenlehre* », et dans le cadre de celle-ci se trouve également l'histoire des chancelleries et des notariats. Les bases en sont posées par Harry Bresslau dans *Handbuch der Urkundenlehre für Deutschland und Italien*.[19] Bresslau explique sa notion fondamentale ainsi:

Urkunden nennen wir im Sinne der nachfolgenden Darlegungen schriftliche, unter Beobachtung bestimmter, wenn auch der Verschiedenheit von Person, Ort, Zeit und Sache wechselnder Formen aufgezeichnete Erklärungen, die bestimmt sind als Zeugnisse über Vorgänge rechtlicher Natur dienen.

Bresslau constate expressément que cette définition « ne sert qu'au but de nos observations scientifiques », et qu'elle diverge *aussi bien* de la langue commune allemande qui emploie le mot pour toute une série de sources historiques *que* de l'usage médiéval de la langue. En haut allemand ancien *Urchundo* était un temoin vivant, Urchundi, le témoignage exprimé ou écrit. Dans la dernière partie du Moyen Âge de tels écrits étaient appelés seulement « Briefe » ou « Briefe und Urkunden ». A partir du XVIe siècle toutes sortes de lettres sont souvent appelées « Urkunden » seulement. Déterminer la valeur de *Urkunden* en tant que témoignage historique constitue plus tard pour Bresslau « die Aufgabe der Urkundenlehre oder Diplomatik ».[20] Dans une note relative au mot de diplomatique nous apprenons que cette expression, depuis Mabillon, a été la dénomination préférée de « notre discipline, et ce n'est que récemment qu'elle a été remplacée par le mot allemand choisi en

19. Leipzig, vol. I, 1912; vol. II, 1915, réimprimé Berlin 1960.
20. Bresslau I, p. 6-7.

vue de cette fin ». Jean Mabillon, (1632-1707) bénédictin français, qui, en tant qu'historien se consacrait aux études de manuscrits médiévaux. Parmi bien d'autres œuvres, il écrivit en 1681 *De re diplomata* qui fonde « la diplomatique » en tant que science. Le mot *diploma*, du mot grec « papier plié en deux », c'est- à-dire des écrits sur deux tablettes liées entre elles. A Rome on l'employa assez tôt pour désigner des types précis d'actes, et dans la suite, plus généralement, pour désigner des privilèges impériaux, un sens qui semble être préservé au Moyen Âge. Après la période des humanistes on employait très souvent le mot dans un sens encore plus large. Bresslau s'y oppose pour préférer « das zweckmässig gewählte deutsche Wort: »Urkunde ».

Ce n'est pas le but d'examiner ici de près pourquoi, en partant d'un but déterminé, on emploie un vieux mot choisi auquel on attribue un sens moderne, inconnu au passé; mais on peut se demander entre parenthèses comment on se débrouille en danois sans une telle désignation, susceptible de servir au « but de notre manière scientifique de considérer les choses »? La réponse est simple: nous avons gardé un mot danois, servant au but de la manière propre au Moyen Âge de regarder les choses, soit « tingsvidne ». Un tel était *avant* l'écriture le souvenir des témoins vivants de ce qui s'était passé au thing, *après* il fut synonyme de la confirmation de la même chose mise par écrit au thing. Ceci sera étudié en relation avec la situation au Danemark. La parenthèse fermée!

La définition de Bresslau renferme en outre les actes authentiques dressés par un souverain et publiés aux fonctionnaires ou aux sujets, actes qui prescrivent, préparent, introduisent et mettent en application un acte juridique (Rechtsgeschäft). Le but de la manière de considérer les choses est certainement à l'origine de l'élargissement de la définition. Car Bresslau arrive ainsi à un discernement central entre les deux groupes d'*Urkunden* du haut Moyen Âge d'après leur valeur en tant que preuves juridiques: les *Urkundes* publiques, ou *Dokumente*, données par des souverains autonomes ou semi-autonomes, des rois ou des empereurs, et les *Urkundes* pontificales dans le domaine ecclésiastique. Les autres *Urkunden* appartiennent à ce deuxième groupe, qui que ce soit qui les ait rendues. En bloc ou les appelle *Privaturkunden*. Les formulaires de la période carolingienne les appelle *Gauurkundes* (*chartae pagenses*) car elles ont été faites à « den Malstätten eines Gaues », les assemblées populaires locales des paysans. Toutes les *Urkunden* des seigneurs et des villes de la basse époque du Moyen Âge ont un caractère officiel.[21] Il

---

21. Bresslau I, p. 1-4

faut noter que les *Urkunden* publiques sont appelés « document », ce que sont probablement aussi les *Urkunden* privées.[22]

Harry Bresslau souligne expressément dans son manuel que – bien qu'il ne soit pas l'objet d'une *Urkundenlehre* de déterminer la force probante d'une *Urkunde isolée* – le faiseur de diplômes doit pourtant savoir quelle force probante était attribuée aux *Urkunden* en général et à certaines *Urkundengruppen* en particulier, en divers endroits et temps, car en même temps que changeait la conception juridique d'un peuple, en même temps changeait la conception qu'on avait de la force probante juridique des documents, ce qui modifiait des *formes des Urkunden*. C'était tout en ce qui concerne Bresslau.

A ce propos il faut souligner que les chercheurs français spécialistes en cette matière savent depuis longtemps que l'emploi allemand de la notion d'*Urkunde* n'est pas tenable. Déjà l'auteur de l'œuvre française standard de 1894, Manuel de Diplomatique, Arthur Giry, écrit à peu près comme suit: S'il est vrai que les auteurs allemands emploient la définition des juristes dans leurs œuvres, ils enregistrent néanmoins sous « Privaturkunden » les instruments authentiques de toutes les époques et, sous ce titre, ceux des notaires publics. Rien ne sert mieux à illustrer la différence irrémédiable entre les deux conceptions que cette contradiction.[23]

Les Français récusent donc assez tôt la délimitation allemande traditionnelle des instruments authentiques publics à n'être que « die Urkunden aller staatlichen und halbstaatlichen Gewalten ».[24]

Dans un article datant de 1977 intitulé « Zur Urkundenlehre der mittelalterlichen Jurisprudenz » Winfried Trusen se dit étonné des recherches allemandes dans ce domaine.[25] Si le point de départ est, écrit-il, que les *Urkunden* constituent des témoignages des actes juridiques effectués, parce que, finalement, elle servent de preuves judiciaires, on peut s'étonner *que* la *diplomatique* moderne dans ses œuvres centrales ne traite presque pas de ce fondement de sa propre science, *qu'*elle interprète le fondement du droit de manière insuffisante, superficielle et souvent inexacte, mais également *qu'*elle a négligé

22. Cf. La déf. De « document » du code pénal danois toujours valable (§ 171, stk. 2): Chaque « proclamation écrite, munie de la signature de l'auteur, qui, soit est destinée à servir de preuve, soit à servir de la preuve d'un droit, d'une obligation ou de l'exemption de celle-ci ».
23. Cf. l'œuvre cit.p. 823
24. Cf. A. de Broüard: *Manuel de Diplomatique française et pontificale. L'Acte Privé*, Paris 1948 p.8, note 1.
25. « Recht und Schrift im Mittelalter ». Hrsg. Von Peter Classen, « Vorträge und Forschungen », Bd. XXIII, Sigmaringen: Thorbecke (1977), p.197-220.

l'importance des exigences du tribunal formulées à la *Urkundenform*, ainsi que l'action réciproque entre la pratique de fait et la jurisprudence de l'époque.

Winfried Trusen est d'avis qu'il faut reprocher aux *chercheurs de l'histoire de droit* de négliger ce domaine, ce qui est dû à la tripartition de l'histoire du droit allemande en droit romain, droit canonique et germanique. Les confins de ces branches n'ont pas éveillé l'intérêt des chercheurs.

A titre d'introduction Trusen aborde quelques problèmes terminologiques relatifs à la doctrine des Urkunden: quels mots puiser dans les sources latines pour traduire le mot allemand *Urkunde*? Les plus communs sont *scriptura, documentum, monumentum, litterae (sigillatae)*, mais surtout *instrumentum*. Par contre il est très rare qu'on emploie la notion de *diploma*, et *carta* ne désigne que l'*Urkunde* constitutive, mais la division en *Urkunden* constitutives et probantes ne se faisait pas au Moyen Âge. Beaucoup de choses nous dissuadent donc de transmettre la terminologie actuelle au Moyen Âge, ce que les historiens du droit ont pourtant fait souvent. Et à ce propos on peut se demander si la notion d'Urkunde n'est pas un exemple du même phénomène, parce qu'elle est susceptible, consciemment ou inconsciemment, de « servir à notre manière scientifique de considérer les choses »?

Winfried Trusen ne se pose pas cette question, et continue d'employer lui-même la notion d'Urkunde; mais *documentum* – la désignation fréquente dans les sources latines, pourrait sembler utile et appropriée à employer ici. Dans un document dressé et copié par un notaire médiéval on distingue entre *factum* et *publicatio*, c'est-à-dire entre la premièrc écriture du *factum* d'un acte juridique et *publicationes* qui renferment toutes les formules d'introduction et de clôture. C'était au notaire au Moyen Âge de dresser et de grossoyer de tels documents, car en respectant toute une suite de formalités, il était le garant de la force probante juridique du document.

C'est ainsi qu'on arrive à la division fondamentale des documents, entre les documents publics ou privés. Mais cette division est inconnue par la science du droit médiévale et le droit romain. On a vivement critiqué une autre distinction scientifique entre, d'un côté, les documents pontificaux, impériaux et royaux et de l'autre les documents privés: car appeler tous les autres documents privés est inacceptable.

Selon Winfied Trusen, on pouvait croire que la distinction entre le droit public et le droit privé était la raison de ces efforts, de sorte qu'on arrivât au résultat suivant: d'un côté les documents promulgués par des pouvoirs souverains, des rois et des papes, ensuite des souverains et des villes, de l'autre le reste, tous les documents privés. Mais il repousse cette idée en signalant que la distinction entre droit public – droit privé, telle que nous la connaissons, est une invention toute moderne. Cette distinction n'avait pas l'importance pour le *droit romain* que certains ont voulu lui attribuer. Le droit public était alors le droit qui avait force obligatoire pour le public. Sous ce titre il faut compter aussi les prescriptions obligatoires qu'on trouve aussi dans le droit privé contemporain. *Le droit savant du Moyen Âge* s'y conformait complètement: Pour Ulpien, par ex., le testament était un *instrumentum publicus*. De même dans la glose: *Iuris publici est testamenti factio*, et la raison en est que le testament a l'authenticité publique s'il est *per manum publicam scriptum, vel publicum, id est ad publicam utilitatem pertinens*. Si l'on met ici le droit public en rapport avec l'autorité publique on a mal compris la conception du droit savant au Moyen Âge.

Le point de départ est tout autre. Comme indiqué « public » n'a rien à faire avec « autorité » et encore moins avec « État ». L'instrument public est avant tout un document qui n'a pas été dressé en secret, ou, en d'autres termes, au domicile familial (le droit danois ancien parle de « lettres faites à domicile ») mais il a été dressé publiquement, destiné au public. *Publica instrumenta* sont justement des *instrumenta publica facta*. Voilà pourquoi la *publicatio*, et toutes ses demandes relatives aux formes devient une notion centrale dans l' » *Urkundenlehre* » médiévale selon Winfried Trusen.[26] Le document dressé selon les formes consacrées et bien mises au point relatives à la *publicatio* a une *publica auctoritas*, et jouit d'une *publica fides* protégée juridiquement. De quels documents est-il question? Une réponse à cette question est à trouver dans une des œuvres les plus estimées et les plus répandues au Moyen Âge, *Speculum iudiciale* écrit par *Guilelmus Duranti* dans les années 1270.[27] Parmi les six groupes mentionnés, Duranti attire avant tout l'attention au document dressé par un notaire: *Publicum est, quod est per manum publicum scriptum, id est per manum notarii qui est publica persona ... unde servus publicus dicitur ... De notario, cuius officium dicitur publicum, quia ob publicam utilitatem est inventum*. Duranti énumère ensuite les autres manières de rendre un document public, par l'apposition des scelles, par le jugement, par la transcription sur le registre des actes en litige, par des co-signatures des ecclésiastiques ou provenant d'un *archivum publicum*. Mais l'énumération n'est pas complète, car il est ajouté en général que chaque document est public s'il fait autorité à cause du droit ou d'une coutume particulière, *cui de iure vel speciali consuetudine creditur*. Et la conclusion de Trusen: *L'authenticité publique* est décisive.

26. Trusen (1977), p. 204.
27. Imprimé à Rome 1473, Venise 1501, Bâle 1563.

La notion de *publica fides* indique que les documents jouissant de celle-ci ont des effets juridiques spécifiques. Également selon la jurisprudence médiévale. Le pape Innocent IV (1243-1254) décréta qu'un *instrumentum publicum*, jouissant d'une authenticité pleine et entière, aurait lui-même force probante devant le tribunal, c'est-à-dire qu'il n'y aurait pas besoin d'autre soutien, ni de témoins, ni de prestation de serment. Si son authenticité était contestée, il faudrait fournir la preuve du contraire, ce à quoi on réussissait rarement, car *instrumentum publicum « habet pro se praesumptionem »*. Décisive à ce propos était la *forme* du document qui était la condition nécessaire pour la présumption d'authenticité, laquelle est la *praesumptio* de l'authenticité du contenu.[28]

Selon le droit romain classique le juge avait l'estimation libre des preuves, également en ce qui concernait les preuves par des écrits. A la basse époque impériale le juge était obligé à suivre les règles de preuves dictées par la loi.

Cette théorie légale concernant les preuves fut élaborée en détails par les glossateurs. Le juge n'était plus libre quand il estimait les preuves, il ne pouvait par ex. pas se prononcer sur la valeur de l'authenticité d'un document, mais avait à se tenir à des formes consacrées. C'est ainsi que la *forme* du document, son aspect observable, devient la base véritable de théorie légale des preuves au Moyen Âge. Ce qui est décisif c'est la somme d'une suite de caractéristiques visibles depuis l'*invocatio*, et l'apposition de la date jusqu'au signe du notaire, et à la signature des témoins, etc. Chaque document ou diplôme demande sa propre forme, et avant tout d'être *publicum* pour avoir force probante. Seul ce qui précède est susceptible de nous faire comprendre les efforts pour obéir aux formalités exigées que se faisaient les notaires dont les documents étaient soumis au tribunal. Si les formalités étaient remplies dans tous les détails, le document était public, et, en tant que tel, il jouissait de la *publica fides* en vertu de sa légitimation de fait conformément à la loi locale et aux coutumes, ce qui était souligné par Duranti comme étant décisif en fin de compte. Les glossateurs ajoutent ainsi un élément relatif à la théorie légale des preuves, ce qui n'est pas chose rare dans la jurisprudence de l'Église.[29]

Les instruments du notariat étaient traités dans le détail le plus minutieux par la jurisprudence médiévale. Ce sont des *instrumenta publica* dans un sens plus restreint. Winfried Trusen renonce à parler de la « naissance » du notariat qui n'a pas encore fait l'objet d'une étude d'ensemble. Beaucoup de

---

28. Trusen (1977), p. 205 et suiv.
29. Cf. Isidor de Séville, *Etymologiae*, Lib. V,3: Quid differunt inter se ius, leges et mores. Ed. W.M. Lindsay, Oxonii 1911.

choses sont à vérifier et à corriger, même dans une œuvre de Voltelini, qui a
eu une grande importance dans ce domaine.[30] Mais on ne peut mettre en doute la constatation de Voltelini disant qu'une décrétale du pape Alexandre III
rendue de 1167 à 69 et relative à la force probante d'un *sigillum authenticum*
n'a pas cette importance décisive pour le développement du notariat qu'on a
voulu lui attribuer. Trusen souligne que, aujourd'hui, nous savons que, longtemps avant et surtout dans les villes de l'Italie du Nord, on avait attribué
l'authenticité publique aux instruments du notariat.

Il faut y ajouter le fait que les chercheurs plus anciens n'acceptaient pas de
parler de notaires publics, s'ils n'étaient pas désignés par une autorité qualifiée. Car il y avait des *notarii publici ex auctoritate imperatoris vel papae*. Le droit
de nomination devient donc un élément central pour les chercheurs. Le pape
et l'empereur pouvaient déléguer ce droit aux évêques et aux comtes palatins
mais ceux-ci ne pouvaient le déléguer aux autres. Il était ainsi un droit exclu-
sif – c'était en tout cas ce qu'on croyait. Mais les rois aussi avaient le droit de
désigner les notaires, et somme toute, la règle est déjà brisée par cela même.
Dans la littérature on l'avait noté, mais l'avait considéré comme une exception; à conférer à ce propos « les souverains ou semi-souverains », tels que les
définissait Bresslau. Trusen dit en contrepartie que, dans les sources, on rencontre souvent un notaire intitulé *publicus*, sans mentionner son autorisation,
et à propos de qui nous supposons – voir même savons – qu'il n'a pas d'autorisation impériale ni pontificale. Voilà pourquoi beaucoup ont eu tendance
à considérer le titre comme une usurpation et de refuser au personnage toute qualification de notaire. Ici Trusen incite à la prudence. C'est un fait bien
connu que le *ius commune* doit céder devant la loi locale ou le droit coutumier,
même les privilèges impériaux et pontificaux doivent le faire. Voilà pourquoi
même les canonistes les plus importants, le pape Innocent IV, Hostiensis et
Duranti constatent que, à d'autres notaires aussi qu'à ceux déjà mentionnés,
est attribuée par *consuetudo* la *publica fides*. Il s'agit par ex. de comtes, de mar-
graves, de prélats, d'*universitates* et de villes qui ont leur propre juridiction et
sont capables de désigner des notaires publics. La plupart sont pourtant
d'avis qu'un notaire, autorisé par un roi ou par une des autres autorités nom-
mées, ne peut exercer ses fonctions qu'à l'intérieur du domaine de l'autorité
en question. Ce n'est qu'à titre exceptionnel que des fonctions en dehors du
domaine sont acceptées: si les deux parties sont originaires du territoire, ou

---

30. Die Südtiroler Notariats-Imbreviaturen des dreizehnten Jahrhunderts. T 1, *Acta Ti-
    rolensia*, tome II (1899), XIII, A.I.

s'il y a *consensus partium*. Ces instruments notariaux qui ont l'authenticité publique sont valables non seulement dans leur pays d'origine, mais à l'extérieur de celui-ci, s'il est possible de prouver la nomination faite par une autorité, ou si le notaire est connu. Que les notaires autorisés par le pape pussent dresser des documents partout (*ubique locorum*) étant d'une validité universelle, est déjà mentionné (chap. IV).

Bien qu'un juge puisse engager certains personnages à sa magistrature, il ne peut nommer des notaires, à moins qu'il s'agisse de scribes ordinaires. Et dans la juridiction de Église on voit que les *notarii actorum*, qui, dans le cadre de la juridiction volontaire, dressent des documents, doivent être, en principe, nommés par un évêque ou le vicaire général de celui-ci.

Selon le *ius commune*, le notaire autorisé non seulement par le pape, mais par l'empereur, est qualifié pour dresser des instruments publics partout, non seulement dans le domaine ecclésiastique ou laïc. Si beaucoup de notaires médiévaux sollicitaient un brevet double, c'était une question de prestige, et non pas d'une alternative: ou bien le droit ecclésiastique ou bien le droit laïc.

La compétence générale est susceptible d'être limitée dans le droit local. L'autorité peut limiter le nombre de notaires, et faire dépendre leur activité à l'intérieur du domaine d'un examen. Ce qui se généralisait à la dernière partie du Moyen Âge à cause de la nomination de trop d'*illiterati* non qualifiés.

Duranti raconte comment la nomination se passe à la curie pontificale à Rome: le candidat est présenté au pape. S'il est approuvé, il faudra qu'il passe un examen. Y réussit-il, le candidat, devant un cardinal-diacre, prête un serment qui couvre toutes les fonctions à exercer désormais. Ensuite on lui donne une autorisation et une lettre de nomination, rédigée d'après des formes consacrées.

Les conditions posées pour obtenir l'autorisation de notaire sont les suivantes: l'âge de majorité, une bonne réputation, l'art d'écrire, certaines connaissances du droit, surtout relatives à la théorie des obligations et aux problèmes en rapport avec la *fides* attribuée au notaire; son rôle en tant que chargé d'affaires juridiques ainsi que d'autres sujets parmi lesquels il faut mentionner l'instrument notarial.[31]

La vaste théorie y relative se développait aux XIIe et XIIIe siècles, et resta en vigueur pendant toute la période médiévale, mais complétée par beaucoup de suppléments. La théorie prescrivait avant tout la *forme* de l'instrument.

---

31. Trusen (1977) parle p. 212 de « Notariatsurkunde », une expression peu heureuse, même d'après le critère d'utilité formulé par Bresslau.

L'instrument notarial doit se conformer à toute une suite de formalités que le droit et la juridiction jugeaient nécessaires pour constituer une pleine preuve juridique. Et encore une fois: de la forme on conclut à l'authenticité; et l'authenticité fait naître la supposition que le contenu est vrai. Si un notaire ne maîtrise pas la forme nécessaire, de sorte que l'instrument ne fournit pas la preuve, il peut encourir la responsabilité pénale. Si les *substantialia* présentent des passages fautifs, le document n'aura aucune force de preuve, si les *sollemnitates* présentent des lacunes, le résultat sera le renversement de la charge de preuve à la demande de la partie adverse. Une dérogation particulière à la forme normale entraîne la *suspicio,* une deuxième la présomption de falsification. On peut suppléer à quelques insuffisances si les parties se déclarent d'accord.

La doctrine médiévale accorde une importance particulière à *l'âge* du document, inconnue du droit romain. Le phénomène *antiquum* semble avoir développé une valeur de preuve renforcée en rémédiant à certaines insuffisances, et en donnant la possibilité de fournir la preuve du contraire. La mort du notaire peut, selon les circonstances, suppléer à certaines insuffisances d'un instrument de notaire.

La distinction entre les *substantialia* et les *sollemnitates* était surtout susceptible d'élever des doutes à propos de la forme du document notarial. Le notaire méticuleux doit prendre les deux en considération. Il est d'ailleurs étonnant par exemple que le *chiffre d'indiction* alors désuet soit maintenu dans les instruments notariaux, de sorte que les livres d'études expliquent minutieusement comment celui-ci est calculé correctement afin d'éviter une insuffisance.[32]

La littérature traite notamment la *publicatio* des documents. Et sous ce titre les neufs éléments suivants: *invocatio nominis Domini, anni eiusdem, indictio, dies contractus, nomina Imperatoris vel Papae vel Regis, locus, testes, nomen tabel-*

---

32. L'indictio est la place de l'année dans une période de quinze ans, le cycle d'indiction. L'indiction serait introduite en Égypte au temps de Dioclétien pour les périodes des taxations. Selon le début de l'année de l'indiction, on distingue depuis entre les formes suivantes d'indictio: 1) L'indiction gréco-byzantine, qui commence le 1ᵉʳ septembre *avant* le nouvel an, peut-être introduite par Constantin Iᵉʳ le Grand. On en faisait un emploi continu dans l'empire byzantin, où Justinien, en 537 (Novella 47), ordonna l'emploi de l'indiction à l'apposition de la date de tous les documents publics. 2) L'indiction impériale, qui commence le 24 septembre *avant* le nouvel an, et qui est mentionnée pour la première fois de Beda, ou Bède (m. 735), en tant qu'indication de temps bien connue. On l'utilisait dans la chancellerie carolingienne après Louis Iᵉʳ le Pieux, en Angleterre et chez les rois allemands

lionis ainsi que *eius signum*. Les différentes formes acceptables de chacune de ces parties sont décrites minutieusement. Il est important qu'il ressorte expressément du document qu'on a eu recours à un notaire, *rogatus* ou *rogatus et requisitus*, une expression de forme pour dire que le notaire a agi au titre de *persona publica*.

Sont traitées en détail les différentes règles auxquelles obéir en dressant un document public, la présence des deux parties contractantes, les témoins, la mise par écrit provisoire et la lecture de celle-ci, l'introduction dans la liste d'abréviations, l'*extentio* du document original, le dossier relatif aux documents, une annulation nécessaire ou possible, l'élaboration d'un *exemplum*, une copie et beaucoup d'autres choses auxquelles la littérature la plus récente sur la diplomatique n'a pas prêté attention.

Contrairement à l'instrument public le *document privé* ou *secret* ne constitue pas une preuve selon le sens indiqué, c'est-à-dire une preuve directe sans égard au contenu, uniquement à cause de la forme d'un document public; mais seulement quand la déclaration est faite *contra scribentem*, et que l'authenticité du document peut être prouvée. Il en de même pour un certificat de dettes, *apocha sive apodissa*, susceptible d'être prouvé par des témoins, des sceaux ou sous forme d'une *carta divisa*. Si cela n'est pas le cas il faut d'autres indices susceptibles de soutenir le certificat de dettes. Le droit coutumier ou les décrets attribuaient souvent l'authencité publique aux livres commerciaux d'un commerçant, mais, selon le *ius commune*, ces livres avaient uniquement force probante contre le commerçant. Des engagements par écrit faits devant un notaire ou au tribunal, *confessio in scriptis*, confirmés par serment et auxquels est ajoutée la renonciation, sont mis sur le même plan qu'un jugement. Contre un tel document on n'accepte que les mêmes exceptions qu'on peut alléguer contre un jugement ayant force obligatoire, et qui sont susceptibles d'être prouvées immédiatement, pourvu qu'*elles ne soient pas comprises par une renonciation.*

jusqu'à 1378, également dans les pays nordiques, le plus fréquemment au XIIe siècle, mais aussi dans la lettre de donation de Canut IV le Saint, datée du 21 mai 1085 (DRB II-21). 3) L'indiction de Gênes qui commence le 24 septembre *après* le nouvel an. On l'employait à Gênes au XIIIe siècle. 4) L'indiction romaine (pontificale), qui commence le 25 décembre *avant* le nouvel an. Employée par le Saint-Siège aux VIe-VIIe siècles, encore en partie aux Xe et XIe siècles, ainsi que par la chancellerie impériale allemande, en concurrence avec celle de Bède. Bien qu'on renonçât à l'emploi de l'indiction, on le maintint dans les documents notariaux pendant la période médiévale, parce que leur forme était internationale, étant donné que leur composition était due à l'exigence du droit romain concernant l'authenticité publique.

En ce qui concerne les rapports entre le *document original* et la *copie*, la force probante était attribuée en général à la copie par les Romains. Elle remplaçait généralement l'original. Le droit canonique appelle *exemplum publicum* ce deuxième exemplaire élaboré correctement *ex iusta causa* par une *persona publica*, et il est considéré comme une instrumentation originale répétée, mais – il faut le noter – seulement s'il est question de la *scriptura propria* d'un notaire, c'est-à-dire un document dressé sur la base de sa propre *matrix* conservée par lui, que ce soit à cause de la disparition du premier document, ou d'autre chose. Cette *causa* doit être prouvée, éventuellement par serment, et être écrite. La copie d'une *scriptura aliena* a, selon le droit commun, seulement force probante si elle est écrite *auctoritate iudicis* ou par un official de l'évêque.

Toutes ces règles n'empêchaient pas des doutes à se former et des différends à propos de la valeur de preuve concluante d'un document. Selon la théorie médiévale du droit celle-ci était fonction, comme déjà dit, de l'obéissance précise de la forme légale prescrite. La contestation, *impugnare instrumentum*, arrive surtout quand est alleguée la non-obéissance à la forme préscrite. Là n'est pas exigée une preuve particulière, car le juge est capable d'estimer immédiatement s'il y a erreur. Si c'est le cas, on est fondé à croire qu'il s'agit d'une falsification que celui qui dépose le document doit infirmer. C'est à lui aussi d'établir la preuve de ce qu'il s'agit vraiment d'un notaire.

Il en va autrement d'un document qui se conforme complètement aux formes convenues. Car là il est question d'une présomption légale d'authenticité. Si l'auteur d'une promesse argue un document de faux ou de falsifié (*de falso arguere*), le juge peut lui donner droit à fournir une preuve du contraire (*reprobare);* mais la charge de preuve pèse lourd, car un *instrumentum publicum* est supposé être authentique.

Si l'auteur de la promesse reconnaît l'authenticité du document, mais soutient que la promesse est faite sous contrainte ou par suite de dol, d'escroquerie ou d'erreur, le statut juridique est tout autre – par suite de raisons historiques relatives au droit romain. Le point de départ en était que les droits de créance s'établissaient en général seulement par la participation du débiteur et du créditeur. C'était le résultat des demandes de l'Antiquité romaine relatives à la forme qui présupposaient la présence des deux parties. Mais peu à peu ces demandes devenaient moins rigides et en partie abandonnées; et pourtant était conservée la conception que l'accord était la base de la protection légale. La *pollicitatio* n'oblige pas avant qu'elle ne soit acceptée par la partie contractante. Les sources du droit justinien parlent donc toujours de *consensus, pactum* et *contractus* en tant que base du devoir et du droit.

Parallèlement à cela se réalise une transformation de *verba*, où les mots exprimés créent le droit, en *voluntas*, où la volonté derrière les mots constitue l'élement générateur du droit. La convention librement formée entre les parties devient ainsi décisive. Là où suffisait, à l'origine, une constatation objective de ce qui avait été dit, était exigée désormais une estimation subjective de l'arrière-fond du consensus librement formé entre les parties. Qu'il fallût prendre en considération les circonstances subjectives dans l'administration de la procédure formulaire par le préteur permettait d'accorder des exceptions si une partie prétendait avoir donné une promesse sous contrainte, à cause de dol, d'erreur etc. Si le juge estimait prouvée cette protestation, l'auteur de la promesse serait acquitté. Cette circonstance donnait matière, chez les juristes romains, à une discussion dont le sujet était de savoir lesquelles des exceptions constituaient des empêchements de consensus. Ils n'arrivaient pas à y répondre de façon univoque; mais ils étaient pourtant d'accord que le besoin de garanties suffisantes, quand il s'agissait d'engagements contractuels, mettait des bornes à ce qu'on eût égard à *aequitas*.[33]

La théorie du droit des obligations récente distingue entre une théorie de convention, où la promesse ne devient obligatoire que quand elle est acceptée, et une théorie de promesse qui oblige l'auteur de la promesse à tenir son offre unilatérale. Les juristes romains pratiques n'étaient pas encroûtés dans ces théories, ils les combinaient pour ainsi dire, en regardant le contrat comme deux déclarations de volonté qui convergent. Ils concentrent donc leurs efforts sur les cas où il y avait une divergence entre la volonté et la déclaration d'une partie. Les *ecceptiones* prétoriennes en fournissaient des exemples très nets; mais il y avait des problèmes à propos d'erreurs et de présuppositions.[34] Si le receveur de la promesse était de bonne foi, les Romains se refusaient – contrairement au droit grec – à permettre à l'auteur de la promesse de s'en dégager pour des raisons d'équité; mais le droit canonique, qui était d'ailleurs basé sur la théorie de nullité romaine, était plus favorable aux exceptions de l'auteur de la promesse. Le principe du droit romain de prendre en considération la volonté derrière la promesse donnée, était accepté par l'Église qui le développait. L'*aequitas canonica* exprimait le refus du droit canonique d'un *rigor iuris* exagéré.[35]

33. Jolowies, p. 279 suiv.; Jul. Lassen: *Forelæsninger over romersk Privatret*, Copenhague 1904, p. 171 suiv.; Thøger Nielsen: *Studier over ældre dansk Formueretspraksis*, Copenhague 1951, p. 226 suiv.
34. Jolowics, p. 207; Fritz Schulz, *Principles of Roman Law*, Oxford 1956, p. 94, note 3.
35. Hans-Jürgen Becker, *Recht und Verfassung*, p. 23.

Un exemple très net en est fourni par la règle du droit romain relative à la *laesio enormis* qui, plus tard, fut introduite aux renonciations. Selon le droit romain le vendeur et l'acheteur avaient, en règle générale, leur pleine liberté de concerter ce qu'ils désiraient; mais le droit justinien (C. IV-44,2 et 8) prescrit que le vendeur, qui avait vendu l'objet à la moitié de sa valeur, pût annuler la vente à moins que l'acheteur ne lui offrît la pleine valeur de l'objet en récompense. Ce décret avait certainement été inséré pour frapper des acheteurs qui profitent de la misère du vendeur, car il y est écrit que *humanum est* que le vendeur puisse annuler la vente. Cela explique pourquoi les canonistes se conformaient à cette règle.[36]

Mais pour le récepteur de la promesse ce développement de la théorie de nullité voulait dire une incertitude plus grande à propos de sa confiance ou de ses espérances mises dans la promesse reçue et acceptée. Cette incertitude ne pourrait être écartée que si l'auteur de la promesse, en même temps que la promesse, renonçait expressément à un droit éventuel d'alléguer des exceptions.

En insérant une *renunciatio* dans un document, la partie renonce à l'allégation de toutes ou de quelques causes de nullité à trouver dans un ou plusieurs systèmes de droit, notamment le droit romain et canonique, mais aussi le droit local ou le droit coutumier. Il y a des formules de renonciation à partir du début du XIIIe siècle partout en Europe dans les lettres de vente, de donation, les documents d'emprunt et de prêt ou d'autres documents obligatoires. Elles sont les plus répandues au XIVe siècle, mais étaient toujours employées au XVIIe siècle, bien que les formules fussent abrégées.

Il y a deux formes centrales: Les renonciations générales qui renoncent à tout droit d'exception comme par ex.: *renuntio omni iuri canonico, civili, consuetudinario et actioni, impetitioni, quarimoniae, querelae et petitioni*. Ensuite les renonciations particulières, qui excluent certaines règles du droit, certaines plaintes et exceptiones: *renuntio omni actioni / exceptioni doli mali, fraudis, quod metus causa, vis, laesionis enormis, non numeratae pecuniae, restitutionis in integrum, privilegio fori* etc.[37]

L'*ars notariae* italien (Rainerius Perusinus, Rolandinus Passagerii, Durantis et d'autres) s'occupait minutieusement des renonciations en tant qu'instruments importants relatifs au dépôt de garantie judiciaire. Prenant le point de départ dans deux endroits des digestes (II-11,4,4 et II-5,1 relatifs tous les deux à des renonciations particulières), les savants discutaient la valeur de re-

---

36. Cf. Siems (1992) p. 771.
37. Cf. HRG s.v. Renuntiationen (H. Schlosser).

nonciations générales. La théorie prédominante suivait le glossateur Bulgarus (mort vers 1166) qui soulignait qu'une clause de renonciation serait seulement valable, si elle était *specialiter et expresse*, c'est-à-dire marquait concrètement les plaintes, les règles de droit et les objections désistées. Dans le code canonique de Boniface VIII, *liber sextus*, de 1298 les renonciations générales étaient déclarées nulles.[38] Mais la pratique dépassait rapidement la théorie, de sorte que, en insérant une renonciation particulière, on renonçait à l'exception disant que les clauses générales étaient non valables: *renuntiatio legi, quae dicit generalem renuntiationem non valere nisi praecedat aliqua specialis.*[39]

Confrontés à ce grand nombre de renonciations dans la pratique médiévale relative aux documents, les chercheurs ont étudié l'importance juridique de ces clauses, particulièrement pour savoir si elles étaient à considérer comme la manifestation, en pratique, de la réception commençante du droit savant. Les chercheurs eurent pendant longtemps tendance à déprécier les clauses qu'ils regardaient comme un ornement de savoir extérieur, ou comme une copie irréfléchie de modèles de formules plus ou moins fortuits. Mais la recherche récente a démontré que les clauses de renonciation visaient un but pratique. C'était surtout le cas pour les causes portées devant un tribunal ecclésiastique, ce à quoi notamment Winfried Trusen tire l'attention.[40] L'importance de cette observation dans le domaine du droit privé était d'une vaste portée, et comprenait également les affaires de dettes; et si une partie seulement était ecclésiastique, les parties devraient comparaître devant un tribunal ecclésiastique. Il y a pourtant d'autres conceptions: pour certains, la pratique de renonciation est à considérer comme une réaction protective du droit local devant la pénétration du droit savant. On a avancé ce point de vue autrefois, surtout en France.[41] Mais au cours des années tous s'accordent pour dire que les renonciations constituent des témoignages nets et importants de la connaissance augmentante du droit romain et canonique qu'avaient les scribes de documents ou les notaires médiévaux.[42]

Quand le préteur romain accordait au défendeur le droit d'une *exceptio*, il était acquitté par le juge, si l'argumentation de l'*exceptio* était prouvée. Le droit aux exceptions était accordé non seulement par la pratique prétorienne,

38. Cf. regula 81, in VIto de regulis juris, V, 12.
39. Exemples danois à cela: DD II-9 no 295 (1326), III-1 no 129 (1341) et 386 (1343).
40. Cf. Trusen, 1962, p. 91 suiv.
41. Cf. E. Meynial, « Des renonciations au moyen âge et dans notre ancien droit ». *Revue historique de Droit Français et Étranger* 24 (1900), pp. 108-142, 25(1901), pp. 241-277, 657-697, 26 (1902), pp.49-78 et 649-710, 28(1904), pp. 698-746.
42. Cf. LdM s.v. Renuntiationen (K. Kroeschell).

mais, depuis, aussi par la législation romaine. Cela était repris et confirmé dans la codification justinienne, avec pour résultat que la production des preuves de la partie adverse était empêchée. Voilà pourqui celle-ci, pour y re-médier, et déjà à la conclusion du contrat, exigeait que la partie contractante renonçât à son droit d'alléguer une *exceptio*. Aussi les renonciations eurent-elles tant d'importance, même une plus grande importance qu'il ne ressort dans la suite des rédactions des documents. La raison en est que les rédac-teurs considéraient, en règle générale, ces clauses comme des circonlocutions superflues sans une importance judiciaire réelle. Les chercheurs de ces der-nières décennies sont les premiers à se rendre compte de l'envergure de la ju-ridiction ecclésiastique, et il faut comprendre par là qu'il fallait une expertise juridique indubitable pour constater qu'une cause ne pourrait pas être portée devant un tribunal ecclésiastique.

Cela a pour effet qu'il faut prendre encore une matière en considération: le notaire ou le greffier était obligé en général d'insérer des clauses de garan-ties dans le contrat. Normalement on lui en donnait une autorisation généra-le. De peur d'encourir l'obligation de répondre des dommages causés, il était motivé pour faire tout ce qui lui était possible, et parfois même plus que le strict nécessaire. Mais au cas d'un procès les renonciations insérées étaient d'une extrême importance. Il y a des exemples, dans la pratique allemande, de ce que les parties, après la conclusion de l'acte juridique dressent un do-cument à part relatif seulement à la renonciation.

La valeur de preuve concluante d'un document était susceptible d'être contestée par *de falso arguere*. Beaucoup se sont occupés, ces dernières décen-nies du problème des falsifications au Moyen Âge. Winfried Trusen ne prend pas part, dans son article, à la discussion, mais souligne, de façon succincte et méritoire, qu'on ne peut pas en général parler de l'homme, de la notion de droit et de la notion de vérité du Moyen Âge. Cela doit mal tourner, étant donné que les mille années du Moyen Âge comprennent une longue suite de périodes de développement intériur et extérieur. Il est possible de démontrer de larges sauts, surtout concernant la conception juridique, et beaucoup de choses servent à expliquer pourquoi la grande époque des falsifications est à situer aux IXe-XIe siècles. En prenant le point de départ dans la littérature ju-ridique depuis le XIIe siècle, les efforts des papes, la législation intense et la poursuite des falsificateurs, on doit plutôt se demander si, sous quelque for-me que ce soit, des problèmes étaient susceptibles de se poser quant à la ma-nière de regarder ce crime. Car celui-ci était justement imputé aux cercles qui réprimaient les falsifications. Et la « scientification » du droit concernait no-tamment les cercles ecclésiastiques. Au lieu de tant parler du manque de sens

critique du Moyen Âge, on devrait plutôt étudier la manière de traiter les falsifications telle qu'elle ressort de la littérature juridique de cette époque-là.
Car celle-ci avance sur la plupart des considérations de notre époque relatives
au sujet; mais negligées par les historiens d'aujourd'hui. Les demandes formulées par la diplomatique d'établir des comparaisons concernant l'écriture,
le style, le sceau, le parchemin etc., étaient souvent impossibles d'établir par
la pratique d'alors, et des experts n'étaient pas toujours présents. Voilà pourquoi les falsificateurs pouvaient souvent s'attendre à obtenir de bons résultats. Mais supposer que la volonté de commettre, objectivement, le crime de
falsification fût toujours présente, n'est guère probable, vu la législation intense et l'activité littéraire.[43]

Le contrat littéral n'allait pas, contrairement au droit grec, jouer un rôle
dans le droit romain classique. Lorsque les obligations littérales se générali-
sèrent à l'époque pré-classique, les formes n'étaient pas prescrites par la loi
ou le droit coutumier. Nous savons que les débats oraux préalables étaient
susceptibles d'être allégués devant le texte mis par écrit, et pour cela, plusieurs historiens de droit sont d'avis que la forme littérale du droit vulgaire
de la basse époque romaine n'était pas l'élément obligatoire, mais avait seulement la fonction de garantir la preuve. Pour cela on a fait valoir que non
seulement le document en tant que tel, mais aussi la *traditio* remplaçaient la
stipulatio exigée par le droit romain. On peut donc se demander à juste titre
si, d'une manière quelconque, on peut parler d'un document générateur de
loi. Quoiqu'il en soit on est capable de constater l'existence d'une forme
constitutive ou génératrice de loi, par ex. dans les documents lombards.

Dans la plupart des documents transmis de la période il y des engagements contractés. Pour la pratique des tribunaux c'était en général sans intérêt de savoir si un document, dans ces cas, était seulement un moyen de
preuve ou si, en tant que document, il contractait l'engagement. A l'occasion
d'un contrat de vente ou d'achat il était par exemple sans importance aucune
de savoir si le document était dressé en vue de la preuve ou s'il était le document contractuel, générateur de loi, particulièrement quand il s'agissait des
instrumenta publica.

Les *canonistes* n'acceptaient pas en général une *litterarum obligatio* formelle au sens mentionné. Ils exigeaient à propos des engagements par écrit *privés*
la mention d'une *causa* particulière. Ils permettaient normalement la preuve
du contraire devant la demande d'un tel document.[44]

43. Trusen (1977), s. 216 suiv.
44. Cf. Willibald M. Plöchl: *Geschichte des Kirchenrechts*, Vol. I, p 420.

Il faut souligner encore une fois que la théorie des preuves imposée par la loi ne prenait en considération que les faits extérieurs et non pas le contenu du document. Celui-ci était ainsi regardé non comme une vraie preuve, mais comme une présomption de vérité juridique. Seulement sous cet aspect on est capable de comprendre l'importance des clauses et des formulaires.

La différence mentionnée subsistait toujours entre la littérature notariale sous forme de formulaires munis d'explications juridiques, et les recueils de formules simples sans contribution théorique. De tels recueils de formules purs et simples étaient élaborés à Padoue (1223), à Florence (1220-1242), à Vérone (1246-1253) et à Pise (v. 1271). Dans les *pays de droit écrit* et en Espagne on les trouve à partir du XIIIe jusqu'au XVe siècle, et, à cause de l'absence d'explications juridiques, l'influence de *l'ars notariae* est pratiquement indémontrable.

Les professeurs de droit s'occupaient aussi du coin de *l'ars notariae* qui prescrivait la formation des formules de plainte. Ce qui se faisait dans des œuvres de libelles. Le bureau de la chancellerie impériale de l'Antiquité post-classique, le *scrinium libellorum*, recevait des plaintes venant de personnes privées, et y répondait. En même temps que le développement de *l'ars notariae* au début du XIIIe siècle, se généralisait l'élaboration d'aperçus sur les formules de plaintes, *actiones*, en rapport avec l'ouverture d'un procès. Ainsi se développaient des œuvres de libelles comme un type particulier de littérature à l'usage des notaires. Plusieurs professeurs de droit et de notariat connus y attribuaient, mais les cadres de ce genre furent complètement brisés par l'œuvre monumentale, *speculum iudiciale* (1271-1276) de Guilelmus Duranti.[45]

L'ars notariae était considéré comme une branche renommée des sciences médiévales qui se propageait, des villes au Nord de l'Italie via le Midi de la France, dans le reste de l'Europe. Il donnait aux notaires des connaissances juridiques théoriques, ce qui faisait augmenter le respect qu'on avait de leurs fonctions dans la société médiévale.

45. LdM s.v. Libellus (P. Weimar).

IX. Les notaires de l'Europe occidentale

Introduction

L'exposé qui suit, traitant les royaumes et les pays de l'Europe occidentale au Moyen Âge, souligne qu'il faut se rendre compte qu'on ne peut rapporter les États actuels, leurs noms ainsi que leurs frontières à une époque reculée sans commettre un grossier anachronisme. L'Espagne n'était pas l'Espagne au Moyen Âge, le domaine des rois français est bien loin de la France telle que nous la connaissons aujourd'hui, l'empire germano-romain ne ressemble pas à l'Allemagne actuelle – seul le royaume insulaire d'Angleterre ressemble après 1066 à quelque chose que nous connaissons aujourd'hui. La langue commune attribua à la création des nations et États, mais le latin était également la langue commune aux savants, aux ecclésiastiques – et aux notaires. La description de l'activité des notaires au *Midi* démontrait leur mobilité quand ils allaient de ville en ville, d'un pays à un autre et d'un empire à un autre. Nous avons constaté que les notaires étaient à l'origine des hommes autodidactes sachant se débrouiller, et de qui on avait besoin, pour plusieurs raisons, dans les villes, les pays, les royaumes et à l'Église. Dans la société médiévale, où la distinction des rangs avait plus d'importance que les frontières des pays, ces notaires se rendaient utiles, non à cause de leurs fonction, mais par suite de leur art, l'art d'écrire en latin, et de leur savoir juridique basé sur le droit romain et le droit de l'Église.

Les notaires s'organisaient comme tous les autres, souvent en corps ou associations, qu'ils aient fonctionné chacun pour soi ou bien dans le cadre d'une hiérarchie administrative ecclésiastique, impériale ou royale, ou bien munis d'une autorisation pontificale ou impériale. Dans les parties suivantes, territorialement délimitées, sera donc indiquée, autant que possible, la fonction « privée » ou « libre » des notaires, à côté de leur rôle dans l'administration et la juridiction de l'Église ou d'une autorité laïque.[1]

---

1. HdR (1993) introduit l'article « Notar, Notariat » ainsi: Der Notar protokolliert in privatim oder öffentlichem Auftrag rechtserhebliche Geschehnisse, c'est-à-dire les actes privés dans les actes officiels.Sous les mêmes mots de classement dans LdM relatifs à Deutsches Reich sont traités *d'abord* « Reichskanzlei » *ensuite* « Öffentliches Notariat » *(notarius publicus),* donc la fonction dans la chancellerie avant les actes privés.

La péninsule ibérique

L'expression romaine *tabellio* disparut dans l'empire des Wisigoths. Les Wisigoths connaissaient le notariat, parce qu'il fonctionnait dans l'administration de l'Église; mais il avait des difficultés à ce propager au domaine laïc, parce qu'il était en compétition avec le *scriptor*. Il importait que les glossateurs, comme déjà mentionné, aient aidé à la propagation du notariat en désignant le notaire comme une *persona publica*. Cela augmentait l'importance des *notas* et *libros de notas* des notaires, ainsi que de leurs registres et protocoles, parce que des copies de tous les documents pertinents judiciaires y étaient introduits. Les notaires furent en général ecclésiastiques jusqu'au XIIIᵉ siècle; mais dans la suite la fonction notariale fut interdite dans quelques pays de la péninsule ibérique, et depuis ce fut uniquement aux notaires apostoliques véritables d'exercer cette fonction. Tous les autres notaires, qui n'étaient pas nommés par le roi, furent expulsés en 1329 de la Castille. Dans le royaume d'Aragon les villes et les villages maintenaient le droit de désigner les scribes; mais le nombre de scribes publics était limité. En Catalogne, qui était dans un rapport étroit avec *le Midi* de la France, les notaires publics des villes avaient à passer une épreuve devant des citoyens estimés et des jurisconsultes (*savis en droit*). Après la conquête de Valence en 1238 l'on eut, l'année après, *notarii civitatis Valentiae*. Au royaume de Majorque, Jaques III interdit en 1340 aux notaires publics de prendre des décisions judiciaires et de défendre des accusés – ce qu'ils avaient donc fait.

Le développement d'une *cancilaria* se passait dans les royaumes espagnols au XIIᵉ siècle. Les documents étaient auparavant confirmés par un ecclésiastique, parfois nommé *notarius regis*. A la rédaction du document il était aidé par des *scriptores*. En Castilla-Léon Alphonse VII le Bon nomma chancelier en 1127 l'archevêque de Saint-Jacques- de- Compostelle, Diego Gelmírez, et après 1135 commença la construction d'une chancellerie véritable. Le nom du chancelier était alors Hugo, celui du notaire Gérald. Ils introduisirent des formes consacrées destinées à l'élaboration des différents types de documents.

Ferdinand II d'Aragon et Alphonse IX, rois seulement de Léon, investirent les archevêques de Saint-Jacques-de- Compostelle de la dignité de leurs chanceliers, mais le travail pratique dans la chancellerie était fait par un notaire et un certain nombre de scribes. En Castille, où Alphonse VIII le Noble règna de 1170 à 1214, les archevêques de Tolède eurent la fonction d'archichancelier. A partir de 1230, les archevêques de Saint-Jacques-de-Compostelle et de Tolède eurent la fonction d'archichancelier aux royaumes de Léon et de Castille, mais le *chancellarius domini regis* était une fonction à laquelle on était nommé par le roi. Sous Alphonse X (1254-1284) la fonction de chancelier venait juste après la plus importante, c'est-à-dire le chapelain du roi. En même temps augmentait le nombre de notaires attachés à la cour. En 1371 fut mis en application l'enregistrement de tous les documents sortants, mais on n'a conservé que très peu de registres médiévaux.

Au Portugal il y avait depuis Sanche 1er le Colonisateur (1185-1211) une chancellerie complète, comparable à celle de Castille-Léon, tandis que la chancellerie des royaumes de Catalogne et d'Aragon n'était installée que sous Alphonse II (1262-1296). Un chancelier est mentionné pour la première fois en 1218. La chancellerie s'organisait dans la première moitié du XIVe siècle, ayant pour modèle la chancellerie pontificale. Le chancelier était ecclésiastique et chef du conseil du roi. Le vice-chancelier était juriste par formation et, à partir de 1386, le *regente* formel de la chancellerie, mais le chef ordinaire était un notaire, garde de sceau et nommé protonotaire. Un certain nombre de scribes fonctionnaient sous lui.[2]

La France

Comme il ressort de ce qui précède, il y avait dans le *Midi* de la France assez tôt des notaires publics, qui, indépendamment des tribunaux, écrivaient et copiaient des actes juridiques et leur conféraient force obligatoire par suite de leur seule signature. Depuis le début du XIIIe siècle la plupart des actes juridiques avaient été faits par des notaires dans le Midi de la France. Le premier capitulaire relatif aux notaires publics en France fut donné par Philipe IV à Amiens en 1304. Dans celui-ci sont reconnues toutes les coutumes du Midi de la France. Contrairement à cela un document notarial au Nord de la France aurait seulement force obligatoire si le roi avait autorisé le notaire, et si le document était muni du sceau d'une institution judiciaire. Les notaires les plus éminents étaient ceux employés aux officialités. Mais depuis le XIIIe siècle il y avait pourtant eu des notariats publics ou des tabellionats attachés aux tribunaux laïcs, en concurrence, partiellement, avec la juridiction ecclésiastique. A la fin du XIIIe siècle chaque autorité locale et la plupart des juges locaux pouvaient disposer d'une chancellerie notariale publique sous la direction d'un ecclésiastique nommé *tabellio*. Les documents émis de celle-ci avaient

2. LdM s.v. Kanzlei, Kanzler (M.-A. Ladero Quesada). Sur le droit romain au Portugal cf. Guglielmo Braga da Cruz: *Il diritto sussidiario nella storia del diritto portoghese* (IRMAE), Pars V, 3b (1981).

force obligatoire à l'apposition du sceau de la fonction judiciaire confié au garde-scel. De tels documents scellés avaient l'effet juridique dans l'entier royaume français, tandis que les documents de l'officialité étaient seulement légalement valables dans l'évêché en question. Le pouvoir royal se réservait le droit de nommer les notaires qui, içi également, étaient en haut de l'échelle sociale.

Les notaires au Grand Châtelet à Paris jouaient un rôle central. Les clercs au tribunal de Paris s'associèrent pendant la deuxième moitié du XIIIe siècle dans une confrérie particulière, constituée par 60 membres. Leur activité fut élevée au rang d'office muni du privilège de dresser des documents partout dans le royaume, ce qui était le cas également pour les notaires à Orléans et à Montpellier. Une ordonance datant de 1321 interdit aux notaires de vendre leur office; mais en dépit de cette ordonance, de tels offices étaient vendus ou cédés à bail.

Durant la lente construction médiévale de la monarchie française la chancellerie royale était une institution centrale. Les sources parlent peu de la situation sous les Carolingiens, mais en tout cas à partir de 877, à l'avènement au trône de Louis II le Bègue, il y eut un notaire ou chancelier qui, de sa main même, dressait des documents. C'était une personne importante à la cour royale. Depuis 898 l'archevêque de Reims, Fulco, avait fonctionné comme archichancelier. Cette fonction fut par la suite attribuée au siège de l'archevêque à Reims. L'administrateur réel de la chancellerie était le *cancellarius*, qui était ecclésiastique. Au XIe siècle il y eut, pendant une certaine période, un rapport très étroit entre la chancellerie et la *capella regis*, une institution ecclésiastique créée sous les Carolingiens, et propagée depuis au Moyen Âge à toutes les cours européennes. Le chancelier était assisté par deux chapelains royaux qui, à sa place, étaient capables de confirmer les documents ou de témoigner de leur authenticité. La fonction de chancelier était toujours regardée comme une des plus importantes de la cour, et le chancelier eut une grande influence politique jusqu'à ce que Philippe II Auguste (1180-1223) omît, dès l'année 1185, de nommer quelqu'un à cette fonction. Son successeur, Louis VIII le Lion (1223-1226), nomma un chancelier, mais après la mort de celui-ci la fonction fut supprimée pour toujours. Un *garde des sceaux* fut désormais l'administrateur de la chancellerie. Il était en général le *clerc du roi* qui abandonnait sa fonction de chancelier à l'occasion de sa nomination normale au poste d'évêque. La fonction de garde des sceaux était ainsi de courte durée, et le nombre de ceux-ci était très grand.

C'était à craindre que ce développement pût menacer la continuité de la fonction de la chancellerie, mais les notaires pouvaient y rémédier. Déjà sous

Louis VI le Gros (1108-1137) un petit groupe de clercs participaient à la rédaction et à l'élaboration des documents, suivant des formules consacrées. Cette tendance se renforçait sous Louis VII le Jeune (1137-1180) et le titre de *notarius regis* était employé en rapport avec la chancellerie. Bien que Philippe Auguste omît de nommer un chancelier, des règles fixes et nettes relatives à l'élaboration des lettres de chancellerie furent établies pendant son règne et jusqu'à l'an 1223; ces règles étaient couchées par écrit et, pour la plupart d'entre elles, copiées dans un registre de chancellerie, (« registre de Philippe Auguste »). Cette procédure était poursuivie sous les rois suivants, ce qui laisse supposer, sans aucun doute, l'assistance des notaires.

Un cercle d'ecclésiastiques, se nommant des notaires royaux, se séparent sous Philippe III le Hardi du personnel de la chancellerie. Leur nombre augmentait petit à petit après l'avènement au trône de Philippe IV le Bel en 1285: en 1315 il y avait 24, en 1328 27, en 1342 98 notaires royaux. Par économie, le nombre fut réduit nominalement à 30, mais en réalité il y en avait 60 à fonctionner, nombre maintenu jusqu'en 1482.[3] Vers le milieu du XVe siècle tous les *notaires et secrétaires du roi* se réunirent dans *la confrérie aux quatre Évangélistes*, ayant son siège à l'Église des Célestins à Paris. En dépit de leurs fonctions multiples ils avaient le même titre: *notaire et secrétaire*. Quelques-uns parmi ceux-ci étaient attachés au *conseil royal*. A la confrérie furent attribués en 1482, sous forme de privilèges de rang, l'inamovibilité et de grands avantages fiscaux. Assez tôt les notaires et les secrétaires s'élevaient à une haute position sociale en France.[4] Au XIVe siècle déjà beaucoup de secrétaires avaient des titres de noblesse, et, en 1485, chaque notaire ou secrétaire royal était anobli automatiquement. Des notaires et des secrétaires qui, dans leur fonction, étaient familiarisés avec l'emploi de la diction rhétorique avaient, sur cette base, écrit d'importantes œuvres littéraires, ayant ainsi ouvert la voie à l'humanisme.[5]

3. F. Lot-Fawtier: Histoire des institutions françaises au moyen âge, vol. II, Paris 1958, pp. 57-65, 85-96; G. Tessier: Diplomatique royale française, Paris 1962, pass.; A. Lapeyre-R. Sheurer, Les notaires et secrétaires du roi sous les règnes de Louis XI, Charles VIII et Louis XII (1461-1555), vol. I-II, Paris 1978, pass., LdM s.v. Chancelier, Chancellerie (R.H. Bautier).
4. *La Grande Encyclopédie* (Paris non datée) s.v. Notaire I. Histoire, p. 63 suiv.; *Grand Larousse* (Paris non daté) s.v. Notaire, p. 7453 suiv., LdM s.v. Chancelier, Chancellerie, surtout p.1694 (R.H. Bautier).
5. Noms d'auteurs: HdR s.v. Notar, Notariat, p. 1273 suiv., et Armin Wolf dans Coing, *Handbuch* I, p. 507.

L'empire germano-romain

Armin Wolf renonça, comme déjà indiqué, dans son article « Das öffentliche Notariat » à traiter les « notaires » anciens, « les scribes d'origines différentes et accomplissant des tâches diverses qu'on peut démontrer du temps des Carolingiens. ».[6] Winfried Trusen était d'avis en 1962 qu'il ne fallait pas s'étonner que la première apparition de notaires en Allemagne soit constatée en rapport avec la juridiction ecclésiastique. Son explication en était que l'instrument notarial n'eut force probante que par la promulgation d'une décrétale par le pape Alexandre III (1159-1181) entre 1167 et 1169.[7] Mais Trusen corrige lui-même cette conception en 1977 en disant que la décrétale en question n'avait pas tant d'importance: « nous savons aujourd'hui qu'aux instruments notariaux était attribuée l'authenticité publique longtemps avant ». Il maintient pourtant que seulement la reconnaissance de l'Église formait la base à la propagation continue de cette institution au nord des Alpes et en Angleterre.[8] Et cela en dépit des avertissements formulés par Trusen lui-même de ne pas commettre l'erreur de regarder chaque *notarius* trouvé dans les sources comme un émetteur de documents autorisé et public. Dans les sources médiévales du haut Moyen Âge cette nomination était employée en général pour désigner un scribe, mais, depuis le XIIe siècle, elle est employée pour désigner des personnes haut placées, et est utilisée non seulement dans les curies épiscopales, mais aussi dans les chancelleries laïques. A Mayence est mentionné déjà en 1142 un *notarius*, et des notaires épiscopaux fonctionnèrent à partir de 1157 à Erfurt. A Trèves sont désignés comme notaires les noms suivants: Wilhelm en 1194, Johan en 1199, magister Godefried en 1212, Giselbert en 1215, et la même année magister Helias, Alexander en 1235 et Peregrinus en 1251. Ici également il est question de personnes haut placées, qui, tels Helias et Godefied fonctionnaient comme des juges épiscopaux, et Peregrinus qui était *iudex delegatus* pontifical. L'autorité laïque empruntait aussi bien le titre de *notarius* que celui de *protonotarius* pontifical.[9]

Dans tous ces cas on ne peut parler, selon Trusen, de notaires publics, qui, à eux seuls, à travers la rédaction des instruments notariaux, étaient d'importance pour le développement de l'histoire du droit. Il constate pourtant que les notaires publics avaient des prédécesseurs: le greffier de la ville de

---

6. Coing, *Handbuch* I, p. 506.
7. X 2, 22, 2, Trusen (1962), p. 71.
8. Trusen (1977), p. 210.
9. Trusen (1962), p. 72 suiv.

Lübeck, Henricus de Brunswic, dressa par exemple en 1251 un document pour l'archevêque Albert Suerbeer dans lequel est dit: *datum per manum publicam Henrici scriniarii seu notarii universitatis civitatis Lubicensis. Ego Henricus persona publica tale signum annotationis apposui supradictis.* Et le sceau est apposé. Dans un autre document aussi, venant de l'archevêque Albert datant de 1256, le même Henricus s'appelle *scrinarius* et appose son sceau.

Pour Winfried Trusen il est « significatif que les deux documents n'étaient pas dressés par le conseil de Lübeck, et devaient évidemment servir à être employés dans des rapports ecclésiastiques. » Sa conclusion en est que le greffier de la ville, Henricus de Brunswic, s'approprie ici, sans droit, la qualité de notaire public, sans l'être vraiment. Pourquoi? Parce que Trusen dans son œuvre *Anfänge des gelehrten Rechts in Deutschland* datant de 1962 n'a pas encore pris ses distances à l'égard de la conception que, pour être un notaire public, il faut qu'on soit nommé à remplir les fonctions de notaire. Voilà pourquoi, selon Trusen, le premier notaire public véritablement documenté dans l'empire allemand est celui que nous avons rencontré à Liège en 1274, et qui a été mentionné précédemment en rapport avec la propagation vers le nord de notaires publics. Peter Classen parlait, en rapport avec le titre de *cancellarius*, de « schématisme de fonction », et il faut souligner que Trusen, concernant le titre de notaire public commet la même erreur.[10] Et c'est justement ce Trusen, qui dans son article de 1977 « Zur Urkundenlehre der mittelalterlichen Jurisprudenz » de façon convaincante, constate que, non seulement une nomination par une autorité, mais également le rapport qu'entretient le greffier avec une institution crédible, ou tout simplement son rang social, étaient susceptibles d'attribuer l'authenticité publique à ses documents, et de faire de lui un notaire public. L'essentiel est l'authenticité publique fondée sur la loi ou les coutumes.[11] Et par conséquent le greffier de la ville Henricus de Brunswic ne s'est-il pas arrogé le titre de notaire; il était notaire parce que ses documents satisfaisaient aux demandes de publicité et d'authenticité. Ainsi le nombre de « notaires » énumérés par Trusen avant 1274 deviennent-ils des notaires « véritables », ayant eu leur fonction au nord des Alpes dès le milieu du XIIe siècle.

Il correspond mieux à ceci que Trusen, en 1962 et mis en italiques, conclut que « la réception du droit canonique et l'établissement y relatif de tribunaux ecclésiastiques et érudits en Allemagne avaient pour effet aussi l'établissement du notariat public. » Et c'est ainsi que nous sommes remontés au XIIe

10. Classen, p. 43 suiv.
11. Trusen (1977), p. 204 suiv.

siècle.[12] De même que Trusen admettait que la décrétale d'Alexandre III de 1167-1169 n'était pas une condition pour attribuer la force probante à un instrument notarial, car il l'avait eue longtemps avant qu'ils fussent des fonctionnaires publics.[13] O. Redlich soulignait déjà en 1911 que l'exercice des fonctions de notaire public en Allemagne satisfaisaient particulièrement au besoin éprouvé par les tribunaux ecclésiastiques, où les *personae publicae*, selon les prescriptions canoniques, devaient accomplir la fonction de scribes aussi. Il semble donc être notamment les ecclésiastiques qui exerçaient au notariat, et cela explique pourquoi ils travaillaient, en général, dans les sièges épiscopaux et pourquoi l'instrument notarial était utilisé d'abord et normalement quand il s'agissait de procès et d'actes juridiques ecclésiastiques, où les ecclésiastiques constituaient les parties. Étant donné que la plupart des notaires étaient ecclésiastiques, il est bien compréhensible que les notaires en Allemagne ne se soient pas réunis en collèges ou corporations, comme c'était le cas en Italie.[14] A cela il faut ajouter que l'exigence que les scribes soient des *personae publicae* ne veut pas dire qu'ils devaient exercer une fonction.

C'était aussi la tâche du notaire de rédiger et d'enregistrer les lettres et les décrets impériaux et royaux. Ces tâches faisaient partie, depuis les Carolingiens et pendant des siècles, du service à la cour, et étaient exécutées par des *notarii*, ou par des *cancellarii* jusqu'au début du Xe siècle; et après le milieu du XIVe siècle par des *secretarii*, une vieille expression ecclésiastique employée pour les notaires à qui le pape confiait la rédaction des écrits à tenir secrets. Le titre de *secretarius* de la chancellerie de l'empire renferme plusieurs fonctions qui demandent des qualifications stilistiques et souvent des études juridiques. Comme c'était le cas pour les notaires, on confiait souvent aux secrétaires des missions politiques et diplomatiques.[15] Le mot de protonotaire a été mentionné précédemment sous la chancellerie pontificale. Cette association de mot gréco-latine existait déjà dans le vocabulaire de l'Antiquité post-classique et est d'origine byzantine. Dans la période franque le titre était employé sporadiquement. Le protonotariat ne fut une institution autonome qu'après la nomination en 1157 par l'empereur Frédéric Ier Barberousse d'un notaire,

12. Note 12: Cf. Armin Wolf, Coing, *Handbuch* I, p. 506.
13. Trusen, p. 75. A noter à ce propos qu'Armin Wolf, Coing: *Handbuch* I, conc. les rapports entre notarii publici et notarii iurati écrit que « celui-ci n'a pas encore été expliqué de façon satisfaisante ». Il faut donc que quelques notarii publici ne soient pas notarii iurati.
14. O. Redlich, *Die Privaturkunden des Mittelalters. Handbuch der mittelalterlichen und neueren Geschichte IV, Urkunden-Lehre 3*, 1911, p. 228.
15. LdM, s.v. Sekretär (P.Csendes, Th. Frcnz).

nommé Henrik, au poste de *protonotarius aulae (curiae) imperialis*. Dans la chancellerie de l'empire le protonotaire était désormais juste au-dessous du chancelier, mais à cause du fardeau de travail politique de ce dernier, il fut l'administrateur de fait des fonctions de chancellerie et, comme le chancelier, membre permanent du conseil de la cour. Le protonotaire Henrik avait beaucoup de successeurs, qui, pourtant, n'avaient pas tous sa place dominante. Ceci était dû au fait que plusieurs protonotaires exerçaient, coordinés l'un avec l'autre, à cause du fardeau de travail augmentant. Mais on confiait ainsi souvent aux protonotaires des missions diplomatiques.[16]

L'empereur Frédéric II (1212-1250) employait des notaires non-ecclésiastiques, certainement à l'exemple des Siciliens, et à travers les XIVe et XVe siècles le nombre de notaires laïcs augmentait constamment. Une confrérie de notaires de chancellerie comme celle en France vit le jour en Allemagne seulement au XVe siècle.[17]

Bien qu'un instrument notarial fût une preuve judiciaire, en vertu seulement de l'authenticité de l'émetteur, fondée sur son savoir professionnel et sa position sociale, il se généralisait de plus en plus qu'aux notaires était accordée une *autorisation* pontificale ou impériale. En tant que *notarius sedis apostolice auctoritate* ou *notarius publicus imperiali* le notaire avait l'autorisation de dresser des documents publics, *instrumenta publica*, ayant pleine force probante. Ces documents seraient légalemeent valables sans l'apposition des scelles pontificales ou impériales, si certaines prescriptions ou formes étaient respectées, et qu'ils fussent signés de la main même du notaire en question, et auxquels étaient apposés son signe de notaire ou son *signetum publicum*. L'autorisation pontificale était donnée ou bien par le pape lui-même, ou bien par un des *comes palatini* du Latran, en allemand Pfalzgrafen. Qu'un notaire eût une autorisation pontificale ou impériale n'avait aucune importance pour la force obligatoire de ses instruments notariaux. Quelques notaires avaient obtenu une autorisation pontificale aussi bien qu'impériale, ce qui était sans effet juridique particulier, mais augmentait peut-être le prestige du notaire. Dans l'empire allemand le nombre de notaires *imperiali auctoritate* était plus grand que celui de notaires *apostolica auctoritate*, même dans les institutions ecclésiastiques. L'autorisation pontificale était pourtant normale parmi les notaires immigrés, surtout des Italiens, mais aussi parmi les notaires allemands ayant étudié en Italie.[18]

16. LdM s.v. protonotar (E. Döhring).
17. Bresslau I, p. 492 suiv.
18. Trusen (1962), p. 84 suiv.

Le fait même qu'un savoir professionnel fût nécessaire pour l'authenticité et la force probante des documents notariaux souligne qu'il est d'un intérêt primordial de connaître et d'étudier la formation des notaires. Des études universitaires n'étaient pas non plus une condition en Allemagne. Les notaires médiévaux pouvaient déjà acquérir la base de leur formation à travers l'enseignement d'*ars dictandi* dans les écoles cathédrales ou conventuelles, où, parmi d'autres ouvrages, étaient employés des extraits de *Corpus Iuris Civilis* servant à faire des compositions de thèmes. D'autres se qualifiaient en faisant leur apprentissage chez un notaire pratiquant. Beaucoup, par la suite devenus notaires, sont à trouver dans des matricules universitaires, et quelques-uns finissaient *magistri*, d'autres *doctores* en droit canonique ou bien en droit romain, *doctor utriusque iuris*. Il y avait en outre, à la dernière partie du Moyen Âge, dans les villes d'Esslingen et d'Ulm des écoles de notaires spécifiques qui avaient jusqu'à 100 élèves. Elles étaient dirigées par des notaires, qui exerçaient également au « Pfalzengrafenamt » impérial. Il s'en ensuivait le droit d'autoriser des notaires.[19] Avec son autorisation de notaire, celui-ci recevait un signe de notaire qui n'était pas à modifier. Contrairement à ce qui était le cas en Italie, où, pour la première fois, les notaires étaient mis sous le contrôle de leurs collègues, il n'y avait en Allemagne ni une confédération de fonctionnaires, ni un contrôle de notaires. Pour cela le signe de notaire était-il la preuve de son autorisation et un accompagnement essentiel de la signature du notaire.

L'origine du signe de notaire reste obscure. Il remonte peut-être aux tabellions romains qui signent les documents d'un monogramme pour qu'on puisse identifier le scribe. Peut-être cette tradition fut-elle reprise par les chancelleries seigneuriales où, du VIIIe au Xe siècle, le signe d'identification du chancelier était posé au document en tant que preuve de son contrôle de l'authenticité et de l'état complet de celui-ci. Cela explique peut-être pourquoi, dans la suite, était employé le signe de notaire au lieu de l'apposition des scelles pourtant ordinaire. Même les notaires nobles n'employaient pas le sceau de leur famille, mais leur signe de notaire tout particulier et personnel, qui faisait du document une preuve publique, non pas dans un domaine de fonction délimitée, mais partout dans l'empire germano-romain, et, pendant longtemps, même dans les royaumes de France, d'Angleterre et des pays nordiques.[20] On peut seulement comprendre l'importance des notaires au

19. Trusen (1962), p. 82 suiv.; Armin Wolf, Coing, *Handbuch* I, p. 509.
20. Bresslau I, p. 439 suiv., 481 suiv., LdM et HdR s.v. Notar, Notariat, KLNM s.v. Notar.

Moyen Âge si l'on étudie les rapports entre l'Église catholique et le droit romain. Voilà pourquoi Winfried Trusen commence par décrire ces rapports dans son œuvre de 1962 *Änfânge des gelehrten Rechts in Deutschland*, sous-titré *Ein Beitrag zur Geschichte der Frührerezeption*. En ce qui concerne le Danemark l'on a, traditionnellement et en tout cas depuis Henning Matzen à la fin du XIXe siècle, repoussé toute discussion de la réception du droit romain.[21] Il en est autrement en Allemagne. A titre d'introduction Trusen cite W. Moddermann qui, en 1874, écrivait:

c'est un fait établi que, aux tribunaux ecclésiastiques, on invoquait les *leges* (c'est-à-dire le droit romain) longtemps avant que l'on ne prît en considération d'employer le droit romain aux tribunaux laïcs. C'est ainsi que le droit canonique devint le pont pour faire passer confortablement le droit romain en Allemagne.[22]

Trusen s'étonne, sur cette base, de ce que la plupart des exposés récents de l'histoire de la réception ne mentionnent pas du tout ou seulement de façon insuffisante, le rôle de la juridiction canonique et ecclésiastique, et se bornent à référer à la réception des règles canoniques du procès.[23]

Trusen signale pour cela qu'il n'y avait jamais, en réalité, question d'une opposition entre l'Église et le droit romain. Le principe que *ecclesia romana vivit secundum legem romanam* était toujours valable, même si le droit canonique attribuait au droit romain un rôle secondaire. C'est bien connu en Europe occidentale que beaucoup d'ecclésiastiques au XIIIe siècle avaient étudié le droit canonique aussi bien que le droit romain. Tous les canonistes d'importance connaissaient le droit romain civil, base nécessaire pour comprendre les institutions du droit de l'Église qui étaient influencées par le droit romain.

Pour cela il n'est pas étonnant que le droit romain se reflétât assez tôt dans les actes et jugements de la juridiction ecclésiastique en Allemagne. Trusen souligne que les deux systèmes de droit, le droit canonique et le droit romain, appuyaient mutuellement la validité de l'un et de l'autre, parce que les « deux droits » ensemble constituaient le *ius utrumque*.[24] Cela en dépit de ce que les glossateurs ne mentionnent presque pas le droit canonique, parce qu'ils se tenaient strictement aux textes justiniens, et en dépit de ce que le droit romain

21. Cf. à ce propos Ole Fenger: *Romerret i Norden*, Copenhague 1977, p. 152 suiv.
22. *Die Rezeption des römischen Rechts*, übers. Und hrsg. V. K. Schulz, 1875, p. 44.
23. Trusen (1962), p. 13.
24. Trusen (1962), p. 21.

et le droit canonique, deux études aux universités, fussent séparés comme deux *iurisprudentiae provinciae* différentes. Mais en pratique les deux systèmes étaient naturellement liés.

On éprouvait de plus en plus le besoin de créer une plus grande harmonisation. Tout comme les glossateurs, qui s'efforçaient d'éliminer les oppositions en faisant des synthèses, on faisait de même dans la *pratique* juridique. Ce qu'on a negligé, somme toute, depuis, parce qu'on établissait un parallèle entre la distinction entre le droit romain et le droit canonique et la séparation de l'État et l'Église.[25] En réalité le droit européen de la dernière partie du Moyen Âge se développait en une unité, bien que formé d'éléments différents. *Utrumque ius* devint *ius commune*. La jurisprudence menait à bonne fin cette *reductio ad unitatem*, conformément à la théologie et à la philosophie de l'époque.

Une « règle de subsidiarité » eut une importance désicive pour la réception de *ius commune* en Allemagne. Si une règle claire et nette manque à un des système de droit, et qu'une telle se trouvât dans l'autre, il fallait, selon la jurisprudence de l'époque, se tenir au système qui avait les règles sûres. C'est ainsi que le droit romain devient *ius commune* exactement comme le droit canonique.

La règle de subsidiarité est derrière une prescription importante du droit canonique: c.10x de foro competenti (II,2), selon laquelle, dans le cas d'un manque ou d'une imperfection dans la juridiction laïque, l'on avait recours à un juge ecclésiastique, aussi concernant les causes laïques. Pour les sources du droit canonique aussi bien que pour les sources du droit civil l'usage d'un autre système se fait *in adiutorium*.

Il y avait naturellement beaucoup de problèmes juridiques, minutieusement traités dans les deux systèmes, de sorte que les juristes pouvaient arriver aux résultats différents. La tendance à ce propos était de préférer les *canones* importants civils aux *leges* contradictoires. Pour ce faire on s'appuyaient sur la confirmation des privilèges de l'Église faite par deux empereurs romains au détriment des prescriptions laïques qui y étaient en contradiction.[26]

Winfried Trusen conclut concernant le développement du droit allemand que c'était d'une importance décisive que l'étroit rapport entre les deux systèmes de droit eût pour résultat la réception du droit romain.

Nous avons vu que les notaires jouaient un rôle important pour la récep-

---

25. Trusen (1962), p. 22 cite Ermini: *Ius commune e utrumque ius. Acta congressi iuridici internationale* II, Roma 1935, p. 523.
26. Trusen (1962), p. 27.

tion du droit romain dans le Midi de la France. En était-il de même dans l'empire allemand?

Trusen souligne, sur la base des recherches localement limitées, faites par un grand nombre d'auteurs, que la réception du droit canonique et l'organisation des tribunaux ecclésiastiques savants y relative, avaient pour conséquence l'introduction du notariat public. Mais il est caractéristique que les premiers notaires en Allemagne étaient des étrangers immigrés qui, toujours, fonctionnaient, d'une manière quelconque, en rapport avec des institutions ou des personnes ecclésiastiques. Trusen parle toujours, en 1962, conformément aux auteurs précédents, de l'exercice de la fonction du notariat public, bien qu'il paraisse incompréhensible que des notaires étrangers pussent amener ou introduire une fonction.[27] Le fait que le pape Alexandre III (1159-1181) et le concile du Latran aient conféré en 1179 la pleine valeur de preuve concluante à l'instrument notarial, aussi après la mort des témoins, ainsi que la prescription du Latran, datant de 1215, disant qu'il faut impliquer une *persona publica* et deux témoins qualifiés à tous les actes de procédure, forme l'arrière-fond de ce que l'Église aussi bien que les princes et les villes employaient régulièrement, depuis le XIIIe siècle, des notaires dans leur chancellerie. Ce n'est que par cet emploi que le notaire assumait souvent une fonction publique.

L'emploi et le besoin augmentant de notaires entraînent en Allemagne un changement de la théorie procédurale des preuves qu'on harmonise avec les méthodes prédominantes au sud des Alpes et dans le Midi de la France. Quels effets étaient provoqués indirectement par cela dans le domaine du droit matériel? Les nombreux cas de *transsumpt* et de *vidimus* étaient indépendants de la conception juridique du notaire, parce qu'ils se fondaient sur l'original disponible. Il en était autrement du grand nombre de procurations, surtout les mandats spéciaux concernant l'achat et la vente et les matières de procédure. Dans ces dernières étaient normalement énumérés les pas de procédure que le mandataire avait l'autorisation de prendre. Y était ajoutée en règle générale une obligation pour le mandant. Dans ces domaines il fallait prêter attention à ce qu'exigeaient les droits procéduraux romain et canonique et la pratique juridique ecclésiastique. Il suffisait ainsi en principe d'employer les formules d'un usage courant et dont il y avait un grand nombre dans les recueils. Les nombreux traits de ressemblances qu'il y avait dans la confection des testaments étaient dictés par les règles du droit des successions. Les rares testaments mis par écrit, qui devaient être confirmés

---

27. Trusen (1962), p. 75.

seulement parce qu'ils étaient dressés par des ecclésiastiques, avaient par
conséquent à répondre aux exigences du droit canonique. La plupart des testaments étaient verbaux, et devaient donc être dictés par une personne qui
avait *sana mente et corpore valitudine*, et sans contrainte. Après c'était à un notaire d'écrire ces testaments de sa propre main. Dans ceux-ci il y avait souvent
des clauses juridiques importantes qui, par ex., rendaient impossible la révo-
cation, et qui déclaraient nulles et non avenues les objections formulées par la
suite.

Parmi les actes juridiques notariaux synallagmatiques, l'achat et la vente,
mais avant tout l'achat à intérêt, jouaient un rôle primordial, parce que, particulièrement ce dernier, était fait par des ecclésiastiques ou des institutions
de l'Église.[28] Parmi les instruments notariaux allemands se voient plus rarement la caution, le prêt et l'emprunt et des certificats de dettes.[29] La stipulation formelle semble souvent être exigée par le notaire, et pas seulement insérée dans le texte à cause du modèle. De simples formules étaient susceptibles d'exclure des contestations. Particulièrement les *clauses de renonciation*
sont très fréquentes. Trusen les étudie de façon minutieuse, parce que, jusqu'ici, elles étaient souvent mal comprises et jugées sans importance.[30] Déjà
von Savigny soulignait que les formules si fréquentes des documents médiévaux qui reflètent le droit romain ne prouvent rien à propos de la validité de
celui-ci. Et cela fut répété par von Below en 1905.[31] Selon Below il est question
de fleurs de rhétorique sans importance réelle, et elles démontrent moins la
connaissance du droit romain que la connaissance des formulaires étrangers.
D'autres auteurs admettent pourtant que les clauses dénotent une certaine
connaissance du droit romain, mais les trouvent « superflues ». Elles sont en
général dues au penchant des scribes pour se vanter. C. Soliva était d'avis, encore en 1960, que la grande vulgarisation des formules de renonciation est lin-

---

28. L'achat à intérêts est une forme d'investissements de capitaux, où le propriétaire du
    capital moyennant un paiement se payait le droit, une fois pour toutes, de retirer
    une rente perpétuelle d'un bien immeuble. L'achat à intérêt était surtout d'impor-
    tance parce qu'il n'était pas compris parmi les interdictions de demander des rentes
    formulées par le droit canonique.
29. Parmi les recherches locales, voir surtout F. Luschek: Notariatsurkunde und Nota-
    riat in Schlesien. Hist,-dipl. Forschungen, vol. 5, 1940, et E. Mayer: Das Mainzer No-
    tariat von seinen Anfänger bis zur Auflösung des Kurstaates, Diss. Iur., Mainz 1953;
    Trusen (1962), p. 89 suiv.
30. Trusen (1962). p. 91 suiv. Cf. aussi Helmut Coing: *Römisches Recht in Deutschland* (IR-
    MAE), Pars V, 6, p. 129 suiv.
31. G.V. Below: *Die Ursachen der Rezeption des römischen Rechts in Deutschland*. Hist. Bibl.,
    hrsg. V. D. Hist. Zeitschrift XIX, 1905.

guistiquement conditionnée, et qu'elle démontre tout au plus un développement de la formule latine qui a son origine dans les écoles de droit dans l'Italie du Nord.[32]

Winfried Trusen appelle ces observations complètement erronées: est-on
vraiment d'avis que les notaires et les scribes attachés aux officialités, aux
couvents, aux chapitres et aux chancelleries des villes écrivaient laborieuse-
ment des formules dépourvues de sens dans l'espoir d'en imposer aux érudits avertis? Contre cette conception milite chaque méthode historique responsable qui, tout d'abord, examinerait la question de savoir si ces formules
étaient d'une importance juridique.

Trusen souligne qu'un examen minutieux des nombreuses formules de renonciations infirme toute allégation disant qu'il s'agit de copie écrite inconsciemment. Les grandes et nombreuses différences relatives à la rédaction des
clauses de renonciations excluent déjà un tel procédé. Car il n'est pas possible
de dire que le droit médiéval est pareil au droit romain classique de Justinien.
La jurisprudence médiévale développait sa propre théorie influencée par le
droit canonique qui, sur des point importants, différait du droit romain. Des
droits qui, selon le droit romain, ne revenaient qu'à une des parties de la
convention, étaient souvent attribués aussi à l'autre; et des demandes relatives à certains actes juridiques, ou des réclamations que d'abord seulement
des personnes précises pouvaient formuler, étaient transférées à d'autres domaines ou élargies pour des raisons d'équité. Un exemple très net en est fourni par l'emploi du principe de *laesio enormis*, selon lequel le vendeur qui a
vendu une chose à un prix qui est au-dessous de la moitié de sa valeur, peut
annuler la vente, à moins que l'acheteur ne lui offre la pleine valeur de la chose en récompense. Il y avait en outre au Moyen Âge des conceptions particulières et pas du tout uniformes concernant les clauses de renonciation.

Que, dans des cas particuliers, les scribes, non connaissant à fond le droit
étranger, aient jugé nécessaire d'insérer dans les documents des clauses de renonciations communes ou particulières, nous fournit une preuve très claire
de ce que ces clauses n'étaient pas du tout superflues, mais absolument nécessaires.[33]

Cela est confirmé également par l'adaptation des clauses au droit local. Il
n'est pas seulement question de renonciations du droit romain, mais aussi de

---

32. C. Soliva: *Die Renuntiationen in den Zürcher Urkunden*, Zürich 1960; Trusen (1962), p. 92.
33. Trusen (1962), p. 94 en citant G. Günther: *Die Anfänge der Rezeption des mittelalter-lichen römischen Privatrechts in Thüringen*. Diss. Iur., Jena 1956 (Mschr.).

renonciations aux moyens puisés dans le droit local, les coutumes et le droit canonique, même aux formes destinées au cas particulier. Le renonciateur avait droit, selon le bon usage juridique, à l'information de la portée de la renonciation, de sorte que, si celui-ci était persuadé par de belles paroles à renoncer le juge avait la possibilité de donner la *restitutio in integrum*. L'autorité laïque aussi acceptait assez tôt le sens pratique de la renonciation.[34]

Les déclarations de renonciation sont rédigées de façon plus générale dans les documents allemands de la dernière partie du Moyen Âge. Dans ce trait aussi on a trouvé un argument en faveur de l'idée qu'elles sont superflues. Cela aussi s'avère faux. Qu'on se borne à dire « renonciations aux moyens de droit dans les droits romain et canonique » est explicable si l'on souligne les graves problèmes que posait une traduction des termes techniques du droit étranger. Ce qui est nettement confirmé par les manuels juridiques allemands – et danois – du siècle dernier, même aujourd'hui les juristes emploient-ils des notions de droit latines. Il ressort des documents doubles existants en latin et en allemand que le scribe résout les problèmes en référant seulement à la version latine. Cette possibilité était même approuvée par la théorie des commentateurs et de leurs successeurs, qui trouvaient suffisante une renonciation générale – d'après quoi elle s'introduisit même dans les documents latins.[35]

Les notaires partout en Allemagne rédigeaient assez tôt des lettres non seulement pour des institutions, mais pour des êtres individuels, lettres dont les formules et les clauses, dans une grande envergure, contenaient des expressions et des phrases puisées dans les sources du droit romain.[36]

La conception selon laquelle les clauses du droit savant n'avaient aucune importance pratique, s'était présentée en Allemagne seulement parce que les juristes étaient habitués à penser dans des systèmes et disciplines d'ordre professionnel, et n'étaient pas capables de passer outre à ces limites. Si l'on n'étudie que les tribunaux communs laïcs, les auteurs cités ont raison quand ils disent que les formules importées sont inefficaces et superflues. Mais chaque individu était *aussi* soumis, et beaucoup uniquement soumis, à un autre système de droit, qui était administré par des tribunaux ecclésiastiques. On a complètement négligé leur très grande importance pour les causes du droit civil.

34. Ex. Chez Trusen (1962), p. 95 suiv.
35. Trusen (1962), p. 98.
36. Sur l'*ars notariae* italien et le notariat de la Bohême et Moravie cf. M. Bohácek: *Einflüsse des römischen Rechts in Böhmen und Mähren* (IRMAE), pars V, 11 (1975) p. 42-48.

Un examen détaillé des documents pertinents nous fait découvrir que la plupart de ceux-ci avaient, en tout cas pour une des parties, un ecclésiastique ou une institution ecclésiastique ou touchaient à un sujet qu'on pouvait classer parmi des matières spirituelles, *causae spirituales* et *causae spiritualibus annexae*. Mais également au cas où les deux parties étaient ecclésiastiques, il était toujours possible de déférer l'affaire devant un tribunal ecclésiastique pour *ratione peccati*, ou à la *denunciato evangelica*, par ex. l'exigence de rembourser l'intérêt usuaire. La *iustitia denegata* d'un tribunal laïc était finalement susceptible d'être portée devant un tribunal ecclésiastique.[37] Il fallait se prémunir contre les exceptions y alléguées, parce qu'ici le droit romain était valable, les règles qui étaient obervées par l'Église en même temps que celles du droit canonique.

Le contours vague de la compétence des tribunaux ecclésiastiques avait pour effet qu'il était souvent difficile dès le début de savoir si un acte judiciaire était susceptible d'être porté devant un tribunal ecclésiastique ou même un tribunal laïc d'un prince de l'Église, d'une abbaye ou d'un couvent.

Il ressort nettement des actes procéduraux des tribunaux ecclésiastiques de la dernière partie du Moyen Âge qu'on attribuait une importance décisive aux clauses et aux formules. Elles n'y étaient pas pour « faire parade » et quand on a prétendu que les notaires et les scribes sont parfois allés trop loin dans leurs efforts pour garantir un contrat on peut se demander si, sous quelle forme que ce soit, ils peuvent aller trop loin. Car ils encouraient un risque s'ils n'allaient pas assez loin.[38]

Sous cet aspect Trusen se déclare d'accord avec A. Stölzel, quand celui-ci constate: « Les notaires, qui tiraient leur origine des clercs sachant écrire, apparaissent ainsi comme des personnes qui avaient été capables de préparer les voies à l'instruction écrite du procès et ainsi aux droits canonique et romain. »[39] Cet exposé assez détaillé de la contribution décisive de Trusen à l'histoire de la réception allemande dénote, de façon évidente, que, ici comme en France, il faut reconnaître que les notaires jouaient un rôle important dans l'histoire du droit. Il faut également supposer que la connaissance du développement européen et, tout particulièrement allemand tout le long du Moyen Âge, est d'une grande importance pour l'activité des notaires au Danemark et aux autres pays nordiques.

37. Plöchl II, p. 348.
38. Trusen (1962), p. 98 suiv.
39. A. Stölzel: *Die Entwicklung der gelehrten Rechtsprechung*, Bd. 1, 1901, p. 177.

Le manque de contrôle sur les notaires en Allemagne à la fin du Moyen Âge, et l'inflation du nombre des nominations semblent avoir eu pour effet que quelques notaires étaient non-qualifiés. La diète à Fribourg décide donc en 1498 de réformer le notariat. Cette réforme n'eut pourtant que des effets dans le domaine des tribunaux ecclésiastiques. Seulement sous l'empereur Maximilien 1er fut rendue une ordonance qui allait avoir une importance générale pour la formation des notaires titulaires et l'exercice de leur fonction.[40]

À propos de la réception du notariat allemand dans le domaine de la langue allemande il faut finalement souligner qu'elle s'étendait sur longtemps, et que, contrairement à la conception des recherches anciennes, elle n'était pas due à une influence directe ou indirecte venant d'Italie. Il faut de même écarter maintenant la conception ancienne que le notariat public allemand avait quelque rapport avec la tradition allemande plus ancienne concernant la confirmation du document. Les études spéciales récentes ont toutes donné le même résultat: la réception du notariat se fit, à partir de 1230 environ, uniquement à travers la France et les diocèses à l'ouest et au sud-ouest de l'Allemagne, et ce n'est que très lentement qu'elle s'installa dans l'est. Mais le processus de la réception s'acheva dans l'ensemble vers 1380. Les notaires publics s'appellent au début *tabelliones* pour se distancer des notaires sans autorisation, les *notarii*. La réception du notariat officiel à l'extérieur des cadres de l'Église se déroulait lentement et de façon hésitante, et, somme toute, sans rapport avec la réception du droit public en général. Mais c'est ainsi que le notariat se fit indépendant de la juridiction ecclésiastique pour devenir une institution judiciaire généralement reconnue. L'administration de plusieurs villes allemandes s'adjoignait des notaires publics en les faisant prêter serment, ainsi à Breslau presque continuellement à partir de 1370, et à Lübeck depuis le milieu du XVe siècle. Et pourtant le notariat du Moyen Âge allemand ne s'établissait-il que dans une faible mesure dans le domaine laïc, parce que d'autres systèmes destinés à la confirmation des documents, et qui utilisaient leurs propres sceaux, voyaient dans le notariat public un concurrent capable de contester leur autorité bien acquise. A partir du milieu du XVe siècle le notariat fut-il de plus en plus utilisé comme organe supplémentaire aux tribunaux laïcs, pratique confirmée par le « Reichkammergerichtsordnung » de 1495, qui, d'ailleurs formellement, avait établi que la réception du droit romain était une source originaire commune du droit allemand, bien que subsidiaire.

40. LdM voir Notarsignet, part. p. 1049 suiv. (W. Schmidt-Thomé).

La littérature allemande ancienne a eu tendance à déprécier les notaires en les appelant des « grimauds » et, « demi-érudits », et cetera. Les notaires allemands appartenaient également à une couche sociale élevée. On peut y ajouter que le notaire, greffier de la ville, était en même temps *homo litteratus* de sa ville, ce qui est confirmé par toute une série de noms d'auteurs bien connus.[41]

La pratique qu'avaient l'empereur et le pape de nommer des *comites palatini caesarei*, conférait à ceux-ci non seulement la compétence à l'intérieur de la juridiction volontaire, le droit de légitimer des enfants naturels et de conférer le grade de docteur, mais aussi la délégation du droit à nommer des notaires. Cette pratique qui remonte jusqu'à l'empereur Charles IV (1355) avait pour résultat, en même temps qu'augmentaient le nombre de comtes palatins, que le nombre de nominations des notaires montaient comme déjà indiqué de façon incontrôlable. Le notariat était pourtant estimé en général et meilleur que ce qu'en disaient quelques auteurs aux XVIIIe et XIXe siècles.

La Flandre et les Pays-Bas

Les premiers notaires en Flandre étaient des ecclésiastiques attachés aux couvents et aux chancelleries épiscopales. Les chanceliers des évêques étaient membres du chapitre, les chanceliers et les notaires des abbayes étaient des moines. Les comtes d'Alsace, de Flandre et du Hainaut furent les premiers parmi les princes laïcs à établir leurs propres chancelleries à la dernière moitiè du XIIe siècle. Les comtes de Namur, de Brabant et de Hollande suivirent l'exemple. Les notaires, dont plusieurs étaient *magistri*, fonctionnaient à l'administration des comtés. Ils dressaient des documents, et étaient chargés de l'administation des finances. Dès le XIIIe siècle il y avait plusieurs notaires laïcs attachés aux chancelleries au Namur et dans la province de Hollande un protonotaire était à la tête des notaires. Au Brabant le titre de *cancellarius ducis Brabrantiae* fit son apparition à partir de 1339. L'évêque de Tournai eut en 1343 la *licentia creandi notarios*. Et l'abbé de Gand eut le même droit en 1345. Des *notarii publici* ayant une autorisation pontificale ou impériale travaillaient au XIVe siècle aux tribunaux de l'Église, aux chancelleries comtales, et étaient également employés par des villes où des notaires italiens fonctionnaient aussi, en prêtant surtout assistance à leurs compatriotes.

Le notariat en Flandre et aux Pays-Bas s'adaptait d'ailleurs aux institu-

41. Cf. Armin Wolf: « Das öffentliche Notariat », Coing, *Handbuch* 1, p. 509, note 3.

tions et à la pratique judiciaire locales, et les notaires n'avaient pas créé une corporation autonome. En 1540 l'empereur Charles V fit réformer le notariat des Pays-Bas.[42]

L'Angleterre

Dans les sources anglaises le mot de *notarius* désigne en général une personne qui élabore les brouillons des documents et en font des copies au net. Les scribes à la cour des rois anglo-saxons dressèrent, à partir du début du XVe siècle, les document et *writs* royaux, donc ils étaient probablement organisés, bien que le *scriptorium* ne fût appelé chancellerie (chancery) que vers la fin du XIIe siècle. Il y a un *chancellor* royal en 1069, et le titre était peut-être employé avant les invasions scandinaves. La fonction de chancelier fut un poste important à partir du XIIe siècle. Tous les documents de chancellerie importants furent enregistrés à partir de 1201, mais seulement depuis 1257 il y avait des notaires qui, munis d'autorisations pontificales ou impériales rédigeaient l'*instrumenta publica*. La plupart des notaires mentionnés par la suite semblent avoir été des étrangers qui, souvent, avaient des fonctions ecclésiastiques supérieures, ayant par là même de l'influence sur la juridiction et l'administration de l'Église. Tous les évêques anglais avaient, dès le milieu du XIVe siècle un ou plusieurs notaires dans leur service. Une énumération de 1402 nous fait voir qu'il y avait au diocèse de Londres 61 notaires, dont 13 non-autorisés. Leur activité et leur importance étaient pourtant limitées du fait que le signe de notaire de leurs documents devait être confirmé par le sceau d'une autorité; ils ne tenaient pas de registre officiel et n'avaient pas de corporation. Leur fonction dans le domaine laïc était limitée davantage du fait même que leurs documents n'étaient pas acceptés par *Common Law Court*. Cela avait pour effet que la rédaction des contrats n'était pas une tâche essentielle pour eux. Mais ils fonctionnaient pourtant au service du gouvernement royal, surtout pour rédiger des documents concernant les relations extérieures. Déjà au XIVe siècle il y avait un *notary in chancery* particulier, responsable de ces documents.

La plupart des notaires ayant une autorisation impériale disparurent

---

42. HdR s.v. Norat, Notariat, part. 1275 (Th. De Hemptinne), LdM s.v. Kanzlei, Kanzler (Th. De Hemtienne). Sur le notariat aux Pays-Bas voir B.H.D. Hermesdorf: *Römisches Recht in den Niederlanden* (IRMAE), Pars V, 5a (1968), voir p. 23 suiv. Sur la Belgique: Raoul C. van Caenegen: *Le droit romain en Belgique* (IRMAE), pars v, 5 b, § 15: Le Notariat, p. 17-19.

après 1320, parce que le roi Édouard II leur avait interdit d'exercer leur fonction en Angleterre.[43]

Les scribes à la cour anglaise étant dans la confidence du roi eurent, à partir du XIIIe siècle, le nom de *secretarii*, surtout *the Keeper of the Privy Seal*, ce titre dernier disparut en 1367, tandis que le titre de secrétaire royal était maintenu par la suite pour désigner une fonction importante à la cour.

43. Cf. C.R. Cheney: *Notarius Public in England in the Thirteenth and Fourteenth Centuries,* 1972. N.L. Ramsay, « Scriveners and Notaries as Legal Intermediaries ». *Enterprise and Individuals in Fifteenth-Century England*, ed. J.I. Kermode, 1991, p. 118-131. HdR s.v. Notar, Notariat, part. 1279 (P. Zutski), Armin Wolf, Coing, *Handbuch* I, p. 507.

X. Les notaires au Danemark

L'acte judiciaire était d'origine exclusivement oral chez les Germains et les Scandinaves, et des témoignages et des prestations de serment servaient à prouver son authenticité. Le temoignage juridique, authentique et écrit s'implantait en même temps que l'Église et l'art d'écrire. Sa première forme connue est une *notitia*. De nombreuses notes, informations et listes de l'Antiquité post-classique et du Moyen Âge sont appelées *notitiae*. En dépit de leur contenu bien différent, elles sont conçues avec objectivité, c'est-à-dire à la troisième personne, contrairement à la *charta(carta)* subjective, rédigée à la première personne au singulier ou au pluriel; mais les deux formes sont revêties des noms des témoins et des scribes.[1] Le document dispositif, la *charta*, est nécessaire pour qu'un acte soit légalement valable, tandis qu'une *notitia* est, en principe, sans importance à ce propos. Il s'en ensuit qu'il n'y a pas nécessairement un rapport entre *notitia* et la fonction notariale, mais il faut seulement remarquer qu'il y a 15 exemples de documents intitulés *notitia* dans les premières lettres du *Diplomatarium Danicum*.[2]

Quelques remarques à propos du titre: « Les notaires au Danemark ». Celui-ci n'indique pas qu'il s'agit de notaires danois. Les frontières entre les principautés et les empires laïcs étaient moins importantes pour l'Église et les ecclésiastiques que ne l'étaient leurs propres divisions administratives et judiciaires en archevêchés et diocèses. Tant que les notaires étaient ecclésiastiques ils exerçaient leur fonction dedans leur domaine d'autorisation, mais conformément à leur nomination, qu'elle soit pontificale, impériale ou archiépiscopale. Des notaires de différentes nationalités fonctionnaient donc au Danemark ou y avaient un effet judiciaire, et le latin était la langue commune de tous les notaires.

Les sources, les documents dressés par des notaires ou dans lesquels sont mentionnés des notaires, ne sont pas seulement les documents écrits au

---

1. LdM s.v. Notitia et Charta.
2. Cf. DD I-1 les no 157, 274, 279, 281, 298, 312, 374, 381, 403, 433, 454, 482, 485, 497, et 498, tous avant 1053. Cf. Skautrup I, p. 200 et KLNM s.v. Notitia (Herluf Nielsen) et s.v. Danaholmen (Gunnar Olsson).

Danemark, mais ceux qui sont cités dans *Diplomatarium Danicum-Danmarks Riges Breve*, c'est-à-dire toutes les lettres et tous les diplômes qui *ont rapport* au Danemark dans ses dimensions d'alors: le Danemark actuel, le Sud du Schleswig et les provinces de la Scanie. Les diplômes venant des pays dépendants du Danemark, comme l'île de Rügen et l'Estonie, sont mentionnés s'ils avaient rapport au Danemark ou aux Danois. Toutes les lettres dressées par des Danois ou adressées aux institutions ou personnes danoises sont insérées dans leur intégralité dans *Diplomatarium Danicum-Danmarks Riges Breve* (abrév. DD-DRB); tandis que seulement un court résumé (*regest*) où extrait est donné quand il s'agit de lettres étrangères où il est question du Danemark, de Danois ou de situations danoises, ou de lettres dressées par des étrangers au Danemark, mais qui ne concernent pas le Danemark. Le dernier volume couvre les années de 1396 à 1398. On a projeté de faire monter l'édition jusqu'à 1412.

Pour cette étude-ci est examinée la période de 1398 jusqu'à 1513 dans le répertoire des lettres danoises du Moyen Âge (*Repertorium Diplomaticum Regni Danici Mediævali*)[3]. Là-dedans est introduite chaque lettre appartenant au Danemark médiéval, cela veut dire les lettres parvenues au Danemark et à ses vieilles possessions et qui avaient été conservées dans les archives y existantes. Les lettres sont écrites dans la langue originale, et il n'y a pas un texte parallèle traduit comme c'est le cas pour DRB.

Kjøbenhavns Diplomatarium a été étudié également.[4]

Le mot danois « pen » (plume) vient du latin *penna*. Avant d'étudier de plus près les personnes qui, avec des plumes, écrivaient les lettres danoises médiévales, il sera opportun de donner un aperçu de ce qui a été écrit jusqu'ici sur la fonction des notaires au Danemark.

Joh. Fr. Vilhelm Schlegel écrit dans *Juridisk Encyclopædie*, datant de 1825, d'ordre général concernant « Diplomatiken eller den Videnskab, der lærer at undersøge Diplomers Ægthed og Ælde » (La diplomatique ou la science qui a pour objet d'examiner l'authenticité et l'ancienneté des vieux diplômes). Il décrit les possibilités qu'on a pour déterminer l'âge d'un diplôme ou d'une écriture d'après les matériaux, parchemin ou papier, les signes grafiques et le caractère de la main, les sceaux et les abréviations et « la nature des notes ti-

---

3. 1ère colonne, vol. I-IV voir Kr, Erslev, Copenhague 1894-1912. 2e colonne, vol. I-IX voir William Christensen, Copenhague 1928-1939, abrév. Rep.
4. Recueil de documents, de lettres et d'autres sources servant à éclaircir l'ancienne situation à Copenhague avant 1728. Éd. par O. Nielsen, vol. I-III, Copenhague 872-1877, abrév. Kbh. Dipl.

roniennes, comme on les appelle ». Et Schlegel n'en dit pas plus à propos des notaires. J. L. A. Kolderup-Rosenvinge ne mentionne pas les notaires dans *Grundrids af den danske Retshistorie* (Précis de l'histoire du droit danois) de 1832, ni Chr. L. E. Stemann dans *Den danske Retshistorie* (L'histoire du droit danois) datant de 1871, et cela en dépit de ce qu'ils sont tous les deux conscients de l'importance des droits romain et canonique pour le droit danois.

Henning Matzen a contesté, comme mentionné à titre d'introduction, qu'il soit possible de déduire quoi que ce soit des formules notariales concernant l'importance du droit étranger pour le droit danois; et pour lui le droit étranger est le droit romain aussi bien que le droit canonique.

Dans *Dansk Statsforvaltning i det 15. Aarhundrede* (L'administration générale de l'État au XVe siècle) de 1903 William Christensen parle des notaires en disant:[5]

On appelait d'ailleurs les fonctionnaires bas placés dans la chancellerie ancienne des chapelains (un nom qui fait penser aux rapports qu'il y avait entre la chancellerie et la chapelle royale), des clercs ou des notaires.

Cet auteur écrit, concernant la situation de l'entier XVe siècle, que des notaires pontificaux ou impériaux exerçaient souvent leur fonction au Danemark, « quand il s'agit d'acquérir un témoignage solennel relatif à un acte juridique qu'on a entrepris, ou de rédiger un vidimus de façon minutieuse ». Dans une note est ajouté:

Il ne vaut pas pour le Danemark ce que, vers 1440, on dit une ou deux fois concernant la Norvège, qu'on n'y employait que rarement des notaires (…). Il est vrai que beaucoup des notaires exerçant au Danemark sont des personnalités peu marquantes, mais parmi ceux-ci on rencontre pourtant bon nombre de noms connus. Le chancelier Daniel Kepken fonctionne, pendant le temps de sa fonction de chancelier, comme notaire (…); Le curé-doyen à Roskilde, Hans Claussøn, fonctionne aussi comme notaire en 1495 (compte-rendu annuel de la Geheimarchiv royale IV 280) et de même l'archevêque à venir, Erik Valkendorf, quand *lui* était curé-doyen à Roskilde (…). Le curé-doyen à Oslo, Gunnar Holk, signe de sa main en Norvège un instrument notarial en 1450 (…).

Cest tout ce qu'écrit William Christensen sur les notaires.

Dans l'ouvrage classique *Dansk Retshistorie* datant de 1947 (l'histoire du droit danois), Poul Johannes Jørgensen ne fait pas mention de notaires.[6] Niels

---

5. p. 103 suiv.
6. 2e édit., Copenhague 1963, p. 225 suiv.

Skyum-Nielsen a écrit « Den danske konges kancelli i 1250'erne » (la chancellerie du roi danois dans les années 1250)[7] et « Kanslere og skrivere i Danmark 1250-1282 » (Les chanceliers et les scribes au Danemark).[8] Les notaires ne sont mentionnés dans ces articles qu'en passant. Il en de même de Jens, diacre dans l'île de Falster, le seul notaire royal présent aux sources de 1250 à 1300. Il est seulement mentionné parce qu'il signe deux fois de sa main avec l'évêque Johannes af Børglum. Nous connaissons ce dernier de la biographie écrite par Gunnar, l'évêque à Viborg, où l'auteur écrit comme suit:

J'ai souvent entendu l'évêque lui dire quand il voulait qu'on lui écrive quelque chose: « Johannes, prends ton cornet à écrire et viens ici. » Et celui-ci prit tout de suite son parchemin et son encre, se mit à ses pieds et écrivit ce que l'autre lui dictait.[9]

Ce Johannnes devint le chapelain de la reine veuve Marguerite Sambiria et son jeune fils Éric (Glipping) avant 1264. Après que Johannes avait été consacré évêque de Børglum, il était mentionné à l'occasion de plusieurs rédactions de diplômes. En 1271-1272 il était nommé très souvent, et en 1271deux fois avec un notaire; c'est seulement pour cela que Skyum-Nielsen mentionne Jens, chancelier à Roskilde, curé à Falster, ayant donc le rang de notaire royal. Dans cet ordre d'idées il faut souligner que justement la reine Marguerite Sambiria, pendant les années 1267-1282, avait installé sa chancellerie à Nykøbing dans l'île de Falster.[10] Skyum-Nielsen mentionne en quelques endroits des notaires dans le livre *Kvinde og Slave* (Femme et esclave) de 1971: le notaire de Valdemar Ier le Grand qui « éventuellement est poussé au siège épiscopal à Schleswig », et la circonstance que les sources pendant la période de 1175 à 1193 font mention de deux ou trois chapelains royaux, mais toujours seulement *un* notaire à la fois jusqu'à 1300. » Cela indique probablement que la fonction notariale s'élevait bientôt à un degré supérieur ». A la fin est indiqué brièvement qu'il y avait un notaire chez l'archevêque à partir de 1180, et chez l'évêque d'Aarhus à partir de 1195.[11]

7. *Festskrift til Astrid Friis*, Copenhague 1963, p. 225 suiv.
8. *Middelalderstudier tilegnede Aksel E. Christensen*, Copenhague 1966, pp. 141-184.
9. *Scriptores Minores Historiæ Danicæ Medii Ævi*, M. Cl. Gertz, vol. II, p. 269, lignes 20-24, Copenhague 1922 et 1970.
10. « Kanslere og skrivere i Danmark 1252-82 », p. 179 suiv. et 183, DD-DRB II-2 (167 et 169).
11. Dans la revue *Archivum*, 12 (Paris 1962, (1965), p.127-128, Andreas Jørgensen écrit un aperçu de « Les archives notariales danoises ». A titre d'introduction il mentionne le Moyen Âge très brièvement, comme aucune archive n'était conservée. Il prend

Dans *Kulturhistorisk Leksikon for Nordisk Middelalder* (L'encyclopédie du Moyen Âge scandinave) il y a un article instructif, « Notar », écrit par Herluf Nielsen, sur la situation au Danemark et en Norvège, et par Jan Liedgren sur les notaires en Suède.[12] A la phrase écrite par Herluf Nielsen: d'Italie le système se propagea en Allemagne et ensuite, mais dans un moindre degré aux pays nordiques », il faut ajouter que le système ne se propagea pas directement d'Italie en Allemagne, mais y arriva via le Midi de la France, et de là vers le nord, le long du Rhône jusqu'au Nord de la France et en Allemagne.[13] Quand Herluf Nielsen écrit que « les notaires étaient des ecclésiastiques », et, sur les notaires de la chancellerie, que « après ce qu'on sait ces notaires n'étaient pas des notaires publics », on se rend compte de son erreur, car, comme déjà indiqué, tous les notaires étaient publics, parce que c'est la fonction du notaire de dresser des *instrumenta publica;* mais il est correct de dire que les notaires et scribes présents dans les lettres danoises étaient ecclésiastiques, du fait même que la formation était la seule qu'il y avait. L'enseignement avait lieu dans les écoles cathédrales. Les plus anciennes parmi celles-ci étaient l'école à Lund, connue à partir de la fondation du chapitre en 1085, et l'école à Ribe, mentionnée en 1145. Le *scolasticus* y devait apprendre aux disciples les matières de « grammaticus regulas ... scribere, legere et cantare », comme le prescrivait l'évêque Jakob Erlandsen en 1253 dans l'acte de fondation relatif à une bourse destinée à 12 écoliers à l'école de Roskilde. La fonction de maître d'école à Aarhus est mentionnée en 1303, et, la même année, est mentionné que 20 écoliers reçoivent de l'enseignement de Pugetoft à Ribe. Les écoles cathédrales et probablement quelques écoles conventuelles étaient des institutions primaires, et de celles-ci sortaient ceux qui savaient écrire et de qui l'Église, l'administration royale et les tribunaux avaient de plus en plus besoin.

Une vive activité dans le domaine de l'écriture avait lieu dans les chapitres. On copiait des livres destinés aux bibliothèques, des évangéliaires et des épîtres à utiliser pendant le service, des registres de donation et des registres mortuaires, des listes sur les lettres reçues ou envoyées, des comptes

le point de départ dans le décret du 14 mai 1636 relatif aux scribes du Landsting et aux greffiers de la ville, et dans le code danois 3-1-1 relatif à l'enregistrement des capitulaires royaux, des témoignages au thing, des jugements et d'autres lettres. Après sont étudiées les archives notariales de l'époque de l'absolutisme. Cf. aussi *Salmonsens Konversationsleksikon*, s.v. Notar XVIII, p.249, Copenhague 1924, écrit par E. Tybjerg.

12. Vol. XII, particulièrement pp. 363-366, Copenhague 1967.
13. Cf. p. 57 et p. 102.

relatifs aux biens de l'Église, des chroniques et annuaires. Les curés faisaient les travaux écrits, écrivaient des certificats des paroissiens, des testaments, et assistaient probablement l'assemblée populaire du « herred », en mettant par écrit les jugements et les témoignages judiciaires pour rémédier à la memoire humaine défaillante. Comme dans les couvents il y avait dans les chapitres des « escritories », bureaux d'étude, et quelques couvents avaient de grandes bibliothèques. Que les ecclésiastiques haut placés eussent de larges recueils de livres ressort des testaments qu'on a gardés.[14]

Dans les lettres anciennes danoises, ou lettres relatives à la situation danoise, on ne pouvait trouver d'arguments en faveur de l'existence des notaires, bien qu'on ne puisse pas tout court contester à la *notitiae* une valeur de preuve. Il en va autrement des diplômes véritables qui, chez nous au Danemark, désignent une déclaration mise par écrit, rédigée selon les formules prescrites, et dont le but est de servir de preuve d'une décision ou d'un acte ayant certains effets judiciares. La maîtrise de ces formules précises est le signe de la participation du notaire, même à un si haut degré que l'étude des formules est une condition nécessaire pour déterminer si une lettre médiévale est fausse ou authentique, et cela non seulement si elle paraît être une copic, mais quand on voit clairement qu'elle est originale.[15]

Le plus ancien de ces diplômes réguliers est la lettre de donation de Canut IV le Saint datant du 21 mai 1085 destinée à l'Église de saint Laurent à Lund, que nous connaissons pourtant seulement d'une copie conservée dans Necrologium Lundense d'avant 1123. Le plus vieil original d'un dipôme conservé est la lettre de donation d'Éric II Emune le Mémorable du 6 janvier 1135, le second en date la lettre d'Éric III Lam du 21 mars 1140.[16] Nous avons connaissance de 400 diplômes au XIIe siècle relatifs à la situation au Danemark, mais parmi ceux-ci il y a un grand nombre de lettres pontificales, et pour le reste il n'y a que peu conservés en original, tandis que pour les autres on n'a que des copies ou des extraits. Leur composition diplomatique remplit les conditions posées par l'époque à des *instrumenta publica*.

Que l'art de rédiger des diplômes d'après les meilleurs modèles européens pénétrât si tôt au Danemark est confirmé par la lettre de donation de Canut IV le Saint.[17] Dans cette lettre il y a beaucoup de riches formules bien

14. Skautrup I, p. 196 suiv.
15. KLNM s.v. Diplom (Jan Liedgren); Franz Blatt: *Under vor Haand og Segl*, Copenhague 1943, p. 11 suiv.
16. DD I-2 (21, 63 et 78).
17. A propos de cette lettre voir Ole Fenger: « Kirker rejses alle vegne », *Gyldendal og Politikens Danmarkshistorie*, vol. 4, Copenhague 1989, pp. 77-86.

développées qui ressemblent tout à fait aux diplômes européens de la dernière partie du millénaire. S'y trouvent les formules suivantes: *invocatio, publicatio, intitulatio,* avec *ego, narratio, dispositio* munie d'une formule de perti-
nence, (une description des biens donnés), *sanctio* et apposition de la date
avec *apprecatio.* La *dispositio* de la lettre de donation tombe en deux parties: la
dernière paraît être un supplément, tandis que la première est mise à sa place
habituelle. Le supplément est placé après la *sanctio,* comme c'était l'habitude
dans les diplômes royaux ou impériaux d'Allemagne, et par ex. dans la lettre
de l'archevêque Eskil du premier septembre 1145 à la consécration de la cathédrale de Lund,[18] et dans le privilège de Valdemar 1er le Grand accordé au
couvent d'Esrom 1158-1160.[19]

La lettre de donation d'Éric III Lam du 21 mars 1140, par laquelle il oc-
troie, entre autres choses, la franchise de la foire de Næstved au couvent de
la ville a également une composition conforme aux règles: après *publicatio*
avec l'*adresse* s'ensuit l'*intitulatio,* ensuite la *sanctio,* digne de remarquer parce
que c'est la première fois qu'un roi danois réfère au droit canonique comme
quelque chose de bien normal: chacun qui enfreint les désicions de la lettre
est menacé de la punition du roi et de l'exclusion de de la communauté religieuse, de l'excommunication, « selon les règles canoniques ». Derrière cette
référence aux règles canoniques comme quelque chose d'évident se trouve
sans doute le puissant archevêque Eskil, qui, obstinément, luttait pour la liberté de l'Église.

La lettre se termine par la datation, le nombre des témoins et l'*apprecatio,*
de sorte qu'il ne manque que l'*invocatio* et la *corroboratio.*[20] Avant la *publicatio*
il y a une *arenga* détaillée. La place habituelle de l'arenga est immédiatement
après l'*intitulatio,* ce qui n'est pas le cas ici. Il n'y a pas de parallèles à un tel
emplacement de l'*arenga* dans les autres diplômes danois, mais cela arrive
souvent à l'étranger. Voilà pourquoi l'on est d'avis que cette lettre munie de
l'arenga riche en mots est rédigée par un étranger. Elle est conçue ainsi:

A l'instigation du diable et la soumission de l'homme à cela nous nous privâmes de la
source éternelle de la sagesse, et tombâmes dans cette vallée des larmes et de la misère,
où nous nous attirâmes, parmi tant d'autres misères de la nature humaine, la souf-
france qui s'ensuit de l'oubli. Nous ne pouvons guère retenir dans la mémoire ce qui
arriva récemment et dernièrement, voir même nous souvenir de ce qui remonte au
loin. Mais la bonté de Dieu tout-puissant qui, miséricordieux, nous aide quand besoin

18. DD-I-2 (88).
19. DD I-2 (128).
20. DD I-2 (78).

il y a, accorda enfin à notre ignorance un remède gracieux et miraculeux, soit de pouvoir conférer la mémoire écrite aux conventions et aux bienfaits accordés à la sainte Église par les croyants pour qu'ils puissent obtenir la rémission de leurs péchés, et que ce qui se passe dans notre courte mémoire fragile soit retenu par l'écriture vivante. C'est ainsi que crût le bel usage parmi nous que, à l'aide de l'écriture, nous avons de bons témoignages de ce dont a besoin la sainte Église, de sorte que, si un fils de la perdition ou de la discorde cherche à machiner l'injustice contre la justice, nous puissions établir la preuve, sans aucun doute, contre celui qui s'y oppose, en présentant le document fourni du témoignage du signataire.

L'arenga se raccourcit avec le temps, comme par exemple la transmission de deux églises en 1219 au couvent de Vitskøl par l'évêque Omer de Børglum:[21]

Les saints pères décidèrent éternellement, de façon prudente et avec vigueur, de confirmer ce qui arrive à l'époque, à l'aide des témoignages des hommes honnêtes et dignes de foi et du message vivant de l'écriture, de sorte que ces événements, en même temps que le temps passe, ne disparaissent pas de la mémoire des générations suivantes. Nous vous déclarons donc à vous tous, à travers l'autorité de cette lettre que, librement, nous transmettons...à bon escient et en parfait accord...nos églises..., etc.

Et dans la lettre de Valdemar II le Victorieux datant de 1219 relative aux privilèges dans l'île de Læsø:[22]

Pour que les choses qui arrivent puissent obtenir la constance et ne pas chaque jour être exposées aux plaintes, on prend soin, de manière prévoyante, de confirmer ses actes à travers le témoignage de la lettre.

Le titre de propriété du maréchal Jens Ebbesen relatif à une ferme, rendue au couvent d'Æbelholt datant de 1232 est formulé ainsi:[23]

Étant donné que notre époque a une préférence pour le mal, brûle de convoitise des richesses, et, avec bassesse, s'efforce de contester les bonnes désicions, l'usage se répandait – par suite de la prévoyance des ancêtres et de l'esprit inventif des savants – de remettre à l'écriture les choses mémorables, faites par les croyants, à la connaissance de la postérité et pour qu'elles ne disparaissent pas, avec le temps, de la mémoire des hommes sous l'obscurcissement insidieux de l'oubli.

---

21. DRB I-5 (157).
22. DRB I-5 (160).
23. DRB I-6 (145).

L'arenga de la confirmation des privilèges du couvent de Canut IV le Saint à Odense, datant de 1242, et rendue par Éric IV Plovpenning, est ainsi conçue:[24]

Étant donné que le temps est corrompu et plein de tromperie, il faut, comme chacun sait, exercer une diligence extrême en ce qui concerne ce qui est négocié et déterminé, pour faire disparaître la brume de la fausseté et mettre pleinement à jour la vérité de ce qui se passa.

Et de façon très courte comme l'attestation des translations de propriété faite par l'évêque Esger de Ribe entre 1245 et 1273:[25]

Les anciens décidèrent, de façon délibérée, que à ce qui se passait à l'époque serait donné la confirmation inaltérable à travers le témoignage de la lettre, pour que ce qui se passait ne disparaisse pas avec le temps.

Il ressort de ces morceaux choisis que le sens en est le même, mais que les variations du thème sont différentes.

Et c'est ici que les notaires entrent en scène.

La première fois qu'il est question d'un notaire dans les lettres danoises conservées est dans le privilège déjà mentionné, rendu par le roi danois Éric III Lam (l'agneau) à l'évêque Herman de Schleswig, à qui on avait volé son siège par une révolte. La lettre est datée vers le 1er septembre 1145, et, au nombre des témoins, sont énumérés Occo, évêque, Magnus, le fils du roi, Asser, chapelain, Toke, le notaire du roi, des prêtres ainsi que 12 autres témoins cités par leurs noms:[26]

Tout porte à croire que ce privilège est définitivement dressé par le notaire, étant donné qu'il remplit bon nombre des exigences posées à un document notarial: il est introduit par *intitulatio*, *publicatio* et *adresse*, et après une courte motivation, *arenga*, qui contient une *narratio*, le roi confère à l'évêque la *dispositio* de quelques droits économiques provisoires. Puis s'ensuit une *firmatio* dans laquelle le roi et huit garants éminents confirment le privilège, *preceptum*, devant l'évêque Herman. Puis il y a une indication de lieu: « Fait à Lund dans la maison de l'archevêque. » Une confirmation qui suit d'une donation faite par le roi à l'évêque concernant un bien-fonds rural paraît insérée plus tard. Ce sont surtout de telles confirmations qui sont attestées par le no-

24. DRB I-7 (104).
25. DRB I-7 (200).
26. DD-DRB I-2 (91).

taire Toke et d'autres, ce qui n'empêche pas que c'est Toke qui a dressé l'entière lettre royale.

On trouve ainsi, dans les lettres danoises, le titre de notaire déjà à partir du milieu du XIIᵉ siècle. Valdemar Iᵉʳ le Grand parle, vers 1160, de « Frederik, mon notaire », et le notaire Torsten est mentionné en 1215 en tant qu'appartenant à la maisonnée de Valdemar II le Victorieux.[27] Mais ce n'est que vers la fin du XIIIᵉ siècle que nous entendons parler de l'autorisation de notaires au Danemark.

Plusieurs lettres pontificales dressées aux évêques danois donnent la permission de nommer des notaires. Ainsi dans une lettre du 15 mars 1290 adressée à l'archevêque Jens II Grand à Lund :

Tu nous demandes humblement – comme dans ta ville et ton diocèse on manque souvent des personnes capables de dresser des *documenta publica* relatifs aux conventions, aux débats judiciaires et à d'autres choses du même genre – de veiller, de tous nos soins paternels, à rémédier à ce manque.[28]

Et la lettre pontificale du 25 décembre 1291 adressée à l'évêque Jens Iᵉʳ de Roskilde lui donne la permission de nommer deux notaires dans le diocèse de Roskilde.[29] Ensuite le 31 mai 1298 est redonné à l'archevêque Jens Grand la permission de *concedendi tabelliones* trois personnes dans le diocèse de Lund.[30] Et la lettre pontificale du 27 septembre 1303 donne à l'évêque Isarn de Lund l'autorisation de nommer trois *tabelliones* dans son diocèse.[31] Finalement le 8 septembre 1347, le pape Clément VI autorise l'archevêque de Lund, Peder muni de l'autorité apostolique, d'accorder la fonction de notaire à 20 ecclésiastiques, désignés par le roi suédois Magnus VII Eriksson, « pourvu qu'ils ne soient pas mariés et qu'ils n'aient pas les saints grades, et si, après un examen minutieux, Tu les trouves qualifiés. »[32]

Dans toutes ces lettres pontificales, la nomination du notaire dépend-elle de la prestation d'un serment, répété in extenso dans chacune des lettres :

Ego… ab hac hora in antea fidelis ero beato Petro (et sancte Romane ecclesie/ac domino pape Nicolao/et successoribus eius canonice intrantibus. Non ero in consilio/ aut

27. DD I-2 (131); I-5 (57) et DD-DRB I-5 (57).
28. DD-DRB II-3 (395).
29   DD-DRB II-4 (48).
30. DD-DRB II-4 (319).
31. DD-DRB II-5 (277).
32. DRB III-2 (385).

auxilio/ consensu/ uel facto/ ut uitam perdant/ aut membrum/ uel capiantur mala captione. Consilium quod mihi/ per se / uel per litteras/ aut nuntium manifestabunt/ ad eorum dampnum scienter nemini pandam. Si uero ad meam notitiam aliquid deuenire contingat quod in periculum Romani pontificis/ aut Romane ecclesie uergeret/ seu graue dampnum/ illud pro posse impediam/ et si hos impedire non possem. Procurabo bona fide id ad notitiam domini pape perferri. Papatum Romane ecclesie/ ac regalia sancti Petri et iura ipsius ecclesie specialiter si qua eadem ecclesie in ciuitate uel terra de qua sum oriundus habeat/ adiutor ero ad defendendum et retinendum seu recuperandum contra omnes homines. Tabellionatus officium fideliter exercebo. Contractus in quibus exigitur consensus partium fideliter faciam/ nil addendo uel minuendo sine uoluntate partium/ quod substantiam contractus immutet. Si uero in conficiendo aliquod instrumentum unius solius partis sit requirenda uoluntas/ hoc ipsum faciam/ ut silicet nil addam/ uel minuam/ quod immutet facti substantiam contra uoluntatem ipsius. Instrumentum non conficiam de aliquo contractu in quo sciam interuenire seu intercedere uim uel fraudem. Contractus in prothocollum redigam/ et postquam in prothocollum redigero malitiose non differam contra uoluntatem illorum uel illius quorum est contractus super eo conficre publicum instrumentum/ saluo meo iusto et consueto salario. Sic me deus adiuuet et hec sancta dei euangelia. Datum Rome etc.

Bien que *tabelliones* ou notaires, autorisés en tant que tels selon la délégation pontificale servent, de façon neutre, les parties ou une seule partie, et, à ce titre et contre un salaire, semblent être à la disposition du public, il est vraisemblablement et initialement avant tout les besoins du diocèse qu'il fallait couvrir.[33] Mais on éprouvait aussi à l'extérieur de l'Église un besoin croissant de l'écriture. La chancellerie fut bientôt une institution importante dans l'administration centrale du royaume. Il est probable que, déjà à partir du temps de Canut II le Grand (1018-1035), il y avait des scribes au service du roi, et quelques-uns parmi ceux-ci étaient sans doute d'origine étrangère.

Parmi les témoins du privilège d'Éric III Lam (« l'Agneau ») de 1140 destiné au couvent de Næstved se trouve *Ascerus capellanus regis*. On retrouve cette personne dans le privilège du même roi adressé à l'évêque Herman de Schleswig d'environ le 1er septembre 1145,[34] dans le privilège de Sven Grathe accordé au couvent de Ringsted datant de 1148,[35] ainsi que dans les privilèges d'Éric III Lam destinés aux moines et à l'église à Odense relatifs au cens de l'île de Sild du 7 décembre 1141,[36] et relatif à la pêche à Lønborg du 26 avril

33. Cf. Skautrup I, p. 197, note 1.
34. DD I-2 (91).
35. DD-I-2 (101).
36. DD I-2 (81).

1142.[37] En tout cinq privilèges royaux de 1140 à 1148. Il y a un rapport très étroit entre ces cinq documents. Comme les receveurs sont des personnes ou des institutions différentes, on peut en déduire que les privilèges, rendus par Éric III Lam et Sven III Grathe, proviennent de la chancellerie royale.[38]

La chancellerie sous Valdemar Ier le Grand avait une organisation plus stable et le chapelain du roi, Radulf, en devint le premier chef. Dans les lettres datant des premières années du règne du roi, Radulf est intitulé son chapelain, ce qui veut dire au moins qu'il avait été un ecclésiastique prédominant à la cour du roi. Dans le privilège au couvent de Tommerum du 27 mars 1161 Radulf est intitulé chancelier du roi, fonction qu'il gardait certainement après avoir été élu évêque au diocèse de Ribe, et qui lui donnait le contrôle supérieur des lettres royales, et également l'influence sur la politique et l'administration du royaume.[39] Que la voie vers un siège épiscopal passât ainsi via la chancellerie du roi, et par cela même souvent via la fonction de notaire, Frederik, devenu évêque de Schleswig, en fournit un bon exemple. On en fait mention pour la première fois en 1170 à l'occasion de la déposition du duc Canut sur l'autel à Ringsted. Il est probablement identique au notaire royal Frederik, mentionné dans une lettre dressée par Valdemar au couvent de Ringsted, probablement en 1162.[40] Anders Sunesen devient plus tard chancelier avant qu'il ne soit nommé archevêque en 1201. Saxo souligne, dans sa dédicace à Anders Sunesen, combien celui-ci, par son effort et sa capacité personnelle, réuissit à relever l'estime de la fonction de chancelier, jusqu'alors méprisée, de sorte qu'elle devenait une fonction si importante que des hommes de la plus haute dignité la sollicitaient. Anders Sunesen avait créé une chancellerie efficace, et les chanceliers qui suivaient étaient des évêques.[41] La chancellerie était le « bureau » du chancelier. Cela peut sembler statique, mais ce n'était pas le cas, car la chancellerie suivait le roi au cours de tous ses déplacements dans le royaume. C'était le seul « bureau de l'administration » qui, par conséquent, avait à expédier toutes les lettres du roi. Le personnel de la chancellerie fut uniquement recruté parmi les ecclésiastiques jusqu'au XVe siècle, mais depuis on trouvait aussi des chanceliers non-ecclésiastiques. Ils étaient appelés, dans l'époque ancienne, chapelains, maîtres ou notaires, mais aussi clercs ou seulement scribes, au XVe siècle aussi secrétaires.

---

37. DD I-2 (84).
38. Cf. DD I-2, pp. 151 suiv.
39. Cf. Kai Hørby DBL: Radulf.
40. Ellen Jørgensen DBL: Frederik.
41. Aksel E. Christensen DBL: Sunesen, Anders.

On ne sait pas combien de personnes étaient attachées à la chancellerie, mais les lettres royales conservées indiquent qu'il s'agissait de beaucoup de scribes différents.[42] La fonction de chancelier fut conférée, à partir du dernier quart du XIVᵉ siècle, seulement à l'évêque de Roskilde, mais surtout en tant que surveillant de la chancellerie, dont le chef journalier était un fonctionnaire, au XVᵉ siècle appelé le chancelier du roi, tandis que son chef était appelé *summus cancellarius regni Dacie*.[43]

Non seulement le roi, mais l'archevêque et les évêques avaient un chancelier à leur disposition. Un chancelier archiépiscopal est mentionné pour la première fois en 1351, les autres seulement au XVᵉ siècle. Des chanceliers sont mentionnés aussi dans ce siècle en rapport avec la reine et le prince héritier. Le duc au Schleswig avait également un chancelier, mentionné pour la première fois en 1314.[44]

Il y avait sans aucun doute des notaires parmi le personnel de la chancellerie. La formation des diplômes et des documents dénotent la maîtrise de l'*ars notariae* des auteurs. Peter Skautrup parle du style diplomatique et de l'*ars dictandi*, et des manuels et des recueils de formules y relatifs, mais constate que de tels livres de formules n'ont pas été conservés au Danemark de la période allant de 1350 à 1500.[45] Un examen de l'œuvre de Kr. Erslev *Testamenter fra Danmarks Middelalder indtil 1450* (Les testaments du Danemark médiéval jusqu'à 1450)[46] et de *Diplomatarium Danicum* jusqu'à 1398 nous démontre pourtant que quelques ecclésiastiques danois avaient des livres de formules et d'autres œuvres semblables :

Dans un testament écrit par Niels Bunkeflo, chanoine à Lund et à Roskilde, datant il est vrai, du 28 septembre 1346, c'est-à-dire avant la période citée par Skautrup, « Monsieur Mads Petersen, chanoine à Lund, et chapelain et notaire de mon maître, l'archevêque, est gratifié, entre autres choses, d'un livre intitulé 'Summa dictaminum' ». Ce qui veut dire exactement un recueil de formules destiné à la rédaction des lettres.[47]

42. Cf. KLNM s.v. Kansli, Danmark (Herluf Nielsen); William Christensen:, *Dansk Statsforvaltning i det 15. Aarhundrede*, Copenhague 1903, 1974, pp. 91-146.
43. KLNM s.v. Kansler (Herluf Nielsen); William Christensen, cf. note précédante, pp. 82-167.
44. DD-II-7 (205). Concernant le recueil de lettres perdu, *Cancellariae veteris episcopalis liber*, voir Rep. I, colonne IV, Arkivoversigt pp. 10-15.
45. Skautrup II, p. 69.
46. Copenhague 1901.
47. Erslev, *Testamenter*, p. 91 et DD-DRB III – 4 (17).

Un testament écrit par Tyge Turesen, surnommé Malmø, chanoine à Lund, remonte à 1353. Parmi de nombreux autres objets de valeur, il lègue à monsieur Jens Rønning un formulaire et à monsieur Jon Sakstorp « le formulaire que j'ai hérité de monsieur Mads », et ce dernier est peut-être le même que ce Mads Pedersen à qui avait été légué un formulaire dans le testament de Niels Bunkeflo.[48]

Le chantre du diocèse de Lund à Åhus, Bennike Henriksen, légua en 1358, parmi d'autres livres, une *summam de officio tabellionatus* à monsieur Jens Hennekesen, prêtre à l'église de Herrestad, « mon clerc ». Le manuel le plus connu au Moyen Âge intitulé ainsi provenait du canoniste à Bologne Aegidius de Fuscarariis (mort 1289).[49]

L'archevêque Peder de Lund fit son testament en 1391, dans lequel est décidé, entre autres choses, ce qui suit:

En outre à Niels Tuesen, chanoine à Lund et notre parent, notre meilleur bréviaire, et le sixième livre des décrétales (c'est-à-dire le recueil des décrétales du pape Boniface VIII de 1298 qui faisait suite aux cinq livres des *decretales* de Grégoire IX de 1234) et notre manuel de formules.

Il faut remarquer que, au notaire de l'archevêque, Mikkel (Ingemarsen) Degn, sont attribués, dans le même testament un trésor d'une valeur de deux marks d'argent, et des assignations de quelques créances, destinées pourtant au recouvrement de quelques dettes à la charge de l'archevêque. Mais le notaire avait probablement déjà un formulaire.[50]

Et le capiscol à Lund, Svend Sakstorp, lègue le 1er mai 1404 une *formam judicialem* à monsieur Jacob de Højby et *formularium meum de modis dictaminum* ainsi que quelques livres sur la grammaire à l'écolier Aage Magnussen.[51]

En ajoutant que des formulaires sont susceptibles d'être inclus dans des expressions telles que « livres juridiques » l'on peut conclure que les notaires et d'autres, dont la tâche au Danemark était de dresser des documents juridiquement valables et soumis à une forme déterminée ainsi que des instruments publics, avaient à leur disposition les manuels nécessaires de l'*ars notariae*.

48. Erslev, *Testamenter*, p. 113 et p. 114 et DD-DRB III-4 (17).
49. Erslev, *Testamenter*, p. 123, DD-DRB III-5 (109) et KLNM s.v. Notar, vol. XII, p. 364 (Herluf Nielsen).
50. Erslev, *Testamenter*, p. 158, DD-DRB IV-4 (485, cf. 429).
51. Erslev, *Testamenter*, p. 177 et p. 178.

L'on peut en outre ajouter que des formules nécessaires sont susceptibles d'avoir existé en dehors des véritables recueils: vers l'an 1300 sont introduites les formules latines suivantes relatives aux titres hypothécaires dans le plumitif de l'évêque de Roskilde:[52]

Notum facimus nos obligatos fore tali in tanto causa mutui pro qua summa pecunie obligauimus et nomine pignoris seu ypotece scotauimus eidem talia bona cum omni iuris nostri integritate. Ut ipse et successores sui dicta bona libere ordinent/ et fructus eorum quoscumque/ census/ iurisdictiones/ iura/ seruicia/ forefacte/ seu emendas pro ipsis p(ecuniis) percipient/ et obuenciones quascumque ad ius nostrum quocumque casu/ seu titulo contingentes leuent et suos faciant in solutum nomine predicti mutui. Ita tamen quod quolibet anno pro bonis predictis tantum de dicto mutuo debet minui seu defalcari/ quousque de totali dicta summa eis fuerit satisfactum. Ei licet dictorum bonorum fructus duas marchas excedant eos tamen suos (es)se uolumus et ipsos sibi ex certa sciencia donamus pro dampnis que sustinuerant et susti(n)ebunt ex dilacione solucionis. Excepcioni pecunie non nummerate/ non assignate/ non liberate/ doli/ mali circumuencionis in factum/ et cuiuslibet alterius generis excepcioni iuris uel facti competenti/ uel comperiture nobis heredibus uel successoribus nostris quibuscumque in presens uel futurum/ necnon cuiuscumque difficultatis obstaculo/ quod contra iam dictum mutuum uel presens instrumentum possit opponi per cuiuscumque alterius renunciantes penitus et expresse, In cuius etcetera.

Les renonciations aux exceptions constituent, comme il ressort du précédent, un élément important de la formule. Leur rédaction et leur importance seront traitées dans la suite, mais ici on peut seulement constater que, chez nous au Danemark comme à l'étranger du sud, elles témoignent certainement de la collaboration des notaires à la rédaction des documents juridiquement valables.

Des témoignages semblables sont à puiser dans la *datation* des documents. La chronologie posait des problèmes tout le long du Moyen Âge. L'empereur Justinien avait décidé, le 31 août 537, que les années du règne de l'empereur, l'année du consulat romain ainsi que l'indiction seraient marquées dans la datation des documents publics. Ce décret était inséré au code justinien sous le titre de Novella 47. Les années du règne et l'indiction avaient une importance continue, tandis que l'année du consulat romain jouait un rôle de moins en moins important au Moyen Âge. La chancellerie pontificale adoptait les deux premières, et l'indiction surtout était employée régulièrement, le long du Moyen Âge, dans les témoignages notariaux, étant donné que leur dispo-

---

52. DRB II-5 (90).

sition provenait de l'exigence du droit romain et de la pratique judiciaire relative à la rédaction formelle d'un document juridiquement valable.

Les rois danois emploient également l'année du règne comme un élément
de la datation des lettres. Déjà dans la lettre de donation de Canut IV le Saint,
rendue par le roi en 1085, l'on trouve *anno regni…quinto*. On la trouve, en
règle générale, dans les lettres de Valdemar 1er le Grand et de Canut VI, après
quoi son emploi décline graduellement sous Valdemar II le Victorieux.[53] La
datation du préambule de la loi du Jutland est conçue ainsi:

Que tous ceux qui voient ce livre sachent que le roi Valdemar, deuxième fils du Valdemar qui était le fils de Canut IV le Saint, après avoir été roi pendant trente-neuf hivers
et mille deux cents quarante hivers après la naissance de Notre- Seigneur, fit écrire ce
livre au mois de mars suivant et donna cette loi à Vordingborg qui est écrite en
danois…

Le manuscrit de loi est ainsi daté de l'année du règne, de l'année après la
naissance de Jésus-Christ, et le mois et l'endroit sont indiqués. Par rapport à
une datation complète et professionnelle, il manque l'indiction, le jour et
l'heure, étant donné qu'on exige d'un instrument notarial correct, ce qui se répète souvent à la fin, soit *sub anno, indictione, diebus, mensibus, horis et locis supradictis*. S'y ajoutent, dans les lettres pontificales, l'année du pontificat et,
dans les lettres impériales ou royales, l'année du règne.

L'indiction en tant que désignation de la place de l'année dans un cycle de
quinze ans a été traité précédemment.[54] Qu'une datation remontant à l'Antiquité, et dont le but était probablement inconnu au Moyen Âge, pût garder sa
fonction de datation, est certainement dû à son insertion dans le droit romain
et à sa transformation en critère de l'authenticité juridique et de la valeur de
preuve concluante d'un document.[55]

---

53. Cf. Herluf Nielsen, *Kronologi*, Viborg 1962, p. 28 suiv.
54. Voir p. , note 33.
55. Dans DD, Rep. Et Kbh. Dipl. Les lettres suivantes sont par ex. datées, entre autres
    choses, par des nombres d'indiction (les lettres pontificales mises en italique): DD
    1085 (21); 1176 (56); 1180 (89 et 90); 1185 (125,126 et127); 1186 (134 et *138*); 1188 (149);
    1189 (160); *1193 (192 et 193); 1224 (8)*, 1230 (109); *1241 (75); 1245 (164);* 1274 (232);
    1295 (173); 1304 (325); 1311 (369); *1332 (363);* 1342 ((268); Kbh. Dipl. 1376 (I-79); DD
    1386 (23, 30 et 58); 1387 (233); 1403 (I-4614); 1409 (5037); 1411 (5180); 1412 (5201);
    Kbh. Dipl. 1416 (I-100); Rep. 1421 (I-5901); 1423 (6051); 1426 (6278 et 6280); 1437
    (6861); 1438 (6971); *1439 (7009);* Kbh. Dipl. 1441 (II-58); Rep. 1452 (II-151); Kbh. Dipl.
    1453 (I-136); Rep. 1453 (II-246); 1456 (578 et 592); 1459 (977); 1463 (1616); 1468 (2474);
    1469 (2627); 1470 (2803); 1474 (3517); 1477 (4039); 1480 (4618); Kbh, Dipl. 1482 (I-173);

Selon la doctrine médiévale il était important qu'un document notarial signalât que le notaire avait été *rogatus* pour agir en tant que *persona publica*, mais il est rare de voir cette information dans les lettres danoises, probablement parce qu'elle n'est utile que si le notaire n'est ni ecclésiastique ni au service d'un prince.[56]

Au début de ce chapitre est établi que l'acte juridique avant l'écriture était nécessairement oral et que la preuve de la réalisation d'un acte judiciaire devait se faire par témoins ou par la prestation de serment de la partie et d'un certain nombre de cojureurs. En employant des rituels et des formules orales consacrées on s'assurait que l'acte juridique était définitif et valable, puisque les témoins étaient capables d'apprendre et de se souvenir de ce qui s'était passé. Les témoins gravaient dans leur mémoire ce qu'ils avaient vu et entendu pour pouvoir le confirmer plus tard. Voilà pourquoi tout était formalisé et objectif. La situation juridique altérée entre les parties est le résultat des rituels et des formules consacrées. Cela est un trait habituel de l'histoire du développement du droit. La *mancipatio* de l'ancienne Rome était un échange simultané de prestation et de contraprestation devant cinq témoins. La rémunération était en métal non monnayé, normalement du bronze, qui était pesé sur une balance, tenue par une personne particulière, le porte-balance. Après l'acquéreur serrait la chose vendue en même temps qu'il frappait un morceau de bronze contre la balance en proférant une formule consacrée. Les biens-fonds étaient également cédés de cette manière, car les Romains n'avaient pas une cérémonie de translation de propriété particulière, ce qu'avait l'ancien droit danois. Anders Sunesen (vers 1160-1228) explique en latin ce qu'est la translation de propriété selon la loi de Scanie:

In vindicione terrarum ad translacionem domini est necesse, vt interuenat quedam solemnitas, in qua terre modicum emptoris pallio, extento manibus assistencium, qui, si factum reuocetur jn dubium perhibere possunt testimonium veritati…

Rep. 1485 (II-5731); 1491 (6879); 1493 (7470); Kbh. Dipl. 1494 (I-183); Rep. 1495 (II-7913); *1495 (7935);* Kbh. Dipl. 1496 (I-184); 1497 (I-187); Rep. 1499 (II-8783); 1499 (8888 et 8965); 1505 (10373); 1507 (10800); 1508 (10948, 11002, *11122*, et 11142); 1509 (11362); Plusieurs lettres sont datées de l'*épacte* qui exprime l'âge de la lune à un temps déterminé, chaque année, dans un cycle de la lune de 19 ans, cf. DD 1176 (56); 1180 (89 et 90); 1183 (111); 1187 (143). Quelques documents sont en outre datés du *concurrent* qui indique sur quel jour de la semaine tombe le 24 mars d'un an donné; cf. Herluf Nielsen, *Kronologi*, Viborg 1962, p. 23 suiv.

56. DD 1304 (335); 1312 (390); rep. 1499 (II-8783). Cf. au-dessus p. 82 suiv.

Quand le statut juridique est le résultat, de cette façon, de rituels et de formules consacrées, objectives et fermes, il n'est pas possible de prendre en considération des détails subjectifs chez le cédant ou l'auteur de la promesse.

A la page 75 a été mentionné que l'ancien mot haut allemand *urchundo* désignait un témoin vivant, et que *urchundi* était le témoignage oral, plus tard littéral. Le mot correspond ainsi au vieux mot danois « tingsvidne » (témoignage juridique). Selon la loi du Jutland (I-37) il faut: « transférer des titres de propriété relatifs aux biens-fonds au thing et non pas ailleurs, c'est-à-dire à l'assemblée populaire du « herred », (juridiction locale), dans lequel se trouvent des biens-fonds, ou au thing du « syssel » (district), ou au « landsting » (juridiction régionale), parce que le « tingsvidne » (témoignage juridique) a une telle force obligatoire qu'on ne peut le réfuter. » Après est expliqué « tingsvidne »: cela veut dire

Que les hommes honnêtes et dignes de foi présents au thing rendent témoignage de ce qu'ils avaient vu et entendu. Moins de sept hommes ne peuvent tenir la séance au thing. Mais tant d'hommes établissent un plein « tingsvidne »…

Combien de temps les things laïcs étaient-ils obligés d'avoir au moins sept « tingsvidner » pour pouvoir établir un témoignage complet au thing, constituant ainsi une preuve juridiquement valable? La réponse en est que cela dura jusqu'à ce que la fonction de preuve passât aux « tingsvidner » littéraux. Selon Peter Skautrup un scribe permanent n'était probablement pas attaché aux assemblées populaires du « herred » dans les temps les plus reculés, c'est-à-dire jusqu'à environ 1450, soit la dernière partie du Moyen Âge. La conclusion de Skautrup est fondée sur le fait que nous ne trouvons pas de fonctionnaires appelés expressément scribe, et que, dans beaucoup de cas, il est même possible de démontrer que les « tingsvidner » etc. avaient été écrits par des personnes non appartenant au thing.[57] C'étaient probablement souvent des ecclésiastiques qui faisaient l'écriture, car ce n'était qu'avec la charte de Christian II datant de 1513 (§ 15) qu'il était question de scribes du « herred ». Il y a par contre beaucoup d'exemples de l'assistance des sacristains à l'écriture, et, en règle générale, le besoin de preuves littérales a certainement aug-

57. Peter Skautrup, *Hardiske Mål* II. *Kildekritiske Forudsætninger*, Aarhus 1942, p. 48 suiv. Dans DD IV-1 (554) il y a en 1379 un tingsvidne du herred composé de 24 hommes confirmant que la ferme de Torben Mikkelsen et ses titres brûlèrent la nuit de Noël, mais qu'on en avait donné la lecture au thing et que ceux-ci avaient donc la validité absolue.

menté l'emploi de la juridiction ecclésiastique, où l'écriture était un effet de l'exigence du droit canonique relative aux preuves et où l'aide de notaires était possible.

La règle de la loi du Jutland I-37 est d'ailleurs intéressante du fait même que, seule parmi les lois danoises provinciales, elle accorde la primauté au « tingsvidne » au détriment des autres preuves des lois, typiquement la preuve du serment. Qu'une preuve ne s'établisse pas contre un tingsvidne a pour conséquence que le serment de la partie adverse, confirmé par un grand nombre de cojureurs, ne suffit pas. Ce phénomène est à comprendre uniquement comme le résultat de la lutte générale de l'Église contre la preuve du serment et contre les autres preuves formelles, par ex. l'épreuve par le fer, présentes dans les anciennes parties des lois provinciales.[58]

Que le tingsvidne fût considéré comme preuve concluante souligne en outre qu'on exigeait la publicité relative à cet acte judiciaire qui serait prouvé par la suite. Cette publicité au thing a traditionnellement été regardée comme quelque chose de positivement danois ou nordique, au détriment du droit romain qui ne connaît pas cette publicité. Mais là on perd de vue l'importance de l'*instrumentum publicum* du droit romain qui, justement, assurait la publicité concernant les actes juridiques et légaux grâce à la fonction du notaire.

Le droit danois médiéval employait à l'origine les rituels et les symboles qui avaient de l'importance pour l'effet judiciaire de l'acte; car, comme le droit romain, on n'avait pas une règle générale disant qu'il fallait tenir une convention orale et informelle. Des pratiques réglées étaient susceptibles de prouver, le cas échéant, la conclusion et le contenu de l'acte juridique conclu; et c'est justement ainsi qu'on respecte la demande d'une certaine publicité. La cérémonie de la translation de propriété vient d'être nommée, frapper dans la main est une autre confirmation du caractère définitif de la promesse ou de la caution visibles aux autres. Trinquer en signe d'accord ou verser des arrhes sont d'autres moyens.

Parmi les lois danoises provinciales seulement la loi du Jutland mentionne les documents (III-45):

Mais concernant ce qui n'est pas écrit dans le testament d'un homme avec le témoignage des hommes honnêtes et dignes de foi, et que revendiquent le couvent, l'Église ou l'hôtel-Dieu, là le maître de la maison doit se protéger en faisant appel au « kønsnævn »,

C'est-à-dire les cojureurs des parents de la partie.

58. Cf. au-dessus p. 64.

A mesure que les documents écrits se généralisaient de plus en plus, les rites disparaissaient aussi. L'authenticité du document eut par là même une grande importance, et les notaires également, qui, longtemps, ne furent qu'ecclésiastiques. Pourvu que les documents fussent authentiques, ils avaient la pleine force probante vis-à-vis de l'émetteur. Si un notaire n'était pas à la disposition, il fallait la présence de témoins instrumentaires, ou bien on produisait et faisait la lecture des documents au thing, ce qui était nécessaire concernant les causes importantes, par ex. des actes juridiques relatifs aux biens immeubles. Des lettres faites « au salon », « à la maison » ou « sur un banc », c'est-à-dire écrites sans publicité, étaient regardées comme non valables. Les lettres obligatoires devaient avoir la forme de *literae apertae*, grâce à quoi on faisait savoir qu'elles étaient dressées pour remplir un engagement devant tous.[59]

Il n'y a que la loi du Jutland qui a inséré la règle disant qu'un tingsvidne ne peut être réfuté. Selon les lois de Seeland et de Scanie il n'était pas possible, sans condition, d'imposer de force une promesse ou une convention, étant donné que l'auteur de la promesse qui ne la remplissait pas était tenu seulement, selon la loi, de payer une petite amende, bien que les formes prescrites fussent remplies. La loi du Jutland ne renferme pas une règle semblable relative à la force obligatoire restreinte des promesses, et, par conséquent, il paraît qu'est amorcé le développement d'une règle disant qu'il faut tenir ce qu'on a promis manifestement. Les articles latins de Thord, qui, vers 1300, suppléent à la loi du Jutland, disent déjà, à l'article 37, qu'une *aperte litere* doit être tenue si le possesseur du sceau n'est pas capable, par le serment de ses parents, de confirmer que la lettre est dressée sans son aveu. Dans une traduction danoise récente de l'article est dit que, si quelqu'un allègue une exception ou nourrit un soupçon de dol ou de faux, et que cela ne soit pas connu en général, ou manifestement prouvable de façon flagrante, alors il lui est permis de dénier, à l'aide du serment de ses parents, que cette lettre fût dressée sans qu'il l'ait su et sans son consentement.[60] Des contrats mis par écrit se généralisaient ainsi, notamment dans les villes de province.[61]

59. C.L.E. Stemann: *Den danske Retshistorie indtil Christians den V's Lov*, Copenhague 1871, p. 513 suiv.; Henning Matzen: *Forelæsninger over den danske Retshistorie, Privatret* II, Copenhague 1896, p. 165 suiv.

60. *Danmarks gamle Landskabslove*, appendice au vol. IV d'Erik Buus, Copenhague 1961, pp. 88 et 115.

61. Cf. *Aabenraas latinske Stadsret af 1. Maj 1335* qui dit: item si un étranger intente un procès contre un autre étranger devant nous (échevins) relatif à une dette, le défendeur doit donner satisfaction au demandur s'il a une lettre ouverte à ce propos, sinon il doit se défendre par le serment de douze hommes..., DRB II-11 (215).

Il est pourtant évident que le fait de dire qu'il faut tenir et remplir une promesse prouvable, présuppose qu'on dispose de moyens légaux pour la réalisation. Le système du droit est un système de coercition, mais les possibilités au Moyen Âge étaient très limitées pour obtenir l'exécution forcée des droits privés dans des matières laïques, étant donné que, réellement et directement, seule la partie gagnante avait le droit d'effectuer la saisie. Il faut pourtant y ajouter la privation de la protection de la loi et la mise au ban, mais selon des règles compliquées et après une longue procédure.[62] C'est sous cet aspect que la juridiction de l'Église et le droit canonique font leur entrée.

Le droit canonique dans le Danemark médiéval

Le pape Grégoire VII envoya, le 17 avril 1075, une lettre au roi Sven II Estridsson promettant le soutien et la protection au roi et à son royaume en récompense de son respect et de son obéissance au pape et au droit canonique.[63]

Gregorius episcopus seruus seruorum Dei Suecino regi Danorum salutem et apostolicam benedictionem.

Apud antecessores nostros iuris et consuetudines erat caritatiuis legationibus docere uiam domini uniuersas nationes, corripere in his que arguenda erant omnes reges et principes, et ad eternam beatitudinem cunctos inuitare legalibus disciplinis. Plus enim terrarum lex Romanorum pontificum quam imperatorum obtinuit. In omnem terram exiuit sonus eorum, et quibus imperauit Augustus. Imperauit Christus. Nunc uero reges et presides terre. Confendere debuerant…

A l'occasion d'un synode à Rome le pape fit interdiction la même année, 1075, aux laïcs de conférer des épiscopats. Cette interdiction était avant tout un ultimatum adressé au roi de Germanie, Henri IV, qui répondit en déclarant le pape destitué. Le résultat en fut la mise au ban d'Henri IV par le pape. Ainsi éclata la querelle des Investitures, menaçant bientôt le pouvoir royal germanique, parce que la mise au ban déliait les sujets du roi de leur serment de fidélité qu'ils lui avaient prêté. Henri sauvait son trône en 1077 en implorant le pardon du pape au château de Canossa. Le roi fut levé de l'excommunication,

---

62. Cf. seulement la loi de Seeland d'Erik II-52; *Danmarks gamle Love paa Nutidsdansk*, Erik Kroman, Copenhague 1945, vol. 2, pp. 56-59 et Ole Fenger: « Tremarksmanden », *Festskrift til Troels Dahlerup*, Aarhus 1985, pp. 243-256. Stig Jørgensen traite le sujet de façon comparative dans *4 obligationsretlige afhandlinger*, Copenhague 1965 (Naturaleksekution, pp. 7-37).
63. DRB I-2 (13).

mais le pouvoir pontifical sortit renforcé de la querelle; ce qui était également le cas pour la loi de l'Église, devenue alors l'instrument effectif susceptible de consolider et de faire évoluer la structure de la société dans la voie désirée par l'Église. La théorie politique à laquelle s'appuyait l'Église vis-à-vis de l'autorité laïque, celle du roi et de l'empereur, était la théorie des deux épées. Elle se fonde sur les paroles de Jésus-Christ à ses disciples à l'entrée du jardin des Oliviers à Gethsémani: ils dirent: « Seigneur, voici deux épées. Et il leur dit: cela suffit ». Ces deux épées étaient l'objet de beaucoup d'interprétations, parmi lesquelles celle donnée par le pape Gélase Ier (492-496) est la plus remarquable. Selon lui il fallait voir les deux épées comme des symboles du pouvoir spirituel et du pouvoir laïc de la société. A l'origine on y voyait la confirmation de l'autorité de l'Église, libre de l'ingérence de l'impereur, mais dans la suite était soulignée l'autorité de l'Église vis-à-vis de l'autorité laïque. Tout pouvoir légal émane de Dieu et est administré par l'Église qui confie un des épées à l'empereur pour qu'il puisse défendre la paix et la justice dans les cadres d'un mandat dont les limites sont assignées par l'Église. « Alors il leur dit: rendez donc à César ce qui est à César, et à Dieu ce qui à Dieu », mais pas de doute à propos de la hiérarchie: l'empereur est soumis à l'épée spirituelle.[64] C'était la tâche du droit canonique de répandre l'empire de l'Église à tous les peuples chrétiens. Pour remplir cette tâche, l'Église avait souvent à faire des concessions, et pourtant elle ne perdait pas le but de vue, mais s'en approchait en combinant les éléments des droits romano-canonique et germano-nordique, dans le but de civiliser le Nord de l'Europe.

La première étude scientifique détaillée de l'emploi du droit canonique au Danemark est faite par l'historien de droit J. L. A. Kolderup-Rosenvinge (1792-1850) en 1849.[65] Il s'étonne au début que le sujet « chez nous soit presque entièrement négligé », surtout quand on prend en considération l'importance qu'a le droit canonique pour la civilisation européenne. Son intention est, pour cela, d'examiner de quelle façon le droit canonique gagnait, petit à petit, de l'influence au Danemark, car la conversion au christianisme n'amenait pas automatiquement avec elle la connaissance du droit canonique. Mais quand la compétence législative de l'Église est généralement admise, il s'ensuit que le droit ecclésiastique devient obligatoire pour tous les chrétiens. Cette reconnaissance n'arrive pas d'un seul coup selon Kolderup-Rosenvinge, mais peu à peu et lentement – et il désire démontrer cette influence qui progresse par degrés.

---

64. Erik Anners, *Den europeiske rettens historie*, Oslo 1988, p. 130 suiv.
65. *Kirkehistoriske Samlinger*, 1er vol., Copenhague 1849-1852, pp.1-54.

A la recherche des premières traces du droit romain, Kolderup-Rosenvinge prend le point de départ dans les droits ecclésiastiques de Scanie et de Seeland qui datent de 1170 environ.[66] On trouve dans ceux-ci des traits conformes au droit canonique, tandis que d'autres y sont contraires, parce que l'on admet des preuves laïques concernant les causes ecclésiastiques. Mais, comme déjà dit, l'Église s'adaptait aux circonstances, de sorte que la pratique différait de l'idéal. Kolderup-Rosenvinge n'arrive pas à expliquer pourquoi les lois provinciales en Suède et en Norvège, contrairement aux lois danoises, renferment une partie spécifique relative aux questions ecclésiastiques, appelée le droit chrétien ou le droit ecclésiastique, car le droit ecclésiastique de Scanie et de Seeland n'a aucun rapport avec les lois provinciales laïques de Scanie et de Seeland; et dans celle du Jutland il n'y a aucune trace d'un droit ecclésiastique autonome, ni n'y a-t-il, dans la loi du Jutland, une partie spécifique relative aux questions ecclésiastiques.

C'est une question centrale de savoir quand, au Danemark, on eut connaissance du Décret de Gratien de 1140 environ, mais les sources du XIIe siècle sont ambigues parce que le Décret de Gratien était déjà le droit canonique valable. Mais, comme déjà indiqué, la connaissance de ce décret se répandait à peu près simultanément en Europe occidentale à la fin du XIIe siècle, et les études des décrets allaient de pair avec la connaissance du droit romain.[67] Les lettres de l'abbé Vilhelm (Guillaume) nous en fournissent un exemple très net de la connaissance du droit canonique au Danemark. Il naquit vers 1127 en France et l'évêque Absalon de Roskilde, qui le connaissait du temps de ses études à Paris, le fit venir au Danemark en 1165. L'occasion en était le désir de l'évêque de réformer la communauté conventuelle dans l'île d'Eskil au fiord de Roskilde. Après son déménagement celle-ci fut appelée le couvent d'Æbelholt. Nous avons conservé un recueil de lettres écrites par Vilhelm, où, dans une grande partie de celles-ci, il invente qu'un maître célèbre Petrus Lombardus (v. 1100-1160), maître au lycée Notre-Dame de Paris, examine avec le pape des problèmes relatifs au droit canonique, notamment le droit matrimonial. Quelques-unes des lettres de l'abbé Vilhelm sont des citations textuelles du *Liber sententiarum* écrit par Petrus Lombardus. Vilhelm mourut en 1203 et fut canonisé par le pape en 1224.[68] Bien qu'il ne ressorte pas directement des lettres de l'abbé Vilhelm qu'il avait connaissance du Décret de Gratien, Kolderup-Rosenvinge est pourtant d'avis que le Décret

66. Poul Johs. Jørgensen, *Dansk Retshistorie*, p. 91 suiv.
67. Cf. la page 55.
68. KLNM s.v. Vilhelm (Herluf Nielsen) et LdM s.v. P. Lombardus (L. Hödl).

était généralement reconnu vers la fin du XIIe siècle. Et il n'ose affirmer que l'abbé Vilhelm ne connaissait pas le Décret de Gratien, mais il est persuadé qu'Absalon contribuait à répandre et à faire employer le droit canonique.[69]

L'archevêque Anders Sunesen continuait ces efforts au début du XIIIe siècle. Dans ses *Statuta ecclesiastica* sont prescrites les punitions ecclésiastiques de toute une série de crimes.[70] La promptitude des Danois à observer le droit ecclésiastique est illustrée par le fait que l'interdiction du concile du Latran de 1215 faite aux ecclésiastiques d'assister à l'épreuve du fer est suivie juste après par l'ordonnance royale de Valdemar II le Victorieux relative à l'épreuve du fer faite par les hommes chrétiens: « le pape a interdit l'épreuve du fer à tous les chrétiens. Et puisque c'est le cas nous ne voulons, ni ne pouvons nous soustraire à ce commandement commun à tous. » On ne dit pas de façon plus nette que le droit canonique a la priorité sur le droit laïc. Anders exprime, dans un autre rapport et d'une manière plus poétique, la même chose dans sa paraphrase latine de la loi de Scanie:

Verum in parte constat huic humane legi, velud famule obsequenti, velud pedissequo sequenti domine sue vestigia, per diuine legis preminenciam derogari, que matrimonia, iubet non fori, sed poli, non curie secularis, sed ecclesie spiritualis examini arque regimini subiacere...

Il était apparemment facile pour l'Église de faire remplacer l'épreuve du fer en tant que preuve, par la décision des jurés; mais les droits laïcs avaient de la peine à limiter l'emploi du jurement négatoire du défendeur, soutenu par des cojureurs, à l'avantage de la preuve par témoins du demandeur.

Il y a dans la rédaction de la loi du Jutland datant de 1241 des exemples très nets d'emprunts puisés dans le droit canonique, non seulement plusieurs citations dans le préambule de la loi du Jutland, mais dispersés également dans les trois livres de la loi.[71] Kolderup-Rosenvinge attire l'attention sur deux dispositions notamment parce qu'elles « étaient d'une importance particulière pour l'entière situation judiciaire au Danemark ». La première est la règle de I-44, selon laquelle

---

69. L'étude de Kolderup-Rosenvinge, p. 18 la note, pp. 25 et 28.
70. C. DD I-4, no 65 (1202-1223).
71. Cf. Niels Knud Andersen, » Kanonisk Rets Indflydelse pa Jydske Lov ». *Med Lov skal Land bygges* (réd. E. Reitzel-Nielsen, Copenhague 1944, pp. 84-120; Ludvig Holberg, *Dansk og fremmed ret*, Copenhague 1891, p. 37 suiv.; le même *Kong Valdemars Lov*, Copenhague 1886, p. 80 suiv.; cf. Stig Jørgensen, « Jydske Lov i europæisk sammenhæng ». *Jydske Lov 750 år*. Réd. par Ole Fenger et Chr. R. Jansen, Viborg 1991, pp. 18-25.

Le laïc ayant eu une prescription quarantenaire de la terre de l'Église n'a pas à établir la preuve devant l'Église. Tandis que l'Église, ayant eu incontestablement la terre du laïc en sa possession pendant trente hivers, n'a pas à en établir la preuve devant le laïc, s'il n'a pas formulé de revendications auparavent.

La source de cette disposition est à trouver dans le droit canonique (c. 3. 8 X *de praescriptione*), qui l'a puisée dans le droit romain.[72] Mais à la différence de ces deux systèmes de droit, il ressort nettement de I-44 qu'on ne demande pas le *justus titulus* ou la *bona fides* chez le possesseur pour pouvoir soumettre à la prescription. S'il est même possible d'acquérir la terre de l'Église par une prescription quarantenaire, il n'est pas étonnant qu'on ait soumis d'autres à cette prescription, de sorte qu'on regardait 40 ans comme l'époque de prescription ordinaire, bien que cela ne fût pas mentionné dans les autres lois provinciales. Par un recès datant de 1547 l'époque de prescription d'après le modèle du droit romain est indiquée être les 20 ans qui constituent toujours la période de prescription du droit danois.[73]

L'autre disposition, selon les mots de Kolderup-Rosenvinge « la disposition d'une encore plus grande importance particulière pour la situation judiciaire est la règle de la loi du Jutland qui soumet le jugement des jurés à l'appel supplémentaire de l'évêque et des meilleurs paroissiens (ou des hommes du « herred »). Il faut dire que, par ces paroles, Kolderup-Rosenvinge n'exagère nullement. Le chapitre II-7 commence ainsi:

Si les jurés ne sont pas d'accord, alors ce que disent la plupart sera un fait établi, avec cette seule exception que huit des meilleurs paroissiens dignes de foi et l'évêque témoignent que les jurés ont agi contre la loi, ont fait tort ou les deux à la fois. Mais même s'ils jurent tous la même chose, et que c'est un parjure si manifeste que tous savent que c'est un parjure…, il est pourtant possible de les juger, parce que la vérité doit toujours être plus forte et plus agréable qu'une preuve par serment…[74]

On peut déduire le même procédé de la loi II- 42 relative au serment du jury à propos des affaires de vol manifeste. C'est parce que les jurés attestaient leur jugement après serment que l'évêque a la compétence d'estimer si le serment est vrai ou faux, car le parjure est soumis au jugement de l'Église.

---

72. En somme il n'est pas question de s'approprier *usucapio* du droit romain, mais *praescriptio* et *actio*.
73. Cf. La Loi danoise de Christian V 5-5-1.
74. Cette phrase est puisée dans le Décret de Gratien c. 4 Dist. 8: *Veritate manifestata, cedat consuetudo veritati.*

Après l'abolition de l'épreuve du fer la juridiction reposait presque entiè-rement sur la décision attestée par serment des jurés, des cojurés ou des té-moins, et c'est pourquoi on se rend compte – en citant Kolderup-Rosenvinge – « combien il était important que chaque décision d'une cause attestée par serment fût susceptible d'être supprimée par appel à l'évêque et aux cojuges, choisis, il faut le dire, par lui-même ».[75] La loi n'indique pas que c'était l'évêque lui-même qui les choisissait, mais telles étaient les règles des droits synodaux ecclésiastiques.[76] Une source danoise datant de 1486 confirme la même chose.[77] Comme le procédé est tiré du droit canonique, il doit être com-mun aux autres provinces et non seulement particulier au Jutland. Cela est nettement confirmé par la charte de Christian II, où il est mentionné comme un précepte commun destiné au royaume entier.[78] Il faut y ajouter que les évêques et les paroissiens désignés semblent peu à peu se prononcer sur non seulement le parjure, mais aussi à d'autres égards sur la conformité à la loi du jugement prononcé, ce qui ressort d'une cause jugée en 1469 par l'évêque d'Aarhus et ses juges profanes.[79]

Prenant en considération ce qui précède, on constate que l'Église, après l'abolition de l'épreuve du fer en tant que preuve, se rendait compte de l'im-possibilité de faire remplacer la preuve attestée par serment critisable par des preuves canoniques acceptables.[80] La raison en est que les jugements des lois provinciales ne présupposaient pas une fonction de juge véritable. La preuve attestée par serment est une preuve formelle, étant donné que la loi, dans chaque cas particulier, décide comment, par qui et combien affirmeront par serment. Si le serment est attesté, la cause est conclue. L'Église ne peut suivre sa vocation qu'en soulignant que le parjure est un crime déméritoire, et en chargeant l'évêque du devoir de veiller à la sainteté du serment. Voilà pour-quoi est introduite l'instance constituée de l'évêque et des meilleurs parois-siens dignes de foi dans toutes les causes attestées par serment, c'est-à-dire

---

75. L'étude de Kolderup-Rosenvinge, pp. 36-37.
76. Cf. par ex. Regino af Prüm, *Libri duo de sunodalibus causis et disciplinis ecclesiasticis*, lib. II c. 2: *De iuratoribus synodi*. Éd. Wassersleben, Lipsiae 1940, reprod. photogr. Graz 1964, p. 207.
77. Cf. J. R. Hübertz, *Aktstykker vedkommende Staden og Stiftet Aarhuus*, vol. I (1845) p. 54.
78. Art. 49, *Samling af danske Kongers Haandfæstninger. Geheimearchivets Aarsberetninger*, reprod. photogr. Copenhague 1974, p. 62.
79. Cf. J.L.A. Kolderup-Rosenvinge, *Grundrids af den danske Retshistorie*, 2e part., Copen-hague 1832, p. 183 note b.
80. Cf. pourtant Københavns stadsret, (29/1-1294) art. 28, où le jurement négatoire est défendu devant trois citoyens ou deux bons témoins dignes de foi.

une instance de contrôle ecclésiastique pour garantir la vérité qui doit toujours être « plus forte et plus chère que l'épreuve par serment ».[81]

Il est écrit dans la loi du Jutland II-7 que l'évêque et les paroissiens témoignent que ceux qui prêtent serment « ont agi contre la loi ou ont fait tort ou les deux à la fois » (gørth vlogh æth vrææt æth bathæ). Il est indiqué par là qu'on peut faire tort bien que la loi, la loi laïque, ne soit pas transgressée. Le tort se réduit donc à enfreindre le droit canonique. Si c'est vrai, il est question d'une forte accentuation de la suprématie du droit canonique savant dans les causes laïques susceptibles d'être contrôlées par l'évêque. Ayant les notaires dans la mémoire l'on peut souligner, dans cet ordre d'idées, que la preuve relative aux causes portées devant l'évêque et les paroissiens, était le plus souvent une preuve littérale, ou était, en tout cas, présentée aux juges sous une forme écrite.[82]

Nous manquons de sources pour éclaircir en détails la fonction de l'institution « évêque et meilleurs paroissiens dignes de foi », mais c'est un fait établi qu'elle était, tout le long du Moyen Âge, au-dessus des tribunaux ordinaires. Sa compétence écartait celle des autres, la cour de justice royale y incluse, en d'autres termes: »évêque et paroissiens sont la fin du procès ».

Ce n'était pas seulement par la censure épiscopale des jugements laïcs attestés par serment que la juridiction ecclésiastique s'élargissait à un haut degré, surtout au XIIIe siècle. La suprématie par rapport à une autorité laïque et à un droit laïc exigée par l'Église, était une exemption ecclésiastique de la juridiction laïque, de sorte que les tribunaux de l'Église devenaient la juridiction de tous les ecclésiastiques. Selon Saxo Grammaticus, Canut IV le Saint

---

81. De l'art. écrit par Thord il semble ressortir que l'évêque et ses paroissiens entraient en action à la demande de celui qui sentait son droit négligé par le serment des jurés, cf. Poul Johs. Jørgensen, « Biskop og bedste Bygdemænd ». *Tidsskrift for Rettsvitenskap* 1944, p. 102 suiv.

82. Poul Johs. Jørgensen, « Biskop og bedste Bygdemænd », cf. la note 82. pp. 106 et 110 suiv. Contrairement à Kolderup-Rosenvinge, Poul Johs. Jørgensen, cité art. p. 118, était d'avis que l'évêque et les meilleurs paroissiens n'étaient pas présents en dehors du domaine du droit jutlandais. Son raisonnement est qu'il n'y a pas de sources de Seeland ou de Scanie relatives à l'institution. Bien que cela soit correct, il est pourtant invraisemblable qu'un moyen de droit, inspiré par le droit canonique, soit réservé aux évêques jutlandais. On ne peut rien déduire d'un manque de sources en ce qui concerne la juridiction ecclésiastique avant la Réforme. Employant le même argument il sera possible de mettre en question la fonction de tribunal des things provinciaux de Seeland et de Scanie, étant donné que nous ne connaissons pas les jugements médiévaux provenant de ceux-ci. Car, en citant Kolderup-Rosenvinge, « rien ne nous empêche de supposer que la même règle était acceptée à la fois dans

(1080-1086) regardait les évêques comme le premier état du royaume, et il dispensait les hommes de l'Église de la juridiction laïque dans les causes ecclésiastiques. L'exemption était élargie par la suite à être valable dans tous les procès intentés contre les ecclésiastiques. On en était venu là sous le roi Niels (1104-1134). L'Église exigeait ensuite l'exemption pour ses subordonnés laïcs, serviteurs et paysans. Cette exemption semble être généralement admise pendant la dernière moitié du XIIIe siècle, et, vu l'envergure des biens-fonds de l'Église et des couvents, c'est un très grand nombre de paysans, de preneurs de terre et de placeurs qui, de ce fait, étaient soumis à la juridiction ecclésiastique.[83]

La définition de ce qu'étaient les clauses ecclésiastiques avait une aussi grande importance pour l'élargissement de la juridiction ecclésiastique que ne l'avait le nombre de personnes y soumises. Le droit canonique ne donnait pas de définition de ce qu'il fallait considérer comme des *causae spirituales et spiritualibus adnexae*. Les canonistes citent, de façon consciente, seulement des exemples, mais ne formulent pas de règles, ce qui a pour effet que presque chaque crime était une violation des commandements de Dieu et des lois de l'Église, d'où s'ensuivait qu'il était du ressort de la juridiction ecclésiastique.

Tandis que coups et violences envers les hommes de l'Église appartenaient au domaine du jugement de l'Église, il faut se demander où les affaires relatives aux *causae possessionum ecclesiarium* seraient instruites. Celles-ci étaient également de la compétence de la juridiction de l'Église, c'est-à-dire les causes où les églises ou les couvents, les évêques ou d'autres ecclésias-

toutes les provinces quand la loi du Jutland fut rendue », cf. son étude p. 37. J. E. Larsen était d'accord avec Kolderup-Rosenvinge concernant la pratique de la censure ecclésiastique à laquelle étaient soumis les hommes qui avaient commis un parjure, et l'emploi de peines ecclésiastiques, mais il est d'avis que le droit généralement admis de casser un jugement juridique concernant les hommes laïcs, n'était généralisé que plus tard au Moyen Âge dans le royaume. Voir Samlede Skrifter 1ère partie I., p. 163 note et p. 539. Mais le fait décisif est pourtant la constatation de Kolderup-Rosenvinge qu'il est inadmissible qu'une décision provenant du droit canonique fût « provinciale ». Concernant les rares sources relatives à la juridiction ecclésiastique dans le Danemark médiéval cf. Troels Dahlerup, « Den gejstlige jurisdiktion i dansk middelalder », *Fortid og Nutid*, vol. XXIII, 1967, p. 297 suiv. Sur le sort des archives des évêques, des chapitres et des couvents voir Rep. I. Colonne IV, pp. 21-72.

83. DD 1295 le pape confirme une convention entre l'évêque de Roskilde et les citadins à Copenhague, selon laquelle l'évêque a l'exercice du pouvoir judiciaire, spirituel aussi bien que temporel.

tiques avaient en leur possession des biens-fonds auxquels d'autres préten-
daient avoir droit, mais aussi les causes où les laïcs avaient en leur possession
des biens-fonds en litige que des églises ou des couvents réclamaient. C'était
une règle générale que toutes plaintes portées par des ecclésiastiques contre
des laïcs étaient du ressort du droit ecclésiastique. La juridiction ecclésiastique au Danemark se consolidait davantage dans le courant du XVe siècle,
consolidant par cela même le droit canonique. La raison en était qu'un
nombre croissant de laïcs portaient leurs différends devant un tribunal ecclésiastique. La coercition était, comme déjà mentionné, lente et peu efficace selon les règles des lois provinciales. On essayait d'améliorer la situation de la
partie gagnante dans les tribunaux municipaux et par des lettres royales,
mais le processus demandait du temps et de l'argent.

Les tribunaux ecclésiastiques offraient, contrairement à ceux des provinces, une expédition rapide et efficace, parce que la mise au ban était devenue, petit à petit, un moyen exécutoire normal. Les hommes de cette époque
craignaient d'être mis au ban par l'Église et d'être privés de ses sacrements;
ajoutez à cela que celui qui, pendant des années, avait désobéi au ban de
l'Église, serait donné au pouvoir du roi, c'est-à-dire qu'il serait exécuté. On lit
chez Henning Matzen: « on comprend par cela comment la contrainte de l'Église a complété l'imperfection de la législation laïque relative à la coercition ».[84] Comme dit Troels Dahlerup:

C'est peut-être le manque de compréhension chez les contemporains matérialistes de
ce que la damnation éternelle était susceptible d'avoir un tel effet d'effroi, qui est la
cause de la negligence généralisée de l'influence qu'avait l'Église sur le droit de la dernière partie du Moyen Âge.

Et il continue:

Beaucoup d'années d'études m'a convaincu que le Danemark, principalement, s'était
conformé au modèle international dans ce domaine, bien que, naturellement, avec
toutes sortes de variantes locales; c'est-à-dire que les tribunaux ecclésiastiques de ce
pays jouaient un grand rôle également dans la vie de tous les jours de la société
laïque.[85]

84. Henning Matzen: *Forelæsniger over den danske Retshistorie, Offentlig Ret II, Proces*, Co-
     penhague 1894, p. 163 suiv.
85. Cf. Troels Dahlerup, « Om kirkens dom for gæld. Reformationen som retsreform be-
     lyst ved gældsjurisdiktionsproblemet ». *Kirkehistoriske samlinger*, 1980, pp. 105 et 109.

L'importance du rôle joué par ces tribunaux est confirmée par le fait que n'importe quelle cause de dette banale était susceptible d'être portée devant un tribunal ecclésiastique, pourvu que le créancier, à la contraction de la dette, exigeât que le débiteur attestât par serment de vouloir payer au jour fixé. La violation devenait donc une infraction au serment, c'est-à-dire un parjure.

En 1998 était organisé à Helsinki un colloque relatif au droit canonique médiéval. Un certain nombre de discours provenant de ce colloque ont été publiés sous le titre de « Nordic Perspectives on Medieval Canon Law ».[86] Un article écrit par Per Ingesman porte le titre de « A Canon Law Culture in Late Medieval Denmark? » Ingesman ne parle pas d'un rôle éventuel joué par les notaires en rapport avec la connaissance du droit canonique, mais rend compte des points suivants: Le nombre de grades universitaires relatifs au droit canonique, les études du droit canonique à l'université de Copenhague, l'existence de manuscrits et de livres sur le droit canonique, ainsi que les commentaires et les traités relatifs au droit canonique conservés au Danemark.

Ingesman prend le point de départ dans l'observation faite par le chercheur anglais, Brian Ferme, qu'il y avait une culture de droit canonique en Angleterre au XVe siècle,[87] et se demande, si c'était le cas aussi au Danemark. Bien que personne n'ait contesté nettement que le droit canonique fût le droit valable au Danemark au Moyen Âge, on a fait si peu de recherches relatives à ce sujet, qu'on ne peut dire clairement si le droit canonique et des recherches y relatives font partie intégrante de la culture ecclésiastique dans le Danemark médiéval. La réponse est à la portée de la main: depuis la Réformation il n'est pas de tradition, dans le Danemark protestant, d'étudier le droit canonique.

Voilà pourquoi sera esquissé ici l'exposé de ces quatre points indiqués par Ingesman.

1) En ce qui concerne le nombre des grades universitaires du droit canonique, les étudiants devaient aller à l'étranger avant la fondation en 1479 d'une université à Copenhague. Jusqu'à 1350 environ Paris fut l'endroit préféré, ensuite l'université à Prague, où au moins 70 Danois furent inscrits de 1372 à 1408. Nous ne connaissons pourtant pas le nombre de ceux ayant achevé leurs études, mais nous retrouvons beaucoup d'entre eux comme évêques, prélats et chanceliers attachés aux cathédrales danoises. Les listes d'immatriculation de Cologne mentionnent 25 Danois étudiant le droit canonique entre

---

86. Éd. Mia Corpiola, *Publications of Matthias Calonius Society* II, Saarijärvi 1999.
87. Brian Ferme, *Canon Law in Late Medieval England*, Rome 1996.

1420 et 1520. Les listes de Bologne remontent aux années avant 1300, quand plusieurs Danois y étudiaient le droit. Plus tard les Danois faisaient rarement leurs études à Bologne, mais il y en avait pourtant dix inscrits aux listes de 1480 à 1525, bien que deux seulement fussent reçus docteurs en matière du droit canonique. Une vingtaine de Danois en tout semblent avoir acquis des grades en matière du droit canonique de 1450 à 1535 selon les listes des universités prédominantes, mais d'autres listes indiquent un nombre encore plus grand.[88]

2) Les renseignements sur la possession de manuscrits et de livres imprimés du droit canonique ou sur celui-ci auraient pu être des sources importantes, mais on n'en a conservé que peu. Les rares registres que nous avons gardés, sous forme de catalogues bibliothécaires ou registres de prêt, renferment pourtant tous les livres relatifs au droit canonique; cinq membres du chapitre à Roskilde empruntèrent en 1459 et huit en 1460 de tels livres à la bibliothèque de l'église. Un *lector* au chapitre à Schleswig avait en 1519 à peu près vingt livres sur le droit canonique. Le registre des livres du recueil appartenant au couvent d'Øm nous montre qu'il y avait encore en 1554 un grand recueil de textes de loi. Des renseignements épars des registres de livres et de testaments dénotent également que la possession de livres liturgiques ou sur le droit canonique était assez répandue.

3) Les études du droit canonique à l'université de Copenhague remontent à sa fondation en 1479, mais beaucoup d'étudiants continuaient à fréquenter les universités étrangères, bien que le roi, en 1498, exigeât trois années d'études à Copenhague avant qu'on pût aller étudier aux universités étrangères. Il ressort des statuts que les étudiants devaient suivre des cours durant

---

88. Cf. que le doyen de la cathédrale à Roskilde était professeur in decretis, DD 1288 (309). Cf. aussi DD 1303 (261): le doyen Henrik af Gamtofte étudie depuis cinq ans le droit ecclésiastique à la faculté théologique de la curie. Les étudiants y jouissaient des mêmes privilèges que ceux qui étudiaient aux universités. DD 1312 (261): l'archidiacre à Roskilde, Peder Alexandersen, est dit être docteur en droit canonique et professeur de cette matière à l'université à Paris. Le pape donna en 1366 au curé du diocèse à Roskilde, Macarius Mogensen, étudiant le droit canonique à l'université de Paris, dont il avait été le recteur, la permission de faire des cours, bien qu'il n'eût pas étudié le droit romain. En 1371 (142) le pape rendit un canonicat au prêtre à Roskilde, Niels Jensen, parce qu'il avait étudié le droit canonique. En 1391 le pape réserve une dignité ou un personnat à l'Église de Roskilde au prêtre y attaché, Mads Larsen, qui avait étudié le droit canonique à Prague pendant trois ans, DD 1391 (347). DD 1345 (138): le chapitre à Aarhus demanda que chaque chanoine qui venait d'être nommé devrait avoir étudié deux ans à l'université avant qu'il pût recevoir des biens-fonds du chapitre.

trois ans avant de recevoir le grade de bachelier en droit canonique. S'ils avaient d'avance le grade de bachelier en droit romain, deux ans suffisaient. Le grade de docteur ou de licencié demandait en outre des études durant deux ans et demi et la fonction de lecteur durant un an. Nous n'avons pas conservé de registres d'inscription de l'université médiévale à Copenhague, et pour cela nous ne connaissons pas le nombre et les disciplines des étudiants. D'autres sources indiquent pourtant que six docteurs, dont quatre étaient d'origine danoise, enseignaient le droit canonique avant le début des années 1530.

4) Nous ne savons que peu de choses en ce qui concerne l'élaboration des commentaires et des exposés relatifs au droit canonique. Deux œuvres sont pourtant conservées, écrites par le juriste danois le plus connu dans la dernière partie du Moyen Âge, l'évêque à Viborg, Knud Mikkelsen, qui était *doctor iuris utriusque*. Une de ces œuvres est constituée par ses gloses à la loi du Jutland, et nous y voyons nettement sa faculté scientifique de commenter les coutumes locales et de démontrer sa conformité ou sa non-conformité avec les droits romain et canonique. La deuxième œuvre est sa traduction en danois d'une introduction du droit procédural canonique, *summula de processu judici*, attribuée à Johannes Andreae (v. 1270-1348), le décrétaliste le plus célèbre. Il n'est pas évident que Knud Mikkelsen fît une traduction en danois du latin, langue maîtrisée par tous les intéressés. Serait-ce pour renseigner les laïcs et améliorer ainsi la procédure des tribunaux laïcs?

C'est tout concernant les sujets de Per Ingesman. Y avait-il une culture du droit canonique dans le Danemark médiéval? Bien que les sources danoises soient rares, Ingesman est pourtant d'avis qu'elles suffisent pour que nous puissions répondre par l'affirmative à la question posée. Tout porte à croire que l'intérêt pour le droit canonique allait en augmentant au Moyen Âge, non pas comme le résultat de la fondation de l'Université de Copenhague, car le développement, tout le long du XVe siècle, est la manifestation de ce que le Danemark aussi était influencé par la Renaissance européenne qui rendait une nouvelle vigueur aux études universitaires, et de même au droit canonique.

Par là nous pouvons retourner aux notaires. Que les jurisconsultes et les praticiens canoniques cités dans les rares sources soient si peu nombreux constitue un problème pour Ingesman. Serait-ce possible de puiser, dans les lettres danoises, des informations ultérieures qui sont susceptibles de faire remonter le nombre des experts juridiques pour éliminer la distance entre celui-ci et le nombre réduit de docteurs et ainsi nous rendre capables de parler d'une renaissance des connaissances au Danemark aussi?

Per Ingesman s'est limité expressément, dans son court exposé, à traiter son sujet en donnant des exemples pour l'éclaircir. Il est sans doute possible d'augmenter le nombre de ceux-ci à l'aide des lettres et des testaments.

Les renonciations dans les lettres danoises

L'on observait, dans le Midi de la France à partir du milieu du IIe siècle, des tendances générales à réagir contre la réception du droit romain, par des renonciations et par des efforts faits pour conserver les coutumes locales, surtout en les écrivant. Une romanisation du droit se faisait pourtant grâce aux maîtres et aux notaires, dont le langage dénote leur connaissance du droit romain justinien. La connaissance du droit canonique se répandait en même temps, tel qu'il était compilé dans le Décret de Gratien. Après cela étaient combinées en France les études du droit romain et du droit canonique dans le ressort de l'Église.

Après qu'on s'est débarrassé – concernant la réception ancienne en Allemagne – de la conception qui définissait le notaire comme fonctionnaire, il est possible de relever beaucoup de traits qui ressemblent au développement français, soit que la réception du droit romain est en rapport avec l'organisation de la juridiction ecclésiastique et l'existence de *personae publicae*, c'est-à-dire des notaires dignes de foi par suite de leur savoir professionel. Les deux systèmes de droit, les droits romain et canonique, soutenaient, dans ce domaine aussi, la validité de l'un et de l'autre, parce que, dans la pratique, ils étaient nécessairement liés. Le développement de la juridiction ecclésiastique allait de pair avec la réception du droit romain en tant que partie intégrante du *ius commune*. Étant donné que le droit canonique donnait la pleine valeur de preuve concluante à l'instrument notarial, la fonction des notaires devenait principale pour la réception en Allemagne, comme c'était le cas en France. Et les chercheurs des deux pays sont, en fin de compte, tombés d'accord pour dire que les formules de renonciations n'étaient pas des formules sans importance, mais des signes importants de ce qu'on éprouvait dans la société médiévale – surtout pour des raisons économiques – un besoin agrandissant de s'assurer l'exécution des obligations prouvables, assurance à laquelle le grand nombre d'*exceptiones* du droit romano-canonique faisaient obstacle. Seulement en renonçant à la possibilité d'exceptions les parties s'assuraient que les promesses et les contrats prouvables seraient remplis.

Les renouvellements du droit et la réception suivaient les routes commerciales – ainsi que le faisaient les notaires – en Italie du Nord, en Lombardie, en Ligurie, dans le Midi de la France, en Catalogne et ensuite au Nord de la France et vers l'est dans l'empire allemand. Comme il ressortait du précédent, la théorie procédurale des preuves se conformait aux principes prédominants au sud des Alpes et dans le Midi de la France, ce qui avait des conséquences pour l'autorité de la chose jugée, surtout dans le domaine du droit des obligations. Et notamment la théorie des preuves et le droit contractuel appartenaient au champ d'activité des notaires. La clarté des nombreuses sources judiciaires était établie par les registres des lois et des bréviaires. Ainsi arrive une professionnalisation du droit romano-canonique, ou, en tout cas, il y a des signes d'un emploi travaillé de celui-ci. Il est caractéristique que les *explanationes titulorum*, et *notae iuris* soient enregistrées dans les notes tironiennes.[89]

Que l'expertise judiciaire fût à trouver parmi les ecclésiastiques – les notaires faisaient partie de la hiérarchie de l'Église – renforçaient les tribunaux ecclésiastiques. Par cela se produit le paradoxe que la théorie de nullité de l'Église et son respect pour la volonté du donneur de la promesse, en pratique, sont susceptibles d'affaiblir la confiance qu'on avait dans la promesse en tant que génératrice de loi – au préjudice du commerce et des transactions économiques. C'est pour cela que le nombre des renonciations des documents allaient en augmentant. L'Église acceptait les formules de renonciacions et les employait, car sans garantie pour l'accomplissement des promesses prouvables il n'est pas possible pour les échanges de fonctionner.

Cela ne veut pas dire que l'Église accepte la violence, le dol, l'escroquerie etc., car le donneur de la promesse est normalement capable d'éviter les causes d'exceptions à travers la publicité au thing ou par l'assistance du notaire. Il ressort par exemple d'une lettre pontificale à l'évêque Josef de Børglum datant du 31 mai 1298 (DD no 316) que l'Église regardait les renonciations comme nécessaires. Cette lettre indique les conditions à remplir pour l'évêque pour emprunter une large somme d'argent. Le pape Boniface VIII le mandate de renoncer à sa propre juridiction à l'avantage de la *restitutio in integrum* à toutes les lettres et préférences apostoliques, ainsi qu'à toute aide susceptible d'être puisée dans les droits romain et canonique etc. Il est ainsi question de renonciations particulières aussi bien que générales, en dépit de ce que le même pape par une bulle du 3 mars 1298 avait déclaré non-valables les renonciations générales.[90] Il a déjà été mentionné que, en pratique, on passait outre à cette défense en employant une renonciation particulière, ainsi à propos de l'investiture du Jutland par le roi Valdemar III en 1326 au comte Gerhard III (DD no 295), et dans une lettre de 1341 (DD no 129) où le roi Val-

---

89. Siems (1992), p. 864.
90. Cf. regula 81, dans VIto de regulis iuris, V, 12.

demar IV (Atterdag) confirme l'acquisition de la Scanie par le roi suédois Magnus VII Eriksson etc., ainsi que dans une lettre de 1341 (DD no 386) dans laquelle est reconnue la même vente.

Des renonciations générales à tout droit/à toute poursuite/à toutes les exceptions sans référence à un système de droit se produisaient et avant et après l'interdiction datant de 1298.[91] Des renonciations générales à l'assistance judiciaire et aux exceptions avaient lieu aussi en dépit de l'interdiction du pape.[92] Les deux parties ou une des parties dans les lettres mentionnées étaient des personnes ou des institutions ecclésiastiques, qui, en réclamant des renonciations, voulaient des garanties. Mais des renonciations générales entre des parties laïques étaient aussi possibles.[93]

Le droit romano-canonique est complété dans plusieurs cas de renoncement à l'assistance judiciaire provenant du droit local laïc: toute coutume locale (1246 no 221), la coutume danoise (1250 no 22), les coutumes (1321 nos 373 et 374, et plus en détail: *ac omni auxilio iuris canonici vel civilis omnique consuetudini que in dicto regno Dacie pro lege consuerat observi* (1343 no 386), toutes coutumes (1346 no 279), selon le droit et la loi du pays (1347 no 349), les lois du pays (1358 no 135 et 1397 no 283), la coutume (1362 no 225). Des laïcs transfèrent dans quelques cas par acte constitutif ou offrent des biensfonds à une institution ecclésiastique au détriment des héritiers légaux, qui – on pourrait le craindre – plus tard excipaient du manque de translation de propriété au thing selon la loi du pays.[94]

Les renonciations toutes générales se classent pourtant parmi les exceptions au modèle courant selon lequel il faut spécifier la ou les raisons de la renonciation, mais, en règle générale, ainsi que l'énumération des exceptions isolées est terminée par une renonciation générale au soutien des droits civil, romain et canonique.

---

91. DD 1287 (265); 1288 (320); 1296 (226); vers 1296 (227); 1297 (253); 1299 (71); 1300 (117); 1311 (357); 1318 (29); 1321 (371); 1324 (128) et Rep. I-1406 (4784).
92. DD 1320 (287 et 309); 1314 (171); 1390 (227); 1397 (275).
93. DD 1322 (433); 1325 (234); 1362 (256); 1364 ou 1374 (98); 1367 (3).
94. Une lettre pontificale de 1198 à l'archevêque Absalon traite ce problème et prescrit de mettre à la pente d'autel un peu de terre que tient à la main l'évêque ou un prélat, ou d'envelopper la terre dans un petit morceau de drap pour ensuite la mettre sur l'autel; le témoignage porté par ceux qui voient et entendent ce qui se passe correspond à la donation que la langue populaire appelle « skødning », translation de propriété. La raison en est, selon Absalon, que de telles donations sont contestées par certains coupeurs de cheveux en quatre. Ceux-ci sont sans doute les héritiers légitimes de la terre selon les lois du pays, dont on se désiste par une renonciation. DRB (1198) no 238.

Ci-après sera donné un aperçu des renonciations particulières divisées en groupes. Le but de l'aperçu est d'éclaircir la connaissance de la théorie de nullité du droit savant que les renonciations des lettres danoises présupposent. Par là il ne faut pas entendre que les auteurs des renonciations sont nécessairement des notaires, car pas une seule lettre de renonciation est munie expressément d'une signature ou d'un signe de notaire; ce qui ne veut pas dire que les notaires n'assistaient pas; ci-après seront donc traités les instruments notariaux véritables.

Les chercheurs étrangers ont établi, petit à petit, que les renonciations ne sont pas superflues, mais sont des clauses juridiques nécessaires, en tout cas si une cause est portée devant un tribunal ecclésiastique. Mais même si les clauses dans ce cas étaient nécessaires, elles pouvaient très bien être des formules stéréotypes, peut-être placées dans un ordre fixe, qui dénotent que personne n'a envisagé la ou les différentes sortes d'exceptions susceptibles d'être alléguées dans la cause en question.

Tout d'abord il faut constater que les lettres danoises contenant une ou plusieurs renonciations, y compris les générales, sont au nombre de 75, tandis que dans les lettres où il n'y a pas de renoncements relatifs aux cas où c'était pourtant l'habitude de le faire au XIVe siècle, sont au nombre de cinq.[95] Dans trois des cinq cas les parties sont laïques.[96]

La plus ancienne lettre conservée contenant des renonciations date de 1222 (DD no 203). Dans celle-ci est offert, par l'archevêque Anders Sunesen, le bien de l'Église au chapitre à Lund à titre d'échange. Il renonce à toute assistance judiciaire puisée des droits romain et canonique, de même à l'exception de dol pour plus de la moitié du prix juste (*exceptione decepcionis ultra medietatem iusti precii*). Une note y relative dans DRB dit que des références au droit canonique et au droit romain sont peu communes aux diplômes danois de l'époque, mais la lettre est bientôt suivie par d'autres.[97] En tout il y a 18 lettres munies de renonciations avant 1300.

L'apogée des renonciations est la première moitié du XIVe siècle où il y a 38 lettres, tandis que la dernière partie du siècle ne présente que 22 lettres conservées. Les renonciations de celles-ci changent de caractère, allant des promesses du droit romano-canonique spécifiées aux promesses formulées de façon générale de ne pas employer le coupage de cheveux en quatre, le

95. DD 1302 (217); 1308 (119) titres hypothécaires; 1315 (265) caution; 1327 (398); 1342 (168) titres de propriété.
96. Les lettres de 1302, 1315 et 1327.
97. DD 1246 (221); 1248 (289); 1250 (22); 1282 (16); 1295 (155 et 156); 1296 (218); 1298 (316).

refus, le retardement, l'astuce, les inventions rusées et honteuses, les faux-fuyants ou prétextes méchants, appelés « hiælpræthe ».

Henning Matzen constate que les nombreux exemples d'*exceptiones Iuris canonici*

Auraient pu avoir une certaine importance dans la mesure où la cause était pendante devant un tribunal ecclésiastique; mais d'ailleurs cette exception appartenait-elle, probablement, seulement aux formules des juristes savants relatives à la rédaction des lettres, desquelles on ne peut rien déduire concernant la validité chez nous du droit canonique et non plus concernant la validité de ius civile, qui, presque toujours, est mentionné à côté du ius canonicum. Outre cela il est à souligner que, parmi les rares exceptions signalées, sont mentionnées exceptio doli mali, fraudis etc., mais jamais exceptio vis et metus qui, certainement, avait la plus grande importance pratique.[98]

L'exposé des exceptions particulières commence par conséquent par l'*exceptio quod metus causa, vis, violencia* et *coactionis*. Il n'y en a que peu d'exemples, mais pourtant sept.[99] Il y a 38 exemples d'*exceptio doli, fraudis*.[100] Ensuite la renonciation à *in integrum restitutio*, un des moyens employés par le préteur romain pour homogénéiser la différence entre le *ius strictum* et l'*aequitas*. Il était question d'un moyen judiciaire extraordinaire qui donnerait à celui qui avait subi un préjudice le rétablissement de l'état d'origine, si la perte était due au droit positif, mais qu'on jugeait contraire à l'équité. La *restitutio in integrum* n'était pas, comme l'attribution de nouvelles *actiones* et *exceptiones*, un changement du droit positif, mais une dérogation à celui-ci dans un cas particulier selon l'avis du préteur. Tandis que l'*actio* et l'*exceptio* protégeaient contre l'iniquité, la *restitutio in integrum* était une protection contre le droit positif.

Parmi d'autres causes de restitution mentionnées dans les digestes de Justinien est indiquée la *minor aetas*, c'est-à-dire la restitution pour la cause de pertes subies par des majeurs n'ayant pas atteint l'âge de 25 ans et causées par inconscience ou inexpérience, coercition illégale, *metus, dolus* et des cas particuliers de *justus error*.[101]

98. Henning Matzen: *Forelæsninger over den danske retshistorie*, vol. I, Copenhague 1897, pp. 55-56.
99. DD 1310 (305); 1314 (160); 1315 (258); 1321 (366 et 367); 1341 (129); 1343 (386).
100. DD 1222 (203) combiné avec laesio enormis; 1250 (22); 1282 (16); 1295 (155 et 156) doli, mali, fraudis; 1296 (218); 1300 (123); 1304 (287 et 339); 1306 (17); 1310 (305); 1314 (160); 1315 (258); 1321 (366, 367 et 373); 1321 (278); 1324 (128); 1326 (295); 1337 (4); 1340 (67); 1341 (129); 1342 (269); 1343 (386); 1346 (279); 1362 (225) doli, mali, fraudis; 1364 (85); 1364 ou 1374 (98); 1369 (323 et 326); 1378 (380); 1382 (219); 1392 (569); 1395 (328, 427 et 439); 1396 (145).
101. Cf. Jul. Lassen: *Forelæsninger over romersk Privatret*, Copenhague 1904, pp. 160-166.

Il n'est pas étonnant que la *restitutio in integrum* fût employée dans des cas exceptionnels par le droit procédural canonique pour abroger un jugement valable et ayant l'autorité de la chose jugée. Les causes ordinaires en étaient l'âge tendre, la *laesio enormis* et la *iusta causa*.[102] Par conséquent les renonciations relatives à la *restitutio in integrum* se généralisaient-elles, aussi dans les documents danois.[103]

Il a déjà été mentionné que le renoncement à l'exception concernant un prix de vente peu élevé, *laesio enormis*, c'est-à-dire moins de la moitié du *iustum pretium* était le plus vieil exemple de renonciation des lettres danoises. Ensuite il n'y en a des exemples que dans trois lettres avant 1400.[104] Mais des renonciations à d'autres exceptions relatives au prix de vente sont à trouver sous les étiquettes: *exceptio non numeratae seu non ponderate, non traditae, non receptae pecuniae*.[105]

Dans la formule du titre hypothécaire, citée à la page 126, datant de 1300 environ, et inscrite dans le plumitif de l'évêque de Roskilde, est mentionnée « une renonciation quelconque qui, selon le droit ou résultant de la situation de fait, nous revient ou nous reviendra ».[106] L'expression latine *exceptio in factum* voulait dire, dans le droit romain, une exception qui n'avait pas un nom court communément employé, ou qui pouvait se décrire en référant à un article de la loi déterminé. En prenant le point de départ dans le droit qu'avait le préteur de donner des *actiones* ou des *formulae in factum conceptae* en sus des *exceptiones in ius conceptae* existantes, il pouvait attribuer, dans des cas concrets, des *exceptiones in factum conceptae*. Par cela même était rendue possible toute création de droit désirée par le préteur.

Cette procédure était également reprise par les canonistes – d'où s'ensuivaient des renonciations semblables. Il y en a quelques exemples dans les lettres en plus de celles du plumitif.[107]

La disposition de la loi du Jutland I-44 relative à la prescription acquisi-

---

102. Cf. Plöchl II, p. 358.
103. Cf. DD 1289 (366); 1298 (316); 1310 (305). *Renunciauerunt insuper omnibus exceptionibus iuris et facti, doli et mali, coactiones, in integrum restitutionis, petitioni omnique auxilio et defensionibus iuris canonici uel civilis*; 1320 (188 et 297); 1321 (373); 1326 (295);1330 (236); 1341 (129); 1343 (386); 1356 (407) lettre pontificale; 1363 (357).
104. DD 1222 (203); 1295 (155 et 156); 1337 (34).
105. DD 1246 (221); 1282 (16); 1295 (155 et 156); vers 1300 (90); 1340 (67).
106. DD vers 1300 (90).
107. Cf. DD 1296 (218); 1310 (305); 1321 (366 et 367); 1321 (373 et 374); 1326 (295); 1343 (386); 1346 (279).

tive est mentionnée dans ce qui précède. La possession paisible trentenaire (quarantenaire) de biens-fonds suffit selon cette décision pour en acquérir la propriété. La règle est puisée dans le droit canonique.[108] Tandis que les *actiones* civiles du droit romain classique ne se périmaient pas, il y avait pourtant une *praescriptio longi temporis* particulière relative aux plaintes du droit réel selon laquelle ces plaintes étaient périmées devant un possesseur qui remplissait la condition de *bona fides* et de *justus titulus* pendant 20 ou 30 ans, selon que les parties étaient *praesentes* ou *absentes*. L'empereur Théodose II le Grand donna en 424 une règle générale relative à un délai de prescription trentenaire concernant les *actiones* en général. C'est ce délai qui, via le droit canonique, est inscrit dans la loi du Jutland.

Il est étonnant que, dans seulement une lettre datant de 1296 à l'avantage des ecclésiastiques dans l'île de Rügen, il soit expressément renoncé à la *praescriptio longi temporis*.[109] Elle est suivie par une exception invoquée de fraude, et *in factum*, ainsi que la renonciation à tout moyen judiciaire puisé dans le droit romano-canonique. Une explication possible de l'absence de la renonciation à l'exception de prescription est peut-être à trouver dans la confirmation judiciaire de la propriété, qui, dans les lois provinciales, donne au possesseur d'un bien la possibilité de prouver son droit après une possession triennale.[110]

Operis novi nuntiatio est la désignation du droit romain pour la construction d'un bâtiment. Il ressort d'une lettre datant de 1299 qu'un curé de la paroisse dans l'île de Rügen, appartenant au diocèse de Roskilde, et deux chanoines à Roskilde renoncent à leur opposition à la fondation d'un couvent dans cette île.[111] Il n'y a que cet exemple de l'emploi d'un phénomène particulier au droit romain; mais les trois ecclésiastiques en avaient la connaissance.

Il y a très souvent dans la loi du Jutland des renonciations aux exceptions à cause de lettres, de bénéfices, de privilèges, d'actes procéduraux et d'autres documents pontificaux ou impériaux.[112]

---

108. Cf. c. 8 Caus. 16 qu. 3 et c. 3 X II, 26 et Niels Knud Andersen, « Kanonisk Rets Indflydelse paa Jydske Lov ». *Med Lov skal Land bygges*, Copenhague 1941, p. 119.
109. DD 1296 (25).
110. CF. Chr. L. E. Stemann: *Den danske Retshistorie indtil Christian V.'s Lov*, Copenhague 1871, p. 471 suiv.
111. DD 1299 (25).
112. DD 1298 (316) lettre pontificale; 1300 (123); 1304 (297); 1314 (160); 1315 (258); 1317 (484) lettre pontificale; 1320 (188); 1320 (297) lettre pontificale; 1321 (378); 1322 (410 et 424); 1325 (234); 1330 (236); 1346 (279); 1356 (407); 1362 (225).

Finalement peut être mentionné – comme une cathégorie modeste des renonciations particulières – la renonciation au *privilegium fori*, à son propre
thing et au droit d'avoir des juges particuliers.[113]

La situation contraire à celle de renonciation est l'ordre d'invoquer des exceptions. Il y en a un exemple datant de 1317: le roi Éric VI Menved ordonne
à monsieur Vilhelm Krag, professeur ès connaissances des lois, et à un curé,
en leur qualité de ses émissaires et mandataires à la curie, d'alléguer toutes
les raisons judiciaires valables pour le roi et ses droits concernant un procès
contre l'archevêque Esger de Lund, et d'invoquer aussi les exceptions et les
répliques qui sont des exceptions faites aux exceptions.[114] Un autre exemple
date de 1363. Le duc Albrecht du Mecklembourg autorise son mandataire
d'intenter un procès devant l'empereur Charles IV contre Valdemar IV. Le
mandataire a la pleine compétence libre de plaider la cause, la défendre et de
soulever des *excipiendi*, surtout en acquérant l'avantage de restitutio in integrum.[115]

Jusqu'à et y compris l'année 1400 il y a dans les documents danois 228 renonciations générales et spécifiques, réparties en 75 lettres.[116] En dépit de ce
que les renonciations spécifiques sont mentionnées avant les générales, il
n'est question que dans de rares cas de renonciations identiques ou d'un
schéma relatif à l'ordre. Ce qui indique qu'on a étudié concrètement les renonciations spécifiques, mais ne veut certainement pas dire qu'il s'agit d'une
répétition sans critique de formules et de modèles consacrés. Winfried Trusen
est arrivé au même résultat concernant les documents allemands.[117] Il ne ressort pas, comme indiqué, des renonciations qui en sont les auteurs. Seulement une lettre, de 1362, nous en donne une indication: un chevalier, Hartvig
Krummedige de Kærstrup, et ses quatre fils transmettent par acte translatif le
couvent d'Esrom au village d'Esrom, et se désistent de toute prétention à celui-ci, « après avoir cherché conseil et directives chez nos amis et chez des experts des lois et des droits ». Dans la lettre on renonce à toute assistance de la
loi et des coutumes, ainsi que de toute exception de fraude, d'escroquerie, de
ruses judiciaires, et, en somme, de tout recours aux droits canonique et civil,

---

113. Cf. DD 1304 (297); 1320 (297); 1321 (373 et 374); 1325 (234); 1356 (407).
114. DD 1317 (493).
115. DD 1363 (357).
116. Dans 22 lettres il y a une renonciation, dans 13 deux renonciations, dans 15 trois,
dans 8 quatre, dans 8 cinq, dans 1 sept, dans 2 huit et dans 1 dix renonciations,
comme la renonciation, selon le droit romano-canonique est considérée comme
une renonciation.
117. Trusen (1962), p. 93 et ci-dessus voir p. 105 suiv.

et, en outre, de l'emploi de documents et de lettres, *litteris tam publicis quam privatis*, qui, « à un moment donné, seraient susceptibles de nous nuire et de nuire au couvent ».[118]

Que les déclarations de renonciations médiévales des documents danois soient dressées de façon plus généralisée – et se font plus rares – présente des analogies avec la situation allemande. La fréquence des renonciations arrive à son point culminant en Allemagne comme au Danemark au XIVe siècle.

Finalement une constatation relative aux parties dans des affaires juridiques où il est question de renonciations: dans 53 des 75 d'avant 1400 une des parties ou les deux à la fois sont des personnes ou des institutions ecclésiastiques, des églises, des couvents, c'est-à-dire que des causes, s'il y en avait, étaient soumises à la juridiction ecclésiastique, où les renonciations avaient une importance juridique décisive pour l'issue du procès. Matzen admet, comme déjà indiqué, que la renonciation d'*exceptiones iuris canonici* avait « peut-être » une certaine importance dans le cas où la cause était pendante devant le tribunal ecclésiastique, mais ce ne sont nullement des cas exceptionnels que nous trouvons dans les lettres conservées, d'autant plus que 15 des 22 lettres dans lesquelles des personnes ou des institutions ecclésiastiques ne sont pas impliquées concernent la situation de la haute politique du royaume: l'autorité exercée par des rois, des princes et des villes hanséatiques sur des pays et des châteaux. Il y a tant de renonciations aux exceptions dans ces conventions et traités politiques que cela présuppose l'assistance des notaires que les villes, les rois et les princes avaient auprès d'eux.[119] Une lettre se distingue des huit qui restent, soit celle dans laquelle Éric VI Menved atteste que les citoyens à Lund ont promis de payer un wergeld pour meurtre.[120] Il n'en reste ainsi que sept lettres dans lesquelles il est question de renonciations faites par des laïcs vis-à-vis de la partie adverse laïque, laquelle est supposée d'avoir demandé la renonciation dans le cas où la cause était susceptible d'être plaidée devant un tribunal ecclésiastique, ce qui était difficile, comme déjà indiqué, d'exclure à l'avance.[121] Ce qui caractérise ces renonciations dans les lettres relatives aux parties laïques c'est que, bien qu'écrites en latin ou en

---

118. DD 1362 (225).
119. Les 15 lettres sont DD 1314 (160); 1322 (433); 1326 (295); 1341 (129 et 171); 1343 (386); 1346 (279); 1363 (357); 1367 (3); 1369 (323 et 326); 1395 (427, 429 et 439); 1396 (145).
120. DD 1310 (305).
121. Les sept lettres sont: DD 1358 (135); 1364 (85); 1364 ou 1374 (98); 1381 (150); 1392 (569); 1395 (328); 1396 (145).

bas-allemand, on n'emploie pas les expressions puisées du droit romain, mais d'autres termes dont le sens est identique à celui des expressions du droit romain.

Dans toute l'Europe se répandaient les formules de renonciations au XIIIe siècle, le XIVe siècle constituant le point culminant; on continuait de s'en servir par la suite, mais les formules étaient simplifiées et générales. La réception continue et massive du droit savant en Europe Occidentale, sauf en Angleterre, a sans doute accéléré le développement de la théorie de nullité qui s'était écartée des exceptions casuistiques du droit romain, ce à quoi avait contribué le *ius aequum* canonique. Les canonistes, parallèlement à ce processus, consolidaient le principe portant sur la force obligatoire, même de la promesse informelle. Le *pactum nudum* n'avait pas de protection légale selon le droit romain; mais les canonistes réagissaient contre ce principe, en même temps qu'ils organisaient et rationnalisaient le droit des preuves. Si la convention informelle était susceptible d'être prouvée, elle réclamerait l'exécution de l'obligation.[122]

Cela explique, en partie, pourquoi les renonciations se font plus rares. On peut ajouter, concernant les lettres allemandes aussi bien que danoises, que la langue maternelle était devenue la langue du droit à côté du latin, et qu'il était parfois difficile de traduire les termes juridiques du droit romain. Ajoutez à cela à propos du droit danois: le témoignage littéral remplaça, dans le courant du XVe siècle, le témoignage oral rendu par tant de témoins, qui devaient comparaître et être capables de se souvenir. Un témoignage littéral était une preuve évidente, il n'était pas question de fournir une preuve du contraire. Il y a néanmoins des exemples de témoignages littéraux confirmés par un notaire.[123]

Cela ne veut pas dire qu'on ne portait plus assidûment les causes devant un tribunal ecclésiastique dans le temps jusqu'à la Réformation, bien au contraire. Le procès de l'Église était toujours supérieur au procès laïc par rapport à l'efficacité de la procédure et de la coercition. Sous cet aspect il est caractéristique que les renonciations semblent être remplacées par des promesses faites par serment *in bona fides*, ou sur ma foi et honneur, dans les

---

122. Cf. Hans-Jürgen Becker: « Das kanonische Recht im vorreformatorischen Zeitalter ». *Recht und Verfassung*, p. 23.
123. Cf. ci-dessous p. 161.
124. Ex. dans DD 1358 (106); 1358 (138); 1360 (344 et 352); 1382 (219); 1392 (569); Rep I-1409 (5041); I-1410 (5124).

lettres en bas-allemand: « op truwen hant ».[124] Si une telle promesse était rompue, il était question de parjure qui serait jugé par un tribunal ecclésiastique.[125]

Sur la base de ce qui précède l'on peut conclure que la pratique des renonciations relative aux lettres danoises ou à la situation au Danemark concernant les lettres nous dénote la connaissance du droit romain et du droit canonique savant, c'est-à-dire que cette pratique est identique à celle des autres pays européens.

L'activité des notaires au Danemark et relative à la situation au Danemark

Le mot de *hiérarchie* veut dire à l'origine la suprématie sacrée, et désigne par la suite l'ordre des rangs de l'état ecclésiastique et de ses fonctions. Beaucoup de lettres médiévales énumèrent l'ordre hiérarchique des fonctions ecclésiastiques à partir du pape en descendant. Les notaires constituent, sous la désignation de *tabelliones* ou *notarii*, et souvent les deux à la fois, un élément permanent de la hiérarchie: pape, archevêque, évêques, abbés, prieurs, doyens, chanoines, prêtres, notaires et clercs.[126] La place des notaires est modeste, certainement parce que le pape avait décrété en 1211 que les ecclésiastiques appartenant aux hauts degrés ne devraient plus exercer des fonctions notariales, interdiction introduite dans le recueil de Décrétales de Grégoire IX *Liber Extra* datant de 1234 (cf. X. 3. 50. 8). Mais la fonction de notaire était pour beaucoup d'ecclésiastiques un degré important pour s'élever dans la hiérarchie de l'Église; plusieurs évêques danois, voire même un archevêque, Erik Valkendorf, commençaient leur carrière en tant que notaires.

Toutes les lettres pontificales du plus haut niveau de la hiérarchie de l'Église étaient écrites et copiées par des notaires dans les formes de tout l'*ars notariae*. Les droits et les devoirs étaient indisolublement liés au document ou à une copie notariale ayant pleine valeur de preuve. Le manque de sécurité sur les routes est souvent indiqué pour motiver les copies des notaires, car il n'était pas possible d'exagérer la sécurité.[127]

125. Cf. Troels Dahlerup: « Den gejstlige jurisdiktion i dansk middelalder ». *Fortid og nutid*, vol. XXIII, 1967, p. 308.
126. Cf. DD 1387 (196); Rep. 1403 (I-4614); 1474 (II-3517); 1509 (II-11362). Dans DRB *tabelliones* sont rendus par « notaires », de sorte que le résultat est une différence fâcheuse entre « notaires et notaires publics », cf. DRB 1391 (374).
127. Par ex. DD 1320 (277).

Les notaires du pape et de la curie étaient des prélats très estimés; mais dans les provinces et les diocèses de l'Église les notaires entraient dans le rythme quotidien, sans jouir de privilèges particuliers, sauf la perspective d'un avancement pour les plus doués. Un exemple illustre leurs devoirs quotidiens: l'évêque Peder d'Aarhus édicta en 1388, d'après le conseil de son chapitre, une série de statuts destinés aux vicaires du chœur de la cathédrale à Aarhus.[128] Les statuts soulignent leur devoir de se présenter aux heures canoniales et aux processions, sous la menace d'amendes. Le responsable du service de la semaine ainsi que le chantre prébendier et des notaires ne sont désormais plus excusables, à moins qu'ils n'installent un suppléant qualifié. Et le notaire en outre qui écrit, frauduleusement, le nom d'un autre, et en est convaincu par deux témoins, doit payer six deniers d'amende. Non seulement les statuts mentionnés mais 42 règles s'adressent à tous les vicaires du chœur et à leurs suppléants.[129]

L'année suivante l'évêque édicta plus de statuts. Dans l'art. 4 est dit:

L'archidiacre et le chantre de tout temps doivent continuer à nommer un notaire qui a prêté serment et leur est fidèle et qui, deux fois par mois, devant ces mêmes messieurs, et dans la présence du chapitre, doit présenter les comptes, de façon probe et sincère, relatifs aux manquements aux devoirs et aux obligations. Ils ont donc à les payer, sinon la somme leur sera doublée chaque semaine jusqu'à une somme de deux schellings « gros ». Mais si la somme n'est pas payée, les messieurs mentionnés, l'archidiacre et le chantre, devront procéder…aux punitions canoniques devant eux.[130]

En dépit de leur rang modeste dans la hiérarchie ecclésiastique, les notaires étaient initiés aux maitères non seulement juridiques, mais politiques sur tous les plans. Ayant des postes de haute confiance, il était nécessaire de pouvoir se fier à eux. Depuis l'Antiquité les notaires fonctionnaient par conséquent comme diplomates dans le vrai sens original de ce mot. Le secrétaire est quelqu'un à qui on confie un secret, et il en est de même du notaire. Ce qu'il apprend à travers sa fonction doit être tenu à l'intérieur des grilles ou *cancelli*. Au Danemark il y avait aussi un étroit rapport entre la chapelle du roi et sa chancellerie, et le personnel de la dernière était des chapelains, des clercs et des notaires. Par conséquent il est souvent difficile de savoir si le mot de chapelain, toujours en usage au XVe siècle, s'emploie pour désigner le père spiri-

---

128. Les vicaires du chœur étaient des ecclésiastiques qui assistaient des membres du chapitre pendant le service à l'autel. LdM s.v. Vikar, -iat.
129. DD 1388 (392).
130. DD 1389 (18). Grot (gros) est une unité monétaire qui, pour la première fois, est monnayée sous Éric XIII de Poméranie.

tuel du roi ou une fonction dans l'administration royale.[131] Mais les chapelains aussi bien que les notaires fonctionnaient assez souvent comme les
émissaires du roi à l'étranger.[132] Le mot de notaire, employé pour désigner un
fonctionnaire de l'administration du royaume, est à trouver encore sous le
gouvernement du roi Oluf II Haakonsson (1376-1387). Le personnel de la
chancellerie était, jusqu'au XVe siècle, uniquement des ecclésiastiques, mais
après on rencontre aussi des commis de chancellerie non-ecclésiastiques.[133] Il
vaut pourtant également pour le Danemark que le notaire n'occupe pas nécessairement un poste, mais remplit une fonction.[134] A ce propos on peut
mentionner qu'un successeur d'un poste n' »héritait » pas le notaire de son
prédécesseur: le notaire de l'archevêque Absalon s'appelait Jens, le notaire du
successeur, l'archevêque Anders Sunesen, s'appelait Tord et était chanoine à
Lund.[135]

Que le mot, au Moyen Âge, de *notarius publicus* ne désignât pas un titulaire d'un poste de notaire est démontré surabondamment par le fait que,
dans les lettres en bas-allemand, la traduction de *notarius publicus* est « scribe
public ou notaire ».[136] Les désignations de *tabelliones* et *notarii* étaient regardées comme synonymes dans la dernière partie du Moyen Âge.[137] Les lettres
étaient écrites *per manum publicam*.[138]

Le titre de protonotaire, employé dans la chancellerie de l'empire allemand, n'est employé que trois fois dans un contexte danois.[139]

131. Sur la combinaison chapelain-notaire cf. DD 1289 (359); 1296 (210 et 211); 1309
     (186); 1311 (356); 1336 (318); 1348 (65).
132. Cf. William Christensen, *Dansk Statsforvaltning i det 15. Århundrede*, Copenhague
     1903/1974, p. 103 suiv.
133. Cf. KLNM s.v. Kansli (Herluf Nielsen).
134. Cf. DD 1240 (46), une lettre du comte Abel est « donnée à Ribe en l'année 1240 de
     l'incarnation du Christ, le 3 août par la main du doyen Peder de Vidaas, *tunc* no-
     taire, sous la présence de … Le mot *tunc* indique certainement que le doyen Peder
     était notaire ad hoc. Cf. aussi DD 1248 (272), une lettre par laquelle Éric IV Plov-
     penning cède à l'évêque de Ribe un territoire: « écrite par la main de monsieur
     Niels, à l'occasion notaire… » Le titre « monsieur », « dominus » désigne que la per-
     sonne est prêtre.
135. Les deux mentionnés dans DD 1202-1211 (52).
136. Cf. Rep. 1495 (II-7913): « unnser openbar schriver efft notarien »; rep. 1505 (II-
     10373, 10374 et 10375); Rep. 1507 (II 10800): « van keyserliker gewalt apenbar
     scriuer offte notarius ».
137. « Notariis et tabellionibus publicis » cf. Rep. 1504 (II-10139); 1508 (II –10948).
138. Ex. DD 1311 (369).
139. Une lettre de donation de Valdemar II le Victorieux datant de 1216 déstinée aux
     bourgeois de Lübeck est écrite par la main du protonotaire, le doyen Ivar (DD 1216
     (73), et le prince Vizlav II de Rügen investit en 1296 par une lettre (no 211)

Il y a plusieurs exemples danois de ce qu'un notaire est chargé d'une mission diplomatique: le chef à Vordingborg, Fikke Moltke et le notaire Roder (= Nicolaus Ruter) conclurent en 1362 la trêve au nom du roi Valdemar IV Atterdag avec les villes hanséatiques.[140] Le notaire du même roi, Rikman v. d. Lancken, demanda l'année après, au nom du roi, aux émissaires du conseil de se rendre à Vordingborg.[141] Il était tout à fait normal pour les villes hanséatiques de se faire représenter par leurs notaires.[142]

L'importance des notaires ressort aussi de ce qu'ils devaient assister, en tant que convoqués, aux événements importants politiques du royaume. Henrik Vrisak, ecclésiastique au diocèse de Havelberg, notaire public par l'autorisation apostolique et impériale, porta témoignage attestant que la reine Marguerite Valdemarsdotter, le 21 août 1387 au thing provincial de Seeland à Roskilde, avait été élue et saluée leur dame, princesse et régente par des ecclésiastiques et laïcs, grands et petits de Seeland, des îles de Møn et de Lolland et venant d'autres régions. Le notaire déclare avoir écrit, tout de suite après l'événement, ce qu'il voyait et entendait arriver, servant de minute,

d'après laquelle je dressai, écrivis et publiai ce document public et je le couchai par écrit dans cette *forma* publique et le souscrivis en apposant mon signe habituel et familier, *uocatis specialiter et rogatis*, en témoignage digne de foi du précédent.

Le document rédigé quatre jours après qu'elle avait été saluée est daté de l'année, de l'indiction, du jour, du mois et de l'année pontificale.[143] Parmi les témoins cités dans le document il y a un écuyer, Albert Kalenberg. Une personne portant ce nom est appelé, dans une lettre de 1383, le scribe de la reine Marguerite, mais en 1387 Henrik Vrisak était employé, comme déjà indiqué, comme notaire.[144]

un couvent dans l'île, appartenant au diocèse de Roskilde, de la juridiction de tous ses subordonnés. La lettre est faite par Johannes de Saal, curé de la paroisse à Stege(borg), « notre chanoine domestique et protonotaire ». Finalement est mentionné en 1349 Henrik Vogt comme le protonotaire du roi Valdemar IV, (nos 150 et 166).

140. DD 1362 (244 et 245, cf. 227 et 267).
141. DD 1363 (337). En remerciement de son assistance diplomatique le roi obtint que le pape conférât un canonicat au notaire, clerc au diocèse à Roskilde, DD 1364 (73, 81 et 82).
142. Cf. DD 1363 (351, 363, 382, 399 et 406); 1364 (92 et 104); 1365 (317); 1366 (396, 462, 464, 465 etc.).
143. DD 1387 (234); le signe notarial de Henrik Vrisak est à trouver à la page 186.
144. Dans le répertoire des noms de personnes de DD, A. Kalenberg est dit être le notaire de Marguerite.

Le même Henrik Vrisak confirme la même année, probablement le 16 novembre, que la reine Marguerite avait été saluée au thing provincial à Odense.[145] Le pape demande en 1390 aux évêques d'Aarhus et de Lübeck d'offrir à Henrik Vrisak un canonicat vacant à Uppsala, parce qu'il « a les pleins pouvoirs et est de la maisonnée de notre chère fille en Christ, Marguerite, la reine célèbre de Danemark ».[146]

Le traité de l'union de Kalmar datant de 1397 ne fut pas confirmé par un notaire à la conclusion, mais le notaire Henrik Romer dressa le 11 septembre 1425 un vidimus à la demande de l'archevêque à Roskilde, Jens Andersen Lodehat, qui était certainement d'avis qu'il était rassurant d'avoir une copie authentique de ce document important.[147]

La sentence arbitrale politiquement importante de l'empereur Sigismund de Luxembourg datée du 24 juin 1424, par laquelle l'entier Jutland méridional fut attribué à Éric de Poméranie et au royaume danois, fut confirmée par un notaire: dans la lettre originale en parchemin avec le sceau de la majesté, sont confirmés, par le notaire apostolique et impérial, Anthonius Bartholomey Franchi de Pisis, notaire et juge à la curie et à la chancellerie impériale, le jugement et le jugement préparatoire, répétés en outre en deux exemplaires rédigés par un notaire, et finalement dans un vidimus original du 27 novembre 1426.[148] A ce dernier sont joints deux autres documents dans lesquels le notaire, minutieusement, attire l'attention aux fautes de copiste du premier et aux ratures de l'autre.[149]

La nomination par le même empereur Sigismund de Luxembourg en 1436 d'un comte palatin, mandaté de nommer des notaires et de légitimer des enfants naturels, est également confirmée par Johannes Schniezlein dans une lettre munie d'un signe de notaire, par la suite classée dans les archives à Orebygaard.[150] Y était classée également une lettre impériale de 1433, confirmée par le notaire Henrik Hermanni, clerc au diocèse de Schleswig.[151]

Il était aussi question de la haute politique quand, en 1469, Christian 1er donna en mariage sa fille unique, Marguerite, au roi écossais Jacques III. Le traité y relatif, datant de l'année précédente, est attesté par le notaire de

---

145. Cf. DD 1387 (257).
146. DD 1390 (272).
147. Cf. DD 1397 (345, introd.).
148. Cf. Rep. 1424 (I- 6125) et *Danske Domme* 1375- 1662. *De private domssamlinger.* Par Erik Reitzel-Nielsen, assisté par Ole Fenger, vol. I, Copenhague 1978, p. 55.
149. Rep. 1426 (I-6280). Signe de notaire à la page 91.
150. Rep. 1452 (II-151).
151. Rep. 1456 (II-612).

Christian 1er, Caspar Sellichen, clerc au diocèse de Mayence.[152] Christian promit dans la lettre, généreusement, de donner en dot 60.000 guldens, somme qu'il n'avait aucune chance de pouvoir payer. Aussi mit-il en gage les Orcades et les îles Shetland. Ses anciennes possessions norvégiennes n'ont jamais été retirées.

Il va de soi que de si importants documents que les capitulations devaient être copiés et confirmés par des notaires; la promesse royale du roi Jean 1er de Danemark fut ainsi confirmée par un notaire au diocèse de Roskilde, Thomas Martini.[153]

Comme c'était le cas dans les pays au sud du Danemark, et notamment en Italie du Nord et dans le Midi de la France, le titre de *magister* se propageait en même temps que celui de notaire. En latin médiéval le *magister* veut dire d'origine *magister universitatis*, mais peu à peu le sens était étendu, de sorte que le mot finissait par désigner une personne érudite ayant étudié à une école ou à une université. Dans les coutumes danoises provinciales les « personnes érudites » étaient synonymes d'ecclésiastiques, mais la désignation de *magister* n'a pas un sens si large dans les lettres. Bien que beaucoup de personnes soient appelées *magistri*, cela ne vaut pas pour l'ensemble des ecclésiastiques, loin de là, seulement pour une part choisie de ceux-ci, bien qu'il ne nous soit pas possible d'établir des critères nets du choix. Bien que les professeurs et les docteurs soient des exemples clairs de « magistri », la fonction de professeur n'est pas une condition pour qu'une personne soit appelée ainsi. D'autres que ceux-ci étaient mentionnés comme tels.[154]

Les fonctions de ceux qui étaient intitulés magistri dans les lettres semblent indiquer qu'ils sont, comme les notaires, des hommes de confiance, ayant fait des études supérieures. Valdemar 1er le Grand envoya en 1169 un magister Jens au pape pour obtenir la concession de ce que l'île de Rügen passerait sous le siège épiscopal à Roskilde. Il ressort de la même lettre pontificale qu'un magister Walter était le clerc du même roi.[155] Le chapelain de Valdemar II le Victorieux était également magister.[156] Le pape donna au magister Humbald, doyen à Gamtofte et le clerc d'Éric IV Plovpenning, un bénéfice accordé à ceux qui « se distinguent par leurs connaissances livresques et leurs bonnes vies et mœurs ».[157] Et le chapelain du même roi, le magister

152. Rep. 1468 (II-2474).
153. Rep. 1483 (II-5172).
154. KLNM s.v. Magister (Lilli Gjerløw). LdM s.v. magister universitatis (J. Verger).
155. DD 1169 (189).
156. DD 1220 (168).
157. DD 1244 (157).

Bent, était en outre le notaire du roi.[158] L'érudition et les mœurs louables étaient aussi la cause de la permission, donnée en 1264 par le pape, au chapelain d'Éric V Glipping, le magister Jens, de devenir l'évêque de Børglum.[159] Plusieurs magistri sont mentionnés comme des chanceliers royaux.[160] Dans une lettre de renonciation laïque, datant de 1246, sont mentionnés parmi les témoins, en tant que magistri, le chancelier du roi, le doyen de la cathédrale de Roskilde, un chanoine de la même église, ainsi qu'un *rector scolarium* à Copenhague.[161] Très souvent des magistri signent des lettres comme témoins.[162]

Parfois sont nommés le chancelier du roi et son notaire côte à côte, mais de sorte que les deux semblent nécessaires; Canute VI rendit en 1196 une lettre, « quand Andreas était chancelier *autem* Gabriel notaire ». Trois magistri étaient témoins.[163]

On peut constater que les titres de magister et de notaire étaient rarement employés pour désigner le même homme dans les lettres danoises.[164] L'historien Niels Skyum-Nielsen établit, comme indiqué ci-dessus, que, pendant les années 1175-1193, sont mentionnés deux ou trois chapelains conjointement, mais toujours seulement un notaire à la fois jusqu'à l'an 1300. Selon lui cela indique que le poste de notaire s'était bientôt élevé à un degré supérieur.[165] Que le titre de magister ne s'applique pas aux notaires semble renforcer cette hypothèse. Le nombre des magistri dans les lettres est même beaucoup plus grand que celui des notaires, dont le titre était susceptible d'être le seul, tandis que d'autres ecclésiastiques employaient souvent le titre de magister ensemble avec leur titre supérieur de fonction à l'Église.

A propos des rapports qu'il y avait entre le roi et son notaire il a déjà été indiqué que le notaire de Valdemar II le Victorieux, Torsten, était *de familia regis*.[166] Dans une lettre dont la datation est douteuse, et dont l'authenticité

158. DD 1248 (280).
159. DD 1264 (438).
160. DD 1288 (309,310 et 325-327); 1292 (68); 1297 (278). Le chancelier de la reine Agnes, le magister Morten DD 1288 (289). Cf. William Christensen, *Statsforvaltning*, p. 686 suiv.
161. DD 1246 (221).
162. Par ex. DD 1178 (74); 1221 (198); 1245 (160 et 187); 1256 (185 et 186); 1299 (66 et 67).
163. DD 1196 (216 et 217).
164. DD 1223 (217); 1248 (280); 1289 (359); 1384 (504); Rep. 1508 (II-10948, 11122). Deux ex. de magistri étant notaires à la cour pontificale sont à trouver dans DD 1312 (414). Il n'est probablement qu'en Italie qu'on trouve le titre de *magister notariae*, cf. l'œuvre mentionnée à la page 106 note 36.
165. *Kvinde og slave*, Copenhague 1971, p. 177.
166. DD 1215 (57).

de cette raison – et d'autres raisons – est incertaine, le renseignement suivant y donné peut néanmoins être vrai, soit que Gabriel, notaire à la cour royale, était présent à la rédaction de la lettre en tant que suppléant du chancelier royal, l'évêque Peder de Roskilde.[167] Le notaire Henrik Vrisak était dit aussi être « de familia regis » à la cour de la reine Marguerite Valdemarsdotter.[168]

Bien qu'il y ait des signes que le titre de magister se dévaluait dans les pays méditerranéens latins dans la dernière partie du Moyen Âge, il maintenait sa valeur dans les régions plus au nord, où les universités, s'inspirant de celle à Paris, continuaient de s'appeler *universitates magistrorum et scolarium;* et si les titres de magister et de notaire présupposent aussi au Danemark que ceux-ci avaient acquis des connaissances et fait des études livresques, alors la situation ne semble pas dévier du modèle commun au Moyen Âge latin.[169]

Après avoir étudié la fonction des notaires en tant qu'émissaires diplomatiques et nécessaires quand il fallait confirmer les traités de la haute politique, il reste de mentionner leurs fonctions plus quotidiennes, quand par ex. des ecclésiastiques ou des laïcs désiraient une preuve certaine et « manifeste » de leurs actes juridiques, à titre unilatéral ou onéreux. Les notaires attestaient en témoins les lettres, comme le faisaient également les magistri. Mais la différence entre eux était que le magister ne dressait pas, comme le notaire, des instruments publics ayant pleine valeur de preuve.[170]

Un aperçu sera donné qui, par des exemples, montrera les événements, les actes de justice et les actes juridiques où, dans les lettres danoises, les notaires étaient présents, attestaient et confirmaient ces actes.

Quand il s'agit de la procédure et des actes de justice:

- Le notaire atteste des actes judiciaires, des jugements, des jugements préparatoires et des appels: DD 1314 (141, 172 et 176); 1315 (240); 1360 (336); 1362 (267); Rep. 1383 (I-3408); 1403 (II-7404); 1444 (I-7430).
- Le notaire atteste la nomination d'un juge/d'un juge d' arbitre: DD 1314 (231); 1315 (241).

---

167. DD 1202 26/11 ou 7/12, Ière colonne, vol. 7 (331).
168. DD 1390 (272).
169. Cf. LdM s.v. Magister universitatis (J. Verger).
170. Ex. DD 1145 (91); 1158-1162 (131); 1215 (57); 1217-1221 (124); 1245 (160); 1299 (47); 1332 (363 et d'autres).

- Le notaire est chargé de traduire en justice un ecclésiastique: DD 1362 (227).
- Le notaire atteste une conciliation: DD 1330 (209); 1354 (100).
- Le notaire confirme l'abrogation d'un jugement: Rep. 1382 (I-3375).
- Le notaire confirme l'outrage à la cour: Rep. 1437 (I 6861 et 6971).
- Le notaire confirme les témoignages en justice et la translation de propriété: DD 1299 (73); Rep. 1312 (I-967); 1381 (I-3336); 1436 (I-6841); 1441 (I-7153); 1442 (I-7250); 1445 (I-7504); 1446 (I-7609); 1463 (II-1583 et 1584); 1491 (II-6934).
- Le notaire atteste un partage des biens: Rep. 1445 (I-7531).
- Le notaire atteste un tesament: Rep. (I-2701). Erslev Test. 1429 (p. 201), 1436 (p. 203).
- Le notaire atteste un compte rendu, le paiement et la quittance: DD 1353 (42); 1364 (61); 1366 (462).
- Le notaire atteste l'accomplissement d'une charge: DD 1299 (75).
- Le notaire atteste un mandat: DD 1344 (72).
- Le notaire atteste la mise en gage et l'acquittement du gage: Rep. 1456 (II-592); 1470 (II-2710).
- Le notaire atteste un fermage: Rep. 1451 II-1)
- Le notaire signe de la part des autres: 1180 (90); 1202-1211 (52).
- Le notaire reçoit un paiement pour d'autres: DD 1361 (5); 1366 (357).
- Le notaire atteste la transmission de lettres: DD 1299 (76).

Ensuite, notamment en rapport avec l'Église et les ecclésiastiques:

- Le notaire effectue des ordres pontificaux, vidime des bulles et des lettres: Rep. 1169? (I-24); DD 1322 (363); 1325 (226); Rep. 1332 (I-1629); DD 1333 (16); 1347 (337); Rep. 1386 (I-3520); 1439 (I- 7009); 1480 (II-4618); 1485 (II-5731).
- Le notaire atteste le choix d'évêques et d'abbés et des nominations: DD 1313 (3); 1348 (63); Rep. 1439 (I-7072); 1453 (II-246); 1470 (II-2803); 1487 (II-6063).
- Le notaire atteste des donations et des privilèges à l'Église: Rep. 1411 (I-5180); 1412 (I-5201); 1433 (I-6628); 1451 (II-91); 1469 (II-2626 et 2627); 1483 (II-5219).
- Le notaire atteste l'institution des obits: Rep. 1463 (II-1616).
- Le notaire atteste la mise au ban: DD 1314 (141(; 1320 (303); Rep. 1383 (I-3381).
- Le notaire atteste les biens-fonds d'une église: Rep. 1459 (II-977).

- Le notaire assiste à la collecte d'annates, de dîmes et d'autres redevances, et en dresse des quittances: DD 1317 (479); 1332 (359); 1333 (2, 24, 25, 26, 29, 30, 35 et 36); 1334 (152); Rep. 1453 (II-250).
- Le notaire assiste à une tournée pastorale: DD 1343 (383).

Comme il ressort du précédant il est question d'un large spectre d'actes de justice et d'actes juridiques que le notaire rend publics, leur conférant ainsi la pleine force probante.

Registre des notaires dans les lettres danoises

Les frontières médiévales entre les pays n'établissaient pas la démarcation entre une nation et une autre qui est une création des temps modernes. La démarcation nette s'établissait entre les classes sociales: les grands seigneurs se différenciaient des paysans et des métayers, les paysans des bourgeois, et surtout les laïcs des ecclésiastiques. Pour ces derniers leurs origines italienne, française, allemande ou danoise n'étaient pas décisives, mais ce qui comptait c'était leur diocèse non d'origine, mais auquel ils étaient attachés par nomination, par éducation et d'où provenaient les recettes des prébendes et des canonicats. Seulement un exemple: le pape conféra, par une lettre datée du 13 janvier 1344, au chapelain de Valdemar IV, Henrik Vogt, un canonicat et une prébende à l'Église à Hambourg, bien que celui-ci eût déjà l'église paroissiale à Saltum, au diocèse de Børglum.[171] L'Église demandait peut-être, en principe, qu'on établît son domicile au diocèse, mais les exceptions à ce principe étaient nombreuses, et il n'était pas possible pour Henrik Vogt d'avoir un domicile fixe en tant que curé de la paroisse ou chanoine, étant donné qu'il était également le chapelain du roi, et, par la suite, son protonotaire. Dans les statuts d'Aarhus, destinés aux évêques et aux chanoines, l'art. 14 dit: « les biens communs et d'autres biens relèvent uniquement des résidants, et personne ne peut s'appeler résidant s'il est possible de prouver qu'il fut plus absent que présent ».[172] Il était de coutume au Danemark que les chanoines s'obligeaient par serment de résider un certain temps, mais, en général, on ne pouvait remplir ce devoir, ce qui était reconnu par l'administration de l'Église. Dans cet ordre d'idées il était dénué de tout sens d'exiger que les notaires, tous ecclésiastiques jusqu'à la dernière partie du Moyen Âge, eussent un domicile fixe. Car ils devaient sur demande ou à l'appel exercer leur fonction à l'intérieur de leur normalement très vaste domaine d'autorisation.

171. DD 1344 no 7.
172. DD 1206 no 116.

Il faut y ajouter que la langue littéraire des notaires était le latin, ce qui avait pour résultat que leurs noms, en général, étaient latinisés; il est donc difficile et exceptionnel de déterminer la nationalité des notaires, dans l'aperçu suivant, d'après leur prénom ou le nom de leur père. Dans le registre des noms de personnes de Diplomatarium Danicum, les références sont à trouver sous la forme normale moderne à laquelle le lecteur est prié de se reporter à partir des formes originales. Les noms des ecclésiastiques à l'extérieur des pays nordiques et de l'Allemagne sont normalement rendus sous leur forme latine, mais, comme déjà mentionné, il est difficile de cataloguer les ecclésiastiques, et par là même les notaires, dans une nationalité précise. Les registres des noms de personnes de Repertorium Danicum « emploient le plus souvent la forme du nom qui était la plus usitée dans la dernière partie du Moyen Âge ». Dans les deux registres – et dans ce qui suit – les noms de personnes sont classés par ordre alphabétique d'après les prénoms.

L'aperçu renferme 296 notaires désignés nominativement, ensuite le nom du diocèse et, pour la plupart d'entre eux, l'auteur de l'autorisation, le pape, l'empereur ou les deux à la fois (abrév. a.p. pour désigner un notaire ayant une autorisation pontificale et a.i. pour une autorisation impériale, et as.p.-i. pour des autorisations pontificale et impériale). D'autres abréviations sont cl. (clericus) et dioc. (diocesis).

Il est commun aux notaires de la liste qu'ils soient mentionnés dans les lettres ou qu'ils aient dressés les lettres qui rentrent dans le cadre des critères de rédaction relatifs à Diplomatarium Danicum et à Repertorium Danicum; ceux-ci étaient, comme indiqué, pour le premier toutes les lettres et tous les diplômes relatifs au Danemark et dans son étendue d'alors; et pour le dernier les lettres parvenues au Danemark dans son étendue ancienne et qui étaient conservées dans les archives y existantes. Que les critères ne soient pas les mêmes, il faut s'en accommoder.

Le titre de greffier de la ville est à trouver dans la liste: Per Michelsen, greffier de la ville de Roskilde, Peder Mortenssøn, greffier de la ville d'Odense, Petrus Scriuer, greffier de la ville de Ribe, Villads Lauridssøn, greffier de la ville d'Aalborg. Nous ne savons pas s'ils étaient notaires, mais c'est bien possible: quand Peder Jensen, greffier de la ville de Køge, est appelé notaire également, et qu'Åke Nilsson était notaire à Malmø, Henrik Gotskalk à Næstved, et que Niels Evertsen était le notaire de la ville de Copenhague et Didrik de celle de Kiel, il est peut-être probable que « greffier de la ville » équivaut au notaire, vraisemblablement un laïc. La liste inclut de même bon nombre de notaires de ville ou de conseil, attachés aux villes hanséatiques au Nord de l'Allemagne.

Comme dans ce qui précède, l'abréviation DD veut dire Diplomatarium Danicum et DRB Danmarks Riges Breve; mais l'indication de la colonne et du volume est omise faute de place, mais aussi parce qu'il suffit d'indiquer l'année et entre parenthèses le numéro de la lettre, étant donné que l'année est indiquée au dos de chaque volume. Rep est Repertorium Danicum Regni Danici Mediævalis, le repertoire des lettres danoises médiévales avec des extraits des lettres jusqu'ici non imprimées. Après Rep sont indiquées ici également l'année et, entre parenthèses, la Ière ou la IIe colonne; I renferme les années de 1085 à 1450, et II les années de 1451 à 1513. Le numéro de la colonne est nécessaire, car chaque colonne a sa désignation numérique individuelle.

Voici la liste des notaires et des greffiers de la ville présents dans les lettres danoises:

Adam Petri, cl. au dioc. de Ribe, notaire a.i. Rep 1417 (I- 5669).

Alard, notaire à Stralsund. DD 1338 (75); 1339 (134); 1339 (151); 1364 (104); 1365 (317); 1366 (sans nom) (462); 1366 protonotaire (464); 1367 protonotaire (15); 1367 mission diplom. (31); 1368 (144).

Alardus Ruffi, notaire du nonce du pape. DD 1363 (394).

Albert Brunstensen de Næstved, cl. au dioc. de Roskilde, notaire a.i. DD 1339 (173).

Albert Jensen, cl. au dioc. de Schleswig, notaire a.i. DD 1399 (90).

Albert/Albrecht Kalenberg, notaire de la reine Marguerite Valdemarsdotter, laïc (William Christensen, Dansk Statsforvaltning p. 109). DD 1381 (129); 1383 (391); 1387 (233); = Rep (I-3602); (v. 1389) (178); Rep 1390 (I-3730).

Albo, cl. à Lund et notaire. DD 1347 (337).

Albrecht Rodenborg, notaire à Lübeck et agent diplomatique. DD 1377 (281).

Allo Katonis, notaire (au dioc. à Lund?). rep 1444 (I-7430).

Anders Laurenssøn, greffier de la ville d'Odense. Rep 1451 (II –45).

Anders Pedersen (Andreas Petri), ecclés. Au dioc de Roskilde, notaire a.i. DD 1383 (351) = Rep (I-3399);1383 (365)= Rep (I-3408). Signe de notaire p. 185

Anhonius Barthomeley Franchi de Pisis, notaire a.p.-i. et juge, protonotaire de la curie et de la chancellerie (au doc. avec le jugement et le sceau de l'empereur Sigismund de Luxembourg). Rep 1424 (I-6165).

Arild Jenssøn, greffier de la ville de Malmø. Rep 1475 (II-3614).

Arnaldus Johannis, notaire de la chambre apostolique DD 1357 (24); 1357 (41); 1358 (116).

Arnold Jansen, notaire à la curie DD 1332 (359).

Arnoldus Wulff, cl.au dioc. de Schwerin, notaire a.p.-i. Rep 1499 (II-8783).

Asser Hamund, chapelain et notaire a.i. de l'évêque d'Odense. DD 1348 (63, 64, 65) =Rep (I-270).

Branabas(?) … magister (?), notaire à Rome. Rep 1506 (II-10636 p. 147).

Bartholomæus Ortolani, notaire a.i. DD

1299 (9, 35, 41, 42, 43, 44, 48, 50, 51-52, 60).

Bartoldus Lussow, cl. au dioc. de Kammin, notaire a.p.-i. Rep 1499 (II-8888).

Bent (Benedict), chapelain, magister, notaire d'Éric IV Plovpenning. DD 1248 (280).

Bernhard Luchten, ecclés. Au dioc. de Kammin, notaire. DD 1384 (509).

Bernhard v. Münster, ecclés. Au dioc. deKammin, notaire. DD 1384 (505).

Bernhard Westfal, ecclés. Au dioc. de Schwerin, notaire a.i. DD 1369 (341).

Bernhard af Schweringen, notaire et cl. de l'évêque de Schleswig. DD 1336 (318).

Berhardinus Hoffman de Swydnitz, notaire, cl. au dioc. de Wroclaw, notaire a.i. Rep 1482 (II-5030); 1493 (II-7404).

Bertold Kröger, notarius publicus conc. la sit. à Malmø. Rep 1445 (I-7531).

Bertold Lodder, cl. au dioc.de Halberstadt, notaire a.i. Erslev, Testamenter, p. 201 (1429), p.203 (1436).

Beseco Besseken, cl. au dioc. de Halberstadt, notaire a.p.-i. rep 1461 (II-1270).

Birger Petri, cl. au dioc. de Lund, notaire a.i., Rep 1474 (II-3517); Kbh. Dipl. 1481 (II-152); Rep 1482 (5028).

Blasius, notaire de la Sainte Église romaine. DD 1201 (38).

Bo (Boecius), prêtre et notaire d'Éric VI Menved. DD 1312 (407) = Rep (I-967).

Bolte, Chapelain et notaire de Johan Molkte. DD 1309 (186).

Burchard, chapelain et notaire du comte Adolf. DD 1311 (356).

Burchardus Haltupderheyde alias *de Steynem(?)*, magister, cl. au dioc. de Mayence, notaire a.p.-i. Rep 1508 (II-10948,11002).

Buzio Sanse, bourgeois à Rome, notaire a.i. DD 1386 (56).

Casper Sellichen alias *Tater*, cl. au dioc. de Mayence, notarius atque scriba de Christian Ier. Rep 1468 (II-2474).

Centius, notaire du pape. DD 1198 (227).

Conradus Varenhaghen, cl. au dioc. de Cologne, notaire a.p.-i. Rep 1491 (II-6879).

Daniel Kepken de Nulant, cl. au dioc. de liège, notaire a.p.-i., cahncelier de Christian er, chanoine à Nidaros. Rep 1453 (II-246); 1456 (608); 1463 (1583, 1584 chantre, 1666). William Christensen, Dansk Statsforvaltning, pp. 96-97, 105 note 1, 106, 110, 112.

Detbern Hevenstrit, ecclés. au dioc. de Schleswig, notaire a.i. DD 1376 (52).

Didrik de Stagno, notaire. DD 1399 (50).

Didrik Stralendorp, notaire de la ville de Kiel. DD 1363 (399).

Eberhardus...ger, cl. au dioc. de Mayence, notaire. Rep. 1501 (II-9422).

Eggert Itzehude, notaire du duc Gerhard de Schleswig. DD 1397 (336).

Ekard Flakenborgh, clo. Au dioc. d'Odense, notaire a.p. Kbh Dipl 1494 (I-183).

Elder Aldenborg, notaire de la reine Marguerite Valdemarsdotter. DD 1377 (276) (suo/ nostri notarius); 1378 (455); Rep 1377 (I-3183); 1378 (3244).

Erik Awhonis (Ovesen), cl. au dioc. d'Odense, notaire a.i. Rep 1383 (I-

3399); DD 1383 (351). Signe de notaire p. 184

Erik Valkendorf, cl. au dioc. d'Odense, magister, notaire a.p. doyen, chancelier de Christian II, archevêque à Trondheim. Rep 1494 (II-7708); 1497 (8360); 1499 (8965); 1501 (9512); 1503 (9967); 1505 (10384, 10403); 1510 (11701); 1511 (11723). DBL, William Christensen, Dansk Statsforvaltning, p. 105 note 1.

Erkemboldus, cl. et notaire à Brême. DD 1315 (304).

Eudo, notaire a.i. DD 1313 (3).

Eustacius, notaire du prince Hnerik Burwin de Mecklembourg. DD 1225 (47).

Philippus vor deme Broke, cl. au dioc. de Cologne, notaire a.i. Rep 1485 (II-5731).

Franciscus, protonotaire du pape. DD 1400 (413).

...Frankenberg, ecclés. au dioc. de Mayence, notaire a.p.-i. DD 1380 (56).

Frederik (Fredericus), notaire de Valdemar Ier le Grand, notaire a.i. DD 1158 –62 (131).

Frederik Körnicke de Wismar, notaire a.i. DD 327 (382).

Frederik Rubow, notaire et juge (Lübeck?) DD 1385 (554).

Gabriel, notaire de Canute VI. DD 1196 (215, 216); 1202 (no 331) peut être le même.

Gebhard vom Berge (Gheuardus de Monte), bourgeois à Hambourg, notaire a.i. DD 1386 (58) = Rep (I-3520).

Georgius Wohlghemoth, cl. au dioc. de Schwerin, notaire a.p.-i. Rep 1504 (II-10140).

Gerardo de Merve, notaire au dioc. de Selonensis(?).Rep 1409 (I-5037).

Gerekinus Diegn, notaire à Ringsted. Rep 1434 (I-6704).

Gerhard Klerck, cl. au de Munster, notaire a.p. DD 1363 (364); Rep 1363 (I-2701 copie XVe siècle); 1469 (II –2635 copie); 1507 (II-10745).

Gerhard Rademyn, notaire à Lübeck. DD 1364 (92).

Ghevehard de Monte, bourgeois à Hambourg, notaire a.i. DD 1386 (30) = Rep (I-3520).

Giovanni dit *Ricco de Guartino*, notarius a.p. DD 1274 (232).

Gobelinus Marten, cl. au dioc. de Cologne, notaire a.p.-i. Rep 1413 (I-5287).

Godehardus Asseborgh, cl. au dioc. de Havelsberg, notaire a.i. Rep 1463 (II-4726).

Gotscalcus Bodemeyer, notaire. Rep 1463 (II-1643).

Gratianus, sous-diacre et notaire de l'Église romaine. DD 1170 (11).

Guido, chapelain et notaire du pape. DD 1224 (8).

Guilhelmus Blanchi de le puy, notaire a.p. DD 1332 (363); 1334 (152).

Guillaume des Plantes, notaire au Parlement de Paris. DD 1387 (186).

Guillelmus de Bordis, notaire du pape. DD 1350 (276).

Hadrian, notaire à Palerme. DD I-3 (p. 304) lettres de l'abbé Vilhelm.

Hartvig, notaire du conseil à Rostock. DD 1375 (501); (13)75 (549); 1376 (47).

Hartvig Küterbrügge, notaire de l'écuyer Reinhold v. Goldbek. DD 1366 (357).

Hartwicus van deme Haerthe, cl. au dioc. de Ratzeburg, notaire a.p.-i. Rep 1493 (II-7430).

Helmold Aluerdingk, cl. au dioc. de Verden, notaire a.p.-i., secrétaire et chancelier du comte Frédéric au château de Gottorp. Rep 1493 (II-7466); 1495 (II-7817); 1500(9165).

Hennick Saxen (Saksen), chanoine à Ribe, chef de Puggård, notaire (1491) a.p.-i., scribe au chapitre de Ribe. Rep 1471 (II-2961); 1474 (3420); 1475 (3610); 1489 (6566); 1491 (6989, 7016); 1492 (7170a); 1493 (7416, Henrik); 1499 (
8729, 8923); 1500 (9050); sans date (12997).

Henrik, Henricus, Hinricus, Heinricus

Henrik, notaire de Wismar. DD 1376 (47, 51).

Henricus Braedbek, cl. au dioc. de Cologne, notaire a.p. Rep 403 (I-4614).

Hinricus Crogh, notaire a.i. Rep 1455 (II-447) dans les archives de l'évêque de Schleswig.

Henrik Detmestorp, notaire du chevalier Jakob Splitaf. DD 1361 (5).

Henricus Eybe, cl. au dioc. de Brême, notaire a.i. Rep 1428 (I-6362).

Henrik Gotskalk, notaire à Næstved. Rep 1441 (I-7153).

Henricus Hermanni, cl. au dioc. de Schleswig, notaire a.i. Rep 1456 (II-612).

Hinricus Hestebergh, cl. au dioc. de Myndessche, « von keyserlicher Gewalt apembaer scriuer offte notarius ». Rep 1505 (II-10373-10375).

Hinricus Houell, cl. à Hildesheim, notaire a.i. Rep 1508 (II-11142).

Henrik Laurencii, notaire. DD 1354 (100).

Hinricus Mindenk, cl. à Lübeck, notaire, official au dioc. de Schleswig. Rep 1483 (II-5219, 5238); 1499 (8782).

Hinricus Romer, cl. au dioc. de Kammin, notaire a.i. DD 1397 /345) (le traité d'union); Rep 1423 (I-6051). Signe de notaire p. 190

Heinricus Snydewint, cl. au dioc. de Mayence, notaire a.p.-i. Rep 1508 (II-11122).

Hinricus de Stoue, cl. au dioc. de Ratzeburg, notaire a.i. rep 1411 (I-5180); 1412 (5201).

Henrik Vrisak, ecclés. au dioc. de Havelberg, notaire a.p.-i. DD 1386 (121); 1387 (233, 234, 257); 1390 (272) (chanoine à Uppsala). Signe de notaire p. 186

Henrik Vogt, curé à Saltum, dioc. de Børglum, chanoine à Hambourg, protonotaire de Valdemar IV Atterdag. DD 1349 (150); 1349 (166).

Hinricus Wesken, cl. au dioc. de Brême, notaire a.i. Rep 1501 (II-9422).

Henrik Wittstock notaire à Rostock. DD 1365 (317); 1366 (462) (sans nom).

Hermannus, notaire chez le comte de Schwerin. DD 1217 (124).

Hugo, notaire de la Sainte Église romaine. DD 1184 (117).

Håkon, notaire norvégien. DD 1346 (301).

Ivar, doyen, protonotaire. DD 1216 (73) (+note 5); 1220 (168) (chapelain royal); 1220 (175) (doyen dans l'île de Falster); 1224-1225 (11) (évêque Ivar).

Jacobus, Jacob, Jakob

Jakob, magister, notaire chez l'évêque Herman de Schwerin. DD 1289 (359).

Jacobus Blodow, cl. au ioc. de Worms, notaire a.i. Rep 1426 (6276).

Jacobus Brictii, cl. au dioc. de schleswig, notaire a.p. Rep 1507 (10850).

Jacobus de Eusebio de Bugella, notaire au dioc. de Vercelli, a.p.-i. DD 1332 (363) = Rep (I-1629); 1333 (2, 16, 24, 25, 26, 29, 30); 1334 (152).

Jakob Honwter, curé au dioc. de Schwerin, notaire a.i. DD 1383 (316) = rep (I-3381).

Jakob Jensen (Jacobus Johannis), ecclés. au dioc de Roskilde, notaire a.i.. DD 1387 (249). Signe de notaire p. 187. Kbh Dipl 1387 (I-87, cf. 79).

Jakob Knudsen (jacobus Kanuti), ecclés. au dioc. de Roskilde, notaire a.i. DD 1387 (249). Signe de notaire p 187.

Jakob Olufsen, ecclés. au dioc. d'Odense, notaire a.i. DD 1377 (214).

Jacobus Pingimga(?), cl. à Valence ou Valencia, notaire a.p. à la curie et à la chambre pontificale. Rep 1495 (II-7935).

Jacobus Tetens (Tetensen), cl. au dioc. de Schleswig, notaire a.i. Rep 1470 (II-2818); 1504 (10079); 1508 (11002).

Jaspar Krog, cl. au dioc. de Schleswig, notaire a.i. Rep 1461 (II-1322).

Jochim Koster, notaire a.i. (« von keiserlicher macht offner notarius »).

Joffridus Cellarii, prêtre à Toul et notaire. DD 1353 (42).

Johannes, Johan, Jens

Jens (Johannes), notaire de l'archevêque Absalon. DD 1180 (90); 1202-11 (52).

Jens (Johannes), doyen dans l'île de Falster, notaire d'Éric V Glipping. DD 1271 (167, 169); 1271 (212).

Johannes, chapelain et notaire chez l'évêque Konrad de Ratzeburg. DD 1289 (359).

Johannes, magister, notaire de Stettin. DD 1363 (309); 1364 (92).

Johannes Arndes, cl. au dioc. Schleswig, notaire a.i. et secrétaire à Lübeck. Rep 1470 (II-2710; 1479 (4486).

Johan Bader (d'Aarhus?), notaire et ecclés.. DD 1360 (336).

Johannes Bartholome, cl. au dioc. de Roskilde, notaire a.i. Kbh Dipl 1482 (I-173); Rep 1484 (II 5548); 1487 (6071); 1499 (8932).

Johannes Becwestes(Berwenstein), notaire de la nonce pontificale a.p.-i. Rep 1451 (II-55, 92-Køge).

Johannes Boukius, notaire. Rep 1436 (I-6849).

Johannes Brakel, cl. lübeckois, notaire. Rep 1481 (II-4936).

Johannes Casselman, (Schleswig), notaire a.i. Rep 1491 (II-6934).

Johan Cletzeken voir *Kletzeke*

Johannes Coci(Caci), notarius ad hoc, cl. au dioc. de Mayence a.i. Rep 1467 (II-2334); 1469 (2625, 2626); 1474 (3419); 1489 (6602).

Johannes Cordes, cl. au dioc. de Havelberg, notaire a.i. (uth keyserlike macht). Rep 1495 (II-7913), William Christensen, Dansk Statsforvaltning, p.105, 111.

Johannes Coustelli, ecclés. au dioc. de Reims, notaire a.i. et apostolique. DD 1384 (491, 498, 504).

Johannes Dampe, cl., notaire. Rep 1499 (II-8783).

Johannes Desider…, scribe et notaire du pape. Rep sans date (II-12966).

Johannes Domenici alis *Gamereti*, cl. au dioc. de Metz, notaire a.p.-i. Rep 1501 (I-9422).

Johannes Forinbergh, cl., notaire. Rep 1439 (I-7009).

Johannes Frost, cl. au dioc. d'Odense,

notaire a.i. Kbh Dipl 1453 (I-136); Rep 1453 (II-277).

Johannes Grevensteen, cl. au dioc. de Schleswig, notaire. Rep 1512 (II-12297).

Johannes Grundt, cl. au dioc. d'Osnabrück, notaire a.i. Rep 1436 (I-6849); 1484 (II-5380).

Johannes Gruter, cl. à Cologne, notaire. Rep 1403 (I-4614).

Johan Herdegen, ecclés. au dioc. de Mayence, notaire. DD 1384 (505).

Johannes Hertenbecker, cl. à Schleswig, notaire a.p.-i. Rep 1499 (II-8965).

Johannes Henrici de Mölln, notaire a.i. DD 1314 (172, 176, 196).

Johannes Humborg (Humborch), cl. à Lübeck, notaire a.i. Rep 1493 (II-7430); 1512 (12281).

Johannes d'Interamma, notaire du pape. DD 1302 (177).

Jens Jakobsen (Johannes Jacobi), cl. au dioc. de Ribe, notaire a.i. DD 1386 (23) = Rep (I-3516).

Johan Kletzeke/Cletzeken, ecclés. au dioc. de Havelberg, notaire a.i. DD 1377 (177); 1378 (398); 1400 (286).

Johan Konlyn, ecclés. au dioc. de Schwerin, notaire a.i. DD 1382 (290) = Rep (I- 3375). Signe de notaire p. 183.

Johannes Kyndigh, cl. au dioc. de Schleswig, notaire a.i. Rep 1426 (I-6278, 6280) où le notaire attire l'attention sur fautes et ratures; 1428 (6359). Signe de notaire p. 191.

Johannes Laurentii, cl. au dioc. de Roskilde, notaire a.p. Kbh Dipl 1497 (I-187).

Johannes Lebrade, cl. à Lübeck a.p.-i. Rep 1493 (II-7430).

Johannes Leyenholt, notaire. Rep 1504 (II-10139).

Johannes dit *Lodensnider du dioc. de*

Tournai, notaire (autorisation de la ville de Rome et de l'empereur). Rep 1433 (I-6628).

Johannes Lupi, cl. au dioc. de Lübeck, notaire a.i. Rep 1491 (II-6879).

Johannes de Lünebourg (l'évêque de Verdun?), notaire a.i. DD 1315 (240, 242, 255); 1318 (1). Cf. Johannes de Verden.

Johan Martinsen, cl. à Lübeck, notaire a.p.-i. DD 1329 (122).

Johannes Moch, cl. au dioc. de Brandenburg, notaire a.i. Kbh Dipl 1441 (II-58).

Johan de Mundere, cahpelain et notaire du comte Adolf. DD 1311 (356).

Johan Möller de Schwerin, notaire. DD 1394 (210).

Johannes Naghel, notaire de l'évêque de Schleswig. Rep 1451 (II-1).

Jens Nielsen (Johannes Nicholai), cl. de Lund, notaire a.p. DD 1332 (363) = Rep (I-1629); 1333 (2, 35, 36); 1334 (152).

Jens Pedersen, cl. à Lund, notaire a.i. DD 1337 (26).

Johannes ponnick, cl. à Lübeck, notaire a.p.-i. Rep 1509 (II-11362).

Johan Reventlow de Tielenburg, ecclés. au dioc. d'Odense, notaire. DD 1384 (479).

Johannes dit *Riccus de Guartino*, notaire a.p. DD 1274 (232). Signe de notaire p. 182.

Johan Røtger, cl. à Osnabrück, notaire a.i. DD 1344 (72).

Johannes de Sal, doyen à Stege, protonotaire et chapelain de Vizlav II de Rügen. DD 1296 (210, 211).

Johannes Schniczlein de Weyssenburg, cl. au dioc. de'Eichstädt, notaire a.i. Rep 1452 (II-151) (autorisé à nommer notaires).

Johannes Schroder, cl. au dioc. de

Brême, notaire a.i. Rep 1507 (II-10800). Signe de notaire p. 192.

Johan Sehusen, notaire (Brême?) a.i.

Johannes Servati, notaire à la cour pontificale (?). DD 1312 (414).

Johannes Slouetzencis de Sternebergh, cl. au dioc. de Schwerin, notaire a.i. DD 1377 (177); Rep 1409 (I-5037). Signe de notaire p. 188.

Johan Speckhals, notaire du comte de Gerhard III. DD 1326 (268).

Johan Stureman/Sturman, notaire de Szczecin. DD 1366 (464); 1367 (46); 1369 (354); 1371 (48).

Johannes Unna, Cotman de Unna, cl. au dioc. de Cologne, notaire a.p.-i. Rep 1508 (II-10948, 11122).

Johannes uten Eylswerd, cl. au dioc. de Trajectensis, notaire. Rep 1403 (I-4614).

Johannes de Verden, notaire. DD 1314 (157). Cf. Johannes de Lüne burg.

Jens Verningsøn Vicecomitis, cl. au dioc. de Münster, notaire a.p. et scribe pontifical. Rep 1491 (II-6879).

Johannes Volquini, notaire et scribe pontifical, cl. au dioc. de Rhomensis. Rep 1491 (II-6879).

Johan Vritze/Fritze, notaire à Lübeck. DD 1367 (46, 47); 1368 (124 dans mission dipl.).

Johan v. Wanzel, notaire à Lübeck, DD 1365 (317); 1366 (462) (sans nom).

Johannes Wonstorpp, protonotarius (Lübeck). Rep 1470 (II-2710).

Johannes Wulf, cl. au dioc. de Brême, notaire a.p. Rep 1508 (II-11002).

Johan Wunstorp, notaire de Hambourg. DD 1363 (335, 363, 382); 1365 (317); 1366 (464, 465) « le scribe de H. » (en mission diplom.); 1367 (37).

Jon Degn, greffier de la ville de Næstved, DD 1400 (447).

Jordanus, magister, notaire de la Sainte Église romaine. DD 1257 (234).

Ka., notaire du comte Abel (Karolus?). DD 1245 (160).

Keld Nicolai, cl. au dioc. de Schleswig, notaire a.i. Rep (1493 (II-7430); 1509 (11229); 1512 (12260, 12281).

Kjeld Jensen de Slagelse, notaire a.p. DD 1299 (47, 67, 72, 73, 75, 76).

Knud, notaire de l'évêque de Roskilde. DD 1350 (285), Erslev, Testamenter, p. 102.

Konrad Frederiksøn, notaire. Rep 1391 (I-3837a).

Konrad Frederiksen, cl. au dioc. de Mayence, notaire a.i. Rep 1446 (I-7648).

Konrad Römer, « maître », cl. et scribe, émis par Rostock et Wismar (notaire?). DD 1395 (333).

Konrad von Mylen, du dioc. Frauenburg, notaire a.i. DD 134() (283).

Konrad Steynnebruch, cl. au dioc. d'Ermland, notaire. DD 1387 (196).

Kristian Dorneborch, notaire à Lübeck. DD 1396 (132).

Lage Urne, cl. au dioc. d'Odense, notaire a.i. Kbh Dipl 1496 (I-184).

Lambert Hermansen, ecclés. au dioc. à Roskilde, noraire a.i. DD 1377 (216).

Laurencius Remensnider, cl. au dioc. de Linköping, notaire a.i. Rep 1495 (II-7913).

Lave Pedersen, greffier de la ville de Roskilde. Rep 1499 (I-7858).

Likvid Kätilbernsson, notaire à Linköping. DD 1351 (458).

Ludolf Yrkeslene, cl. au dioc. de Magdeburg et notaire. DD 1364 (133).

Mads, (ecclés. d'Odense?), notaire a.i. DD 1348 (64).

Mads Pedersen, chanoine à Lund, chapelain et notaire de l'archevêque. DD 1346 (28o); 1353 (17-?), Erslev, Testamenter, p. 90.

Magnus Olai, electus, cl. au dioc. d'Uppsala, notaire a.i. Rep 1463 (II-1616 orig. Au chapitre de Schleswig); 1469 (2625, 2626).

Markvard, Marquardus

Marquardus, magister, notaire. DD 1223 (217).

Markvard d'Aarhus, notaire a.i. DD 1320 ou 1323 (279).

Marquard Bass, cl. au dioc. de Brême, notaire a.i. Rep 1442 (I-7240).

Markvard Ghodelant, notaire a.i. DD 1371 (74).

Markvard de Lowenbeke, ecclés. au dioc. de Schleswig, notaire. DD 1394 (135).

Markvard Jensen –de Hedeby, ecclés. au dioc. de Schleswig, notaire a.i. DD 1373 (321); 1378 (423); 1381 163).

Markvard v. Waldehorn, ecclés. au dioc. de Brême, notaire. DD 1373 (323).

Martini de Vezzano, notaire au dioc. de Luna (la Ligurie). DD 1313 (3, 9).

Mathias Schele, cl. au dioc. de Havelberg, notaire. Rep 1512 (II-12299, 12304).

Mathias Spennick, cl. au dioc. de Schleswig, notaire a.i. Rep 1490 (LL-6701).

Mauritius Witte, magister, cl. au dioc. de Brême, notaire a.p.-i. Rep 1508 (II-10948, 11122).

Michael Petri, cl. au dioc. de Roskilde, notaire a.p.-i- Rep 1434 (I-6671).

Mikkel, cl. et notaire de l'évêque Kristian de Ribe (?). DD 1309 (199).

Mikkel Ingemarsen Degn, bailli et prêtre à Lund, notaire à Lundegaard. DD 1391 (429); 1397 (296); 1399 (81); Erslev, Testamenter, p. 181 (1408).

Mikkel Pederssøn, notaire au dioc. de Roskilde. Rep 1504 (II-10036).

Milo de Dangello, magister, notaire. DD 1383 (504).

Nicolaus, Niels

Niels, tunc notarius (lettre d'Éric IV Plovpenning). DD 1248 (272).

Niels Bekker, notaire du comte Gerhard de Schleswig. DD 1397 (336).

Niels Evertsen, chanoine à Copenhague et le notaire de la ville, notaire. DD 1387 (221).

Nicolaus Granzow, notaire de Greifswald. DD 1364 (92); 1365 (317); 1366 (396).

Nicolaus de Greifswald, notaire. DD 1363 (363).

Niels Jensen de Keldebæk, justitiarius de Valdemar IV Atterdag, notaire(?). DD 1355 (287 cf. 459).

Niels Mule (Nicolaus Mulae), notaire. DD 1394 (209) = Rep (I-3934).

Nicolaus Nicolenghus de Fraxenello, notaire (Avignon). DD 1359 (253).

Niels Pedersen, sacristain/cl. au dioc. de Roskilde, notaire a.p. – eut canonicat à Uppsala en tant que collecteur pontifical. DD 1357 (73); 1358 (154, 159); 1360 (333); 1361 (72, 73).

Nicolaus v. Rode, notaire de Stralsund. DD 1367 (67).

Nicolaus Rose de Schleswig, notaire. Rep 1339 (I-7052).

Nicolaus Ruter/Roder, notire (service diplom.). DD 1362 (227, 244, 245) notaire de Valdemar IV Atterdag; 1362 (267); 1363 (290).

Offo Ghire, cl. au dioc. de B..., notaire a.i. Rep 1370 (I-2901).

Olaus Petri, cl. au dioc. d'Odense, notaire a.i. à celui-ci. Rep 1456 (II-612, cf. 9426?).

Olaus Smedh, cl. au dioc. d'Odense, notaire a.i. Rep 1493 (II-7470).

Oluf Petri, notaire. Rep 1501 (II-9426).

Otto Hermanni, cl. au dioc. de Schleswig, notaire a.p. Rep 1493 (II-7430); 1509 (11362); 1511 (11799).

Otto Johannis alias *Foghet*, cl. au dioc. d'Odense, notaire a.i. Rep 1480 (II-4618); 1482 (5001, Otto Foghet); 1483 (5229).

Otto Sartor, notaire, dioc. de Myndensis. Rep 1469 (II-2625).

Otto Veddassen, notaire a.i. DD 1381 (166) = rep (I-3336).

Paulus Gumbrecht de Nysra, cl. au dioc. de Breslau, notaire a.p.-i. Rep 1428 (I-6359).

Paulus Henseman, notaire. Rep 1512 (II-12281).

Paulus Martini de Chotzen, notaire (Avignon). DD 1359 (253).

Paulus Oldenborch, protonotaire du conseil de Lübeck. Rep 1420 (I-5877).

Petrus, Peder, Per

Petrus de Amelia, notaire autorisé par l'Église romaine et le préfet de Rome. DD 1312 (390).

Petrus Griiss (Gris) de Slagelse, cl. au dioc. de Roskilde,, notaire a.p.-i. Rep 1493 (II-7470).

Peder Gris, greffier de la ville de Køge, Rep 1494 (II-7589, 7742).

Petrus Jacobi, Prêtre au dioc. d'Odense, notaire autorisé a.i. Rep 1456 (ii-612).

Peder Jensen (Petrus Johannis), greffier de la ville de Køge, notaire. Rep 1442 (I-7250); 1445 (7504); 1446 (7609).

Petrus Johannis, notaire (Trelleborg?). Rep 1428 (I-6367).

Petrus Johannis (Ribe?), notaire a.i. Rep 1436 (I-6841).

Petrus Judic…, notaire a.p. Rep 1504 (II-10765, 10800).

Peder Martini, cl. au dioc. d'Odense, notaire a.p. Rep 1499 (II-8879).

Per Michelssen, greffier de la ville de Roskilde. Rep 1511 (II-11845).

Peder Mortenssøn, greffier de la ville d'Odense. Rep 1461 (II-1262, 1337).

Petrus de Quercu, notaire (Bruges?). DD 1375 (487).

Petrus Schioldus, notaire à Copenhague (copie d'environ 1500). Rep 1462 (II-1451).

Petrus Scriuer, greffier de la ville de Ribe. Rep 1508 (II-11034).

Peder Unger, notaire. Rep 1472 (II 3103).

Peder de Vidå, doyen, notaire ad hoc (?-tunc). DD 1240 (46).

Rainaldus, notaire du pape. DD 1198 (240).

Rudolf de Wismar dit *Erph*, cl. de Ratzeburg, notaire a.i. DD 1320 (193, 214, 303).

Radolphus Odonis, magister, notaire. DD 1384 (504).

Reimar v.Langhede, ecclés. à Hildesheim, notaire a.i. DD 1342 (268).

Rikman v. D. Lanken, notaire de Valdemar IV Atterdag. DD 1363 (337); 1364 (73, 81, 82); 1367 (37); 1368? (132-136); Rep 1436 (I-6817 sa veuve Mme Abele Bryske, cf. Rep 1459 (II-1029); 14? (II-1846).

Rudolf v. Wykersheim, notaire de Valdemar IV. DD 1364 (50).

Sebastianus Dallichow, cl. au dioc. de Brandenburg, notaire a.i. (uth keiserlicher macht). Rep 1495 (II-7913).

Svend Martini, cl. au dioc. de Ribe, notaire a.i. Rep 1477 (II-4039).

Symon Kalen, cl. au dioc. de Münster, notaire a.p.-i. Rep sans date (II-13134).

Thomas Krull, notaire a.p.-i. Rep 1473 (II-3268).

Thomas Martini, cl. au dioc. de Roskilde, notaire a.p.-i. Rep 1483 (II-5172); 1502 (9614).

Thuco Johannis (Tyge Jensen), cl. au de Roskilde, notaire a.i. Rep 1421 (I-5901). Signe de notaire p. 189.

Timme Reymari, cl. au dioc. de Brême, notaire a.i. Rep 1454 (II-361).

Toke, notaire d'Éric III Lam. DD 1145 (91).

Toke (Tuco) Johannis, cl. au dioc. de Roskilde, notaire a.i. Kbh Dipl 1416 (I-100).

Tord, notaire de l'archevêque Anders. DD 1201 –1211 (52).

Torsten, notaire de Valdemar II le Victorieux (de regis familia). DD 1215 (57).

Torsten Nielsen, ecclés. au dioc. de Schleswig, notaire a.i. DD 1378 (398); 1388 (332).

Tranquillus de Ricmaulis (?), notaire à Rome a.p.-i. Rep 1506 (II-10636).

Troels, notaire de l'évêque Peder d'Aarhus. DD 1195 (208).

Tue Pedersen (Tuo Petri), cl. au dioc. de Lund, notaire a.i. Rep 1428 (I-6359).

Tue Svendsen, ecclés. au dioc. de Lund, notaire a.i. DD 1334-1336 (171) = Rep sans date (I-301).

Tyge Jakobsen, Tuco Jacobi, ecclés. au dioc. de Ribe, notaire a.i. Rep 1456 (II-578, 592); 1459 (977).

Tyge Johansøn, cl. au dioc. de Roskilde, notaire a.i. Rep 1421 (I-5901).

Tyge Tøgersen (Thuco Thuronis), cl. au dioc. de Lund, notaire a.i. Rep 1349 (I-2051).

Tymmo Reymari, cl. au dioc. de Br^me, notaire a.i. Rep 1437 (I-6861); 1438 (6971).

Uffe Ghir, cl. du dioc. B…, notaire a.i. DD 13(86) (no 85).

Vicko de Lancken, cl. au dioc. de Roskilde, notaire a.p. Rep 1499 (II-8888).

Vilhelm d'Alise, notaire de la Sainte Église romaine. DD 1266 (39); 1267 (87).

Villads Lauridssøn, greffier de la ville d'Aalborg. Rep 1495 II-7881); 1499 (8784, 8887); 1510 (11522).

Wilhelmus, cl. westphalien lübeckois, notaire, capiscol. Rep 1474 (II-3458); 1503 (9830).

Werenbert, notaire du comte Nicolaus Ier de Schwerin. DD 1282 (49).

Wilkinus Meyleff, cl. au dioc. de Brême, notaire a.p.-i. Rep 1470 (II-2803); 1493 (II-7466).

Zobel v.d. Horst, cl. au dioc. de Verden, notaire a.i DD 1359 (220).

Åke Nilson, Notaire à Malmø. Rep 1445 (I-7531).

Nous avons seulement conservé 5000 lettres originales du Danemark médiéval avant 1450, nous en avons 3000 copies et le double en extraits, mais il faut constater que les notaires s'y font remarquer nettement.[173] Et dire qu'ils apparaissent bien vite après le changement de foi. Il est peut-être possible de comparer le Danemark et la Bohême par rapport aux centres culturels de l'Occident et à leurs distances à ceux-ci. Les deux sont situés à la périphérie, mais la Bohême fut christianisée avant le Danemark. On peut pourtant constater que la culture et le savoir, amenés par l'Église, étaient établis peu après en même temps dans les deux pays, et y étaient stimulés par des ecclésiastiques surtout germaniques, étant donné que les deux pays étaient soumis aux diocèses allemands, la Bohême à Mayence, le Danemark à Hambourg.

Grâce aux savants ecclésiastiques, *magistri* et notaires, fut établie au Danemark une administration non seulement ecclésiastique, mais royale. Pour ce qu'il est du pouvoir judiciaire il y a cette différence entre les deux: le fondement de la juridiction de l'Église était partout la loi de Dieu et le droit canonique, tandis que le roi n'avait, en réalité, aucune influence ni sur les jugements basés sur les coutumes provinciales, ni sur les lois elles-mêmes; celles-ci lui donnaient seulement le droit aux amendes pour violation de la paix et de la justice qu'il devait maintenir selon l'Église.[174]

Comme il est ressorti de ce qui précède, le droit canonique et le droit romain se confirmaient et se renforçaient, de sorte à constituer un ordre juridique commun à tous les chrétiens et administré par des juges ecclésiastiques. Nos connaissances en détail de la juridiction de l'Église catholique dans le Danemark médiéval sont, comme mentionné, extrêmement limitées. Les réformateurs luthériens zélés n'avaient aucun intérêt à conserver les archives de l'Église; alors elles ne le furent pas. Mais une chose est certaine: le *ius commune* était le droit en vigueur au Danemark jusqu'à la Réformation à un niveau supérieur aux coutumes provinciales et au droit coutumier local sur lequel celles-ci se basaient.

On a beaucoup discuté la question de savoir s'il était question d'une « réception » du droit romano-canonique, et la plupart y ont répondu non, en disant pourquoi: « le Danemark ne fut jamais une province romaine et jamais une partie du Saint-Empire romain (germanique) ». L'Allemagne était, pendant la formation judiciaire, un empire divisé qui avait besoin de l'unité de droit, et il était possible d'établir celle-ci par la réception du droit romain.

173. Cf. schéma dans Rep 1ère colonne IV, p. 3.
174. Cf. *Middelalderens Danmark, Kultur og samfund fra trosskifte til reformation*. Rédigé par P. Ingesman, V. Kjær, P. K. Madsen, J. Vellev, Copenhague 1999, pp. 52-63: « Med lov skal land bygges », Ole Fenger.

On a regardé la situation au Danemark d'une tout autre manière: étant donné que nous n'avions jamais été une partie du Saint Empire romain, l'idée que le droit romain fût le droit en vigueur en ce pays, était inimaginable. En dépit de l'existence des lois de Scanie, de Seeland et du Jutland, le particularisme n'était pas si grand, et ce qui restait de celui-ci était susceptible d'être retiré par la législation. Ainsi écrit encore l'historien du droit danois prédominant au XXᵉ siècle, Paul Johs. Jørgensen.[175]

Plusieurs chercheurs du XXᵉ siècle s'étonnaient que presque personne, dans les temps modernes, n'ait étudié le rôle des droits romain et canonique dans le Moyen Âge danois. On l'a expliqué en disant que le Danemark, depuis la Réformation en 1536, est un pays protestant sans tradition pour étudier le droit canonique.[176] C'est sans doute correct, mais il faut ajouter que Kolderup-Rosenvinge, avec ses « remarques » datant de 1849 sur l'emploi du droit canonique au Danemark, établit une base solide pour étudier le sujet de près. Il mourut l'année suivante, et bien que J. E. Larsen, dans ses cours sur l'histoire du droit danois, tenus dans les années 1853-1855, soutînt Rosenvinge et soulignât l'importance du droit romain, il ne fait aucun doute que la défaite du Danemark en 1864 dans la guerre des Duchés mit fin à toute étude de l'importance du droit germano-romain et par là même canonique pour le droit danois.[177] Le classement du droit canonique fait par Henning Matzen, ainsi que sa conception de l'importance des notaires, ou plutôt du manque de celle-ci, a déjà été mentionné.

La situation au Danemark a été plus étudié que celle des autres pays, bien que le titre soit « Notaire dans le Moyen Âge latin », mais vu qu'il n'existe pas d'ouvrages comparatifs sur la fonction notariale, il faut donner un exposé détaillé de la situation danoise pour la mettre en relief. On pourrait dire la même chose à propos de la situation dans les autres pays nordiques, mais la dimension d'une telle tâche rend impossible un traitement ici, et c'est pourquoi il y a seulement une référence à Kulturhistorisk Leksikon for nordisk Middelalder sous le mot-rubrique « Notar ».

175. *Dansk Retshistorie*, pp. 139-140.
176. Cf. Per Ingesman dans *Nordic Perspectives on Medieval Canon Law* (éd. Mia Korpiola) Saarijärvi 1999 p. 65.
177. J.E. Larsen. *Samlede Skrifter* I. 1, Copenhague 1861, p. 281 et p. 538 suiv. Cf. aussi Ole Fenger, *Romerret i Norden*, Berlingske Leksikon Bibliotek, no 119, Copenhague 1977, pp. 33-49.
178. Cf. ci-dessus p. 141 suiv., et d'ailleurs, dans ce rapport Ole Fenger, *Romerret i Norden*, Berlingske Leksikon Bibliotek, no 119, Copenhague 1977.

Commun aux pays nordiques était l'effet de la Réformation: le droit canonique perdit son autorité et sa validité formelle. L'historien danois de l'histoire de l'Église, Per Ingesman, s'est demandé, comme indiqué, s'il est possible de parler d'une culture du droit canonique dans la dernière partie du Moyen Âge au Danemark, et il a osé répondre que, ici également, l'on peut parler de l'influence du développement culturel en général dans l'Europe de la Renaissance.[178] L'exposé d'Ingesman repose sur le nombre de grades universitaires, de livres et de manuscrits sur le droit canonique, le nombre de Danois ayant étudié le droit canonique aux universités, et les rares traités conservés écrits par des Danois sur le sujet; mais cela ne lui a pas donné la possibilité d'arriver à une conclusion si univoque que celle qu'en a dégagé son collègue Brian Firme de la situation en Angleterre dans la dernière partie du Moyen Âge. Mais on prend pied si l'on prend aussi en considération l'activité des notaires au Danemark. Dans les sources conservées il y a tant de traces nettes du rôle que jouaient les notaires ecclésiastiques qu'il est justifié de parler d'une ressemblance évidente avec le modèle commun en Europe au Moyen Âge.

La juridiction de l'Église, basée sur le droit canonique, était partout le champ d'action naturel des notaires. Les réformateurs luthériens désiraient éliminer cette base, mais il n'est pas possible, tout simplement, déliminer les résultats, l'influence et la pratique judiciaire canoniques pendant des siècles. D'importants principes du droit canonique survivaient surtout dans le ressort du droit de procédure. Mais dans d'autres ressorts, appartenant auparavent à la juridiction de l'Église, règnait la confusion, ainsi dans le domaine du droit matrimonial où fut alors permis le divorce, mais dans quels cas? Les tribunaux différents avaient des pratiques différentes, et ce ne fut qu'en 1582 qu'on donna la loi dans ce domaine. Quand il s'agissait de matières spirituelles, par ex. relatives au délit d'adultère, les juges se trouvaient dans un domaine non-régulé où, pourtant, il fallait prononcer des jugements. Un exemple: la cour de justice royale condamna un homme à mort pour adultère, le 15 avril 1537 à Aalborg, et la femme à être mise dans un sac pour être noyée. Les juges invoquaient « la loi impériale », relative à l'arrêt de mort de la femme, c'est-à-dire le droit impérial germano-romain, l'expression d'un droit commun européen.[179]

179. *Danske Domme 1375-1662. De private domssamlinger*. Erik Reitzel-Nielsen, assisté par Ole Fenger, vol. 1, no 78.

Dans les pays scandinaves on a parlé de la réception du droit romain à propos de la Suède, mais surtout concernant le temps après la Réformation.[180] Les juristes sont depuis longtemps conscients de l'influence du droit romain en Norvège, tandis qu'au Danemark on s'est plutôt efforcé d'expliquer pourquoi il n'y était pas question de la réception d'un droit étranger.[181]

Le Danemark faisait, au Moyen Âge, partie intégrante culturellement de l'Europe, surtout grâce à l'Église catholique romaine. La Réformation modifia cet état de fait, certainement pour des raisons politiques plus que religieuses. Avec la confiscation des biens et des biens-fonds de l'Église, des églises, des couvents et d'autres institutions sociales, le pouvoir royal était renforcé devant la noblesse, économiquement et politiquement, mais le pouvoir de la législation était le domaine du roi et du conseil du royaume. Pour le droit la Réformation était un pas en arrière, notamment dans le domaine du droit pénal où les règles canoniques et une pratique développée étaient remplacées par la décalogue maintenue à travers des peines corporelles ou capitales.

Nos connaissances, au Danemark, de la culture judiciaire médiévale sont et restent sans nuances et casuelles, étant donné que les réformateurs n'avaient pas de respect pour les archives de l'Église catholique. En prenant justement cela en considération, le grand nombre de notaires et les traces de ceux-ci indiquent qu'il faut repousser l'idée d'une distinction nette entre le droit danois et le droit »étranger ».

180. Cf. Bernhard Rehfeld, « Rezeption in Schweden », *Zeitschrift der Savigny Stiftung für Rechtsgeschichte*, Germ. Abt. 82, 1965, pp. 316-326.
181. Cf. Ole Fenger, *Romerret i Norden*, p. 12 et p.150 suiv. et Michael H. Gelting, « Jydske Lov i de europæiske feudalsamfund ». *Jydske Lov 750 år*. Viborg 1991. p. 26 suiv.

XI. Épilogue

Les notaires étaient placés en bas de l'échelle de la hiérarchie ecclésiastique, et les chercheurs de l'histoire du droit européen leur ont donné la même place dans leurs recherches, sauf en ce qui concerne la situation en Italie du Nord et dans le Midi de la France. Cela est étonnant, car les traces de l'*ars notariae* sont très nettes dans toute l'Europe où le latin était la langue commune des savants. Cela s'explique soit par le fait que les langues nationales remplaçaient le latin en tant que langue du droit, soit par le fait que l'art de lire et d'écrire n'était plus rattaché à une formation ecclésiastique. Que les notaires fussent si nombreux impliquait sans doute que leur expertise déclinait, d'où s'ensuivait un affaiblissement de l'estime qu'on avait pour eux, de sorte que les notaires, par rapport aux juges et aux avocats, étaient considérés comme des juristes de second ordre, qui, de l'avis de tous, s'accrochaient à leurs formules consacrées, dont la signification d'origine semble être tombée dans l'oubli dans les temps modernes.

Ce dont s'occupaient les historiens de droit, notamment allemands, c'était de la réception du droit romain, ses avantages et ses désavantages, et les notaires disparaissaient dans cet ordre d'idées. Il y a un nombre interminable de traités relatifs à la réception, les conclusions de ceux-ci vont de « l'événement le plus merveilleux de la vie spirituelle d'un peuple »[1] au diamétralement opposé, ce qui amena Hitler à exiger, dans son programme de parti, que le droit romain soit remplacé par un droit commun allemand.[2]

Après la Deuxième Guerre mondiale l'on a continué à écrire beaucoup d'études sur la réception.[3] Mais l'approche à celle-ci a pourtant changé, surtout parce que certains ont mis en question la notion même de réception, qualifiée de peu claire. Ainsi par l'historien de droit estimé, Franz Wieacker (1908-1994), qui a souligné que la réception n'est pas avant tout l'emploi de

1. A. Stölzel: *Die Entwicklung des gelehrten Richterthums in den deutschen Territorien*, vol. 1, Stuttgart 1872 (Neudruck 1964), p. 1.
2. Art. 19 dans Programm der NSDAP, Walter Hofer, *Der Nationalsozialismus*. Dokumente 1933-1945, Frankfurt am Main 1957 et plus tard, p. 29.
3. Cf. HRG s.v. Rezeption fremder Rechte (D. Giesen).

normes et de doctrines, mais c'est une « scientification » de la vie juridique.[4] Wieacker parle du déroulement en tant qu'assimilation, « acculturation » ou « intégration culturelle de nature très compliquée et variable » qui avait des conséquences pour la juridiction, l'emploi du droit et l'entier sentiment de la justice, non seulement pour l'empire germanique, mais pour la conception du droit et des idées qu'avait le Moyen Âge européen.

Car la « réception » dont on continue à parler était un phénomène inter-européen. Le même processus se déroulait non seulement en Allemagne, mais en Italie, en Espagne, au Portugal, en France, aux Pays-Bas, en Pologne, en Hongrie et en Écosse.[5]

Franz Wieacker souligne que l'imitation au Moyen Âge des documents notariaux italiens avait pour conséquence qu'on se modelait sur l'ordre juridique indiqué par ceux-ci, car l'instrumentalisation des documents fournissait la base de la compétence procédurale des tribunaux ecclésiastiques. Et il y est question, tout simplement, du droit romain, aussi avant l'existence d'un notariat laïc. La grande propagation de formulaires à partir du XIIIe siècle est un signe incontestable qu'on en avait déjà un besoin commun et qu'on était persuadé de la validité de l'ordre juridique présumé dans les documents. Dans cet ordre d'idée Wieacker cite-t-il les renonciations, les nombreuses renonciations à l'emploi du droit privé romain, qui sont pour lui particulièrement significatives. Elles sont par conséquent, en tant que symptômes de l'infiltration du droit romain, devenues intéressantes maintenant, surtout en rapport avec la réception ancienne en Allemagne.[6] Wieacker réfère à l'emploi de la science médicale d'isotopes pour éclairer l'effet qu'ont les médicaments sur le corps: les clauses de renonciations anciennes et très répandues sont dans le procès ancien de la réception des indices de l'infiltration du droit romain. On a du mal à dire si cela indique que le droit romain était considéré par la conscience publique comme une part vitale du droit en vigueur. Si c'est le cas, cela présuppose que les parties de la convention étaient d'accord pour renoncer à une règle du droit romain, parce qu'elles confirmaient, consciemment et concrètement, sa validité devant le tribunal pertinant. Mais l'inertie humaine et le penchant de l'homme pour l'habituel sont susceptibles, selon Wieacker, d'y jouer un rôle. Et Wieacker de continuer: les clauses de renonciations prouvent avec certitude que le texte du document est rédigé par un juriste qui avait pris en considération la possibilité que le droit romain était le

---

4. F. Wieacker: *Privatrechtsgeschichte der Neuzeit*, 2e éd., Göttingen 1967, p. 132.
5. Cf. P. Koschaker: *Europa und das römische Recht*, München u. Berlin 1947, 1958, p. 3.
6. F. Wieacker, *Privatrechtsgeschichte*, cf. note 4, pp. 120-121.

droit valable, et que le contrat serait jugé selon celui-ci, s'il était porté devant un tribunal laïc ou ecclésiastique. Mais cela ne veut pas nécessairement dire que les parties du contrat avaient la même conception du droit. Reste donc la question de savoir si le fonctionnaire ecclésiastique ou le notaire qui, concrètement, utilise cette formule, le fait par routine ou d'après une estimation juridique. Après les examens de Winfried Trusen des renonciations et les exemples cités au-dessus de plusieurs renonciations dans un même document dans les lettres danoises, on peut y répondre que rien ne porte à croire à une répétition automatique de ces renonciations. Le notaire connnaissant le droit romain jugeait de document en document, de *causa* à *causa* derrière les promesses.

La période traitée ici va de l'Antiquité à la Réformation, mais il faut ajouter que l'histoire des notaires embrasse aussi le temps présent. Des notaires commis s'occupent, dans beaucoup de pays continentaux, de la juridiction volontaire ce qui veut dire que, à la demande des privés, ils conservent des documents, attestent l'identité et la majorité du signataire, c'est-à-dire l'authenticité de la signature, et, à la confection d'un testament, ils confirment que le signataire était en pleine possession de ses facultés mentales. Les notaires dans les pays au Sud du Danemark écrivent toujours des titres constitutifs de propriété ayant plein effet juridique, qu'ils soient avocats au pas. Au Danemark il y a aussi, selon le code de procédure (§14 et 17), un *notarius publicus* qui dresse des testaments, proteste des lettres de change et tire au sort les numéros gagnants des loteries. Mais cette fonction notariale est attribuée, comme c'est aussi le cas en Norvège et en Suède, aux fonctions de juge et est administrée par un juge suppléant. On eut à Copenhaque jusqu'à 1972 une charge particulière de *notarius publicus*.

L'histoire des notaires n'est pas complètement ininterrompue: un changement et une forte réduction de la juridiction ecclésiastique étaient le résultat de la Réformation dans les pays nordiques. Le droit canonique perdit sa validité formelle, et par là disparurent, pendant une longue période, la science et l'érudition que connaissaient à fond les notaires ecclésiastiques aussi bien que laïcs au Moyen Âge.

L'on peut constater en général que le rôle du notaire dans la culture du droit pendant la période médiévale, latine et ouest-européenne a été sous-estimé trop longtemps. En employant une expression prise de la fonction notariale, on peut souligner que leur importance est « notoire ».

Exemples de signes des notaires

Quelques exemples de signes des notaires puisés dans des documents datant du Moyen Âge accessibles aux archives de l'État danois (Rigsarkivet)

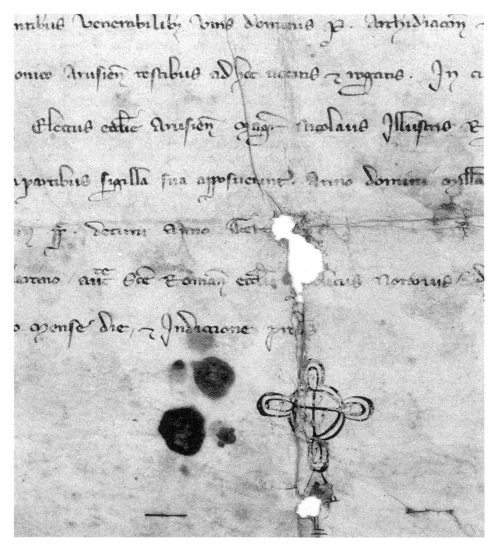

Le signe de notaire de Johannes, appelé Riccus de Guartino, dans un document du 29 mai 1274 concernant une convention arbitrale entre le monastère de Vitskoel et le chapitre de Ste Marie à Viborg dans un cas litigieux concernant une chapelle à l'île de Laesoe.

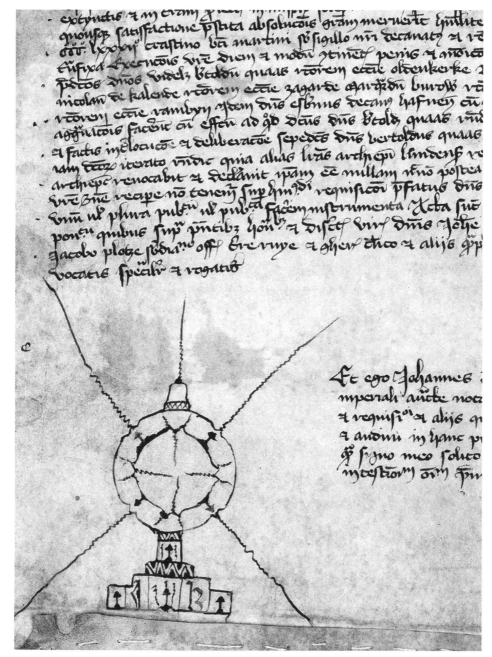

Le signe du notaire Johannes Konlyn dans un document de témoin instrumentaire du 31 décembre 1382 dressé à Stralsund disant que Esben, doyen à l'église à Copenhague, a demandé à Bertold Quartz, prêtre paroissial, ainsi qu'à quatre autres curés dans l'île de Rügen, d'exécuter un jugement sur Bertold Wusseke, mais que ceux-ci ont refusé avec référence à ce que l'archevêque de Lund a annulé le jugement.

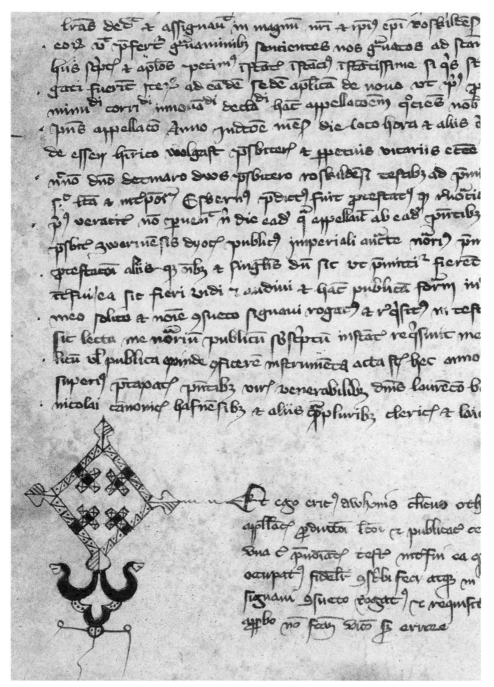

Signe de notaire d'Ericus Awhonis (Erik Ovesen) ecclésiastique au diocèse d'Odense dans un document de témoin instrumentaire fait à Copenhague le 16 mai 1383 disant que Esbern, doyen à l'église à Copenhague, a fait lire un appel à l'Église de Notre Dame du même endroit.

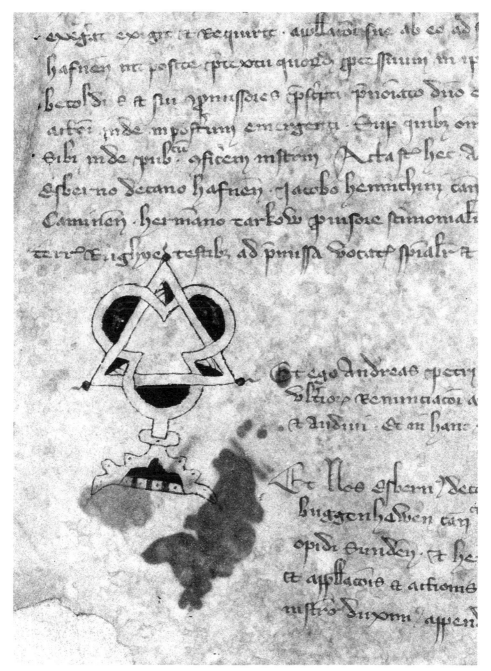

Signe de notaire d'Andreas Petri (Anders Pedersen), ecclésiastique au diocèse d'Odense dans un document de témoin instrumentaire disant que Bertold Wusseke, curé et chanoine à Roskilde, a reconnu que sa dette ainsi que celle de ses cautions envers l'évêque de Roskilde est en toute équité et justice.

Le signe du notaire Henrik Vrisak, ecclésiastique au diocèse de Havelsberg dans un document de témoin du 26 août 1387 qui atteste que la Reine Marguerite a été élue et saluée régente au thing régional de Lund.

fide bona finure obligam̄ virtute pntium̄ suas · En̄
veueren̄ m̄ xp̄o patrū et Dn̄os · viz mcholaī D
eadem gta ecctiū epos · necnon viros nobiliū Dnos
twonis galen pfecti nri in Otania · jacobi oseff et
miū apponendum · Actū et Datū Olaulosie anno Do a
ttinuam̄ · Et nos haquin9 Dei gta Ouetie et norwegi
pro firma ad implēre et miuiolabili obsuatōe pmissos
rege pscpto sub fide nra bona pmittim9 et fidelū
srīe apponentes · ꝓost quas stas publicatōes et scoen
tia requisun̄ vt illas srās ē sub publica mann̄ fide
et loco supradc̄o · pmtibz honorabilibz viris Dmo j
hemmai et pgero pbr canonici ecē roskilden tests

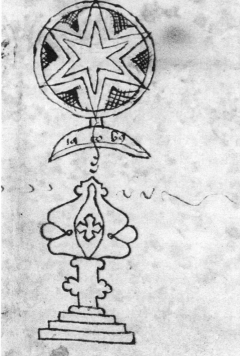

et ego jacobus iohanne
pdicten publicatōr et vr
bna cū pnotatis testi
forma redeḡ manu me
rugitatis et requisitij n

Et ego Jacobus kanuti
de bnics̄paliis pubsch̄ot
pub nritui ea q̄ sic fier
et ofueti signauij roga

Signes de notaires de Jacobus Johannis (Johannes Jensen) et Jacobus Kanuti, ecclésiastiques au diocèse de Roskilde, qui, le 5 octobre 1387, dans la sacristie à Roskilde certifient conformes la lettre du roi Oluf datant du 7 mai 1376 ainsi que l'annonce de celle-ci.

Le signe du notaire Johannes Slouetzencis de Sternebergh, ecclésiastique au diocèse de Schwerin dans un document de confirmation du 12 mai 1409 concernant des paiement de redevances seigneuriales aux ecclésiastiques dans l'île de Rügen.

Signe de notaire de Thuco Johannis (Tyge Jensen) ecclésiastique au diocèse de Roskilde dans un document qui confirme, le 17 mars 1421, la lettre du comte Adolp de Holstein de 29 février 1364.

La confirmation le 22 septembre 1423 de Hinricus Romer, ecclésiastique au diocèse de Kamin,
d'une lettre faite le 23 juin 1340 par les comtes du Holstein dans laquelle ils transmettent leur
droit de gage au nord du Jutland pour 42000 marks d'argent sur nantissement au Schleswig au
duc Valdemar III du Schleswig, de même la confirmation d'une lettre du 24 juin 1374 dans la-
quelle le duc Henrik du Schleswig transmet le droit de retrait au château fort de Gottorp.

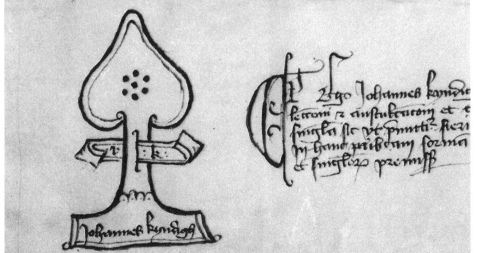

Le signe de Johannes Kyndigh, ecclésiastique au diocèse du Schleswig dans un document de transsumpt (copie confirmée) du 17 novembre 1426, fait au château de Kalundborg, dans la lettre du 1er janvier 1423 du duc Rumpold du Schleswig concernant la conciliation dans le conflit entre le Danemark et le Holstein.

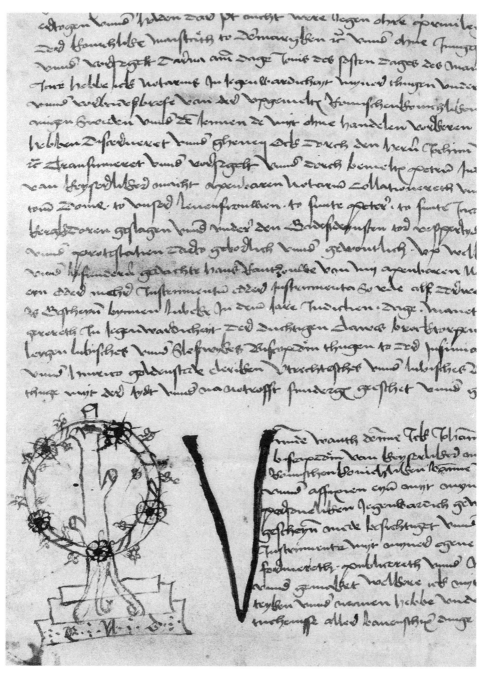

Signe de notaire de Johannes Schroder, ecclésiastique à Bremen, dans un document du 6 mai 1507 qui confirme l'excommunication par le roi germano-romain Maximilien – d'après la demande du roi Hans – de la ville de Lübeck pour commerce avec les Suédois soulevés contre ce roi danois.

Bibliographie

Andersen, Ernst, *Træk af Juraens Udvikling*, Bd. I-II. København 1970-73.

Andersen, Niels Knud, « Kanonisk Rets Indflydelse paa Jydske Lov ». *Med Lov skal Land bygges*. Réd. E. Reitzel-Nielsen. København 1941, p. 84-120.

Anners, Erik, *Den europeiske rettens historie*. Oslo 1983, 1988.

Aubenas, Roger, *Étude sur le Notariat provençal au Moyen-âge et sous l'ancien régime*. Aix-en-Provence 1931.

Battl, H., *Einflüsse des römischen Rechts in Österreich*. IRMAE, Pars V-7-9, 1962.

Becker, Hans-Jürgen, « Das kanonische Recht im vorreformatorischen Zeitalter ». Voir *Recht und Verfassung* (p. 23).

v. Below, G., « Die Ursachen der Rezeption des römischen Rechts in Deutschland ». *Hist. Bibl.* Hrsg. v. d. Hist. Ztschr. XIX, 1905, p. 117.

Blatt, Franz, *Under vor Haand og Segl*. København 1943.

Bresslau: Harry Bresslau, *Handbuch der Urkundenlehre für Deutschland und Italien*, 2 Bde. Leipzig 1912-15.

Bohácek, M., *Einflüsse des römischen Rechts in Böhmen und Mähren*. IRMAE, Pars V, II, 1975.

de Broüard, A., *Manuel de Diplomatique française et pontificale. L'Acte Privé*. Paris 1948, 317 p.

Brunner, H., *Zur Rechtsgeschichte der römischen und germanischen Urkunde*, Bd. I-II. Berlin 1880.

Brutails, A., *Étude sur la condition des populations rurales en Rousillon au Moyen Âge*. Paris 1891.

van Caenegem, Raoul C., *Le droit romain en Belgique*. IRMAE, Pars V, 5 b, 1966.

Carbasse, Jean-Marie, « Le duel judiciaire dans les coutumes méridionales ». *Annales du Midi*, tome 87. Toulouse 1979, p. 385-403.

Cheney, C.R., *The Study of the Medieval Papal Chancery*. London 1966.

Cheney, C.R., *Notarius Public in England in the Thirteenth and Fourteenth Centuries*. London 1972.

Christensen, William, *Dansk Statsforvaltning i det 15. Århundrede*. København 1903, réimprimé 1974.

Classen, Peter, « Fortleben und Wandel spätrömischen Urkundenwesens im frühen Mittelalter ». *Recht und Schrift im Mittelalter*. Hrsg. v. Peter Classen. Vorträge und Forschungen, Bd. XXIII. Sigmaringen 1977, p. 13-54.

Coing, Helmut, *Römiches Recht in Deutschland*. IRMAE, Pars V, 6. 1964.

Coing Handbuch, *Handbuch der Quellen und Literatur der neueren europäischen Privatrechtsgeschichte*. 1. Bd. Mittelalter (1100-1500). Die gelehrten Rechte und die Gesetzgebung. Hrsg. v. Helmut Coing. München 1973, 911 p.

Corpus Juris Canonici. Ed. Aem. Friedberg I-II. Leipzig 1879-81.

Corpus Juris Civilis. Ed. Fratres Kriegelii, Pars I-III. Lipsiae (Leipzig) 1887.

Dahlerup, Troels, « Den gejstlige jurisdiktion i dansk middelalder ». *Fortid og Nutid*, bd. XXIII, 1967, p. 297 ff.

Dahlerup, Troels, « Om kirkens dom for gæld. Reformationen som retsreform belyst ved gældsjurisdiktionsproblemet ». *Kirkehistoriske Samlinger*, 1980, p. 105-114.

Danske Domme 1375-1662. De private domssamlinger. Par Erik Reitzel-Nielsen assisté par Ole Fenger, bd. I-VIII. København 1978-1987.

DBL: *Dansk biografisk Leksikon.* 3. udg. ved S. Cedergreen Bech. 16 bd. København 1979-1984.

DD: *Diplomatarium Danicum*, I-IV række. Édit. par Det danske Sprog- og Litteraturselskab. København 1957 et suiv. L'abréviation DD couvre aussi le parallèle en danois DRB, voir celui-ci.

DgK: *Danmarks gamle Købstadlovgivning.* Èdit. par Erik Kroman. Bind I-V. København 1951-61.

DRB: *Danmarks Riges Breve*, I-IV række. Édit. par Det danske Sprog- og Litteraturselskab. København 1957 og ff.

Erslev: Testamenter: Kr. Erslev, *Testamenter fra Danmarks Middelalder indtil 1450.* København 1901.

Evald, Jens, *Retskilderne og den juridiske metode.* København 1997.

Feine, Hans Erich, *Kirchliche Rechtsgeschichte*, Köln 1964.

Fenger, Ole, *Romerret i Norden.* Berlingske Leksikon Bibliotek, no 119. København 1977.

Fenger, Ole, *L'influence du droit romain dans la Scandinavie médiévale.* IRMAE, Pars V, 14, 1981.

Fenger, Ole, « Tremarksmanden ». *Festskrift til Troels Dahlerup.* Århus 1985, p. 243-256.

Fenger, Ole, « Kirker rejses alle vegne ». *Gyldendal og Politikens Danmarkshistorie.* Réd. Olaf Olsen, Bd. 4 (1050-1250). København 1989.

Fenger, Ole, « Med lov skal land bygges ». *Middelalderens Danmark. Kultur og samfund fra trosskifte til reformation.* Réd. P. Ingesman, V. Kjær, P.K. Madsen, J. Vellev. København 1999, p. 52-63.

Ferme, Brian, *Canon Law in Late Medieval England.* Rome 1996.

Flach, J., « Le Droit Romain dans les Chartes du IXe au XIe siècle ». *Mélanges Fitting*, Tome I-II. Paris 1908, (T. I p. 383-421).

Fortunet: Fortunet, Françoise, « Ars Notariae: Coutume en Actes et Alchimie du Droit ». *Memoires de la Société pour l'Histoire du Droit et des Institutions des anciens pays bourguignons comtois et romands.* Paris 1984, p. 295-314.

From, Franz, *Om oplevelsen af andres adfærd.* København 1953.

Ganz, P. (udg.), *Tironische Noten.* Göttingen 1990.

Gelting, Michael H., « Jydske Lov i de europæiske feudalsamfund ». *Jydske Lov 750 år.* Réd. af Ole Fenger og Chr. R. Jansen. Viborg 1991, p. 26-36.

Gouron, A., *La science juridique française aux XIe et XIIe siècles: Diffusion du droit Justinien et influence canonique jusqu'à Gratien.* IRMAE, Pars I, 4 d-e,1978.

Gouron, A., *La science du droit dans le Midi de la France au Moyen Age.* London 1984.

Gouron, A., « Diffusion des consulats méridionaux et expansion du droit romain aux XIIe et XIIIe siècles ». *Bibliothèque de l'École des Chartes*, CXXI. Paris 1963, p. 26-76.

Gouron, A., « Le Concours d'un droit écrit et d'un droit coutumier et l'expérience médiévale française ». *Annales Africaines*, 1962, Université de Dakar. Paris 1963, p. 203.

Gouron, André, « Les étapes de la pénétration du droit romain au XIIe siècle dans l'ancienne Septimanie ». *Annales du Midi*, Tome 69. Toulouse 1957, p. 103-120.

Hansen, Kari Helmer, « De to Frankriger. Et møte mellom det sentraleuropeiske og det mediterrane kulturområde ». *Nord Nytt* 1972 (Oslo), p. 67-76.

Herde, P., *Beiträge zum päplichen Kanzlei- und Urkundenwesen im 13. Jh.* 1967.

Hermesdorf, B.D.H., *Römisches Recht in den Niederlanden*, IRMAE, Pars V, 5 a, 1968.

IIilaire, J., « Coutumes et droit écrit: Recherche d'une limite ». *Centre d'Étude d'histoire juridique* (CNRS.ERA no 145), 1983, p. 153-175.

Hofer, Walter, *Der Nationalsocialismus. Dokumente 1933-1945.* Frankfurt am Main 1957 et plus tard.

HRG: *Handwörterbuch zur deutschen Rechtsgeschichte.* Hrsg. v. Adalbert Erler, Ekkehard Kaufmann u. Dieter Werkmüller, Bd. I-V. Berlin 1971-98.

Hübertz, J.R., *Breve og Aktstykker vedkommende Staden og Stiftet Aarhuus*, Bd. I. 1845.

« Imperium Romanum. Realitet, idé, ideal ». *Tidsskriftet Sfinx.* Réd. Otto Steen Due og Jacob Isager. Bd. I-III. Århus 1993.

Ingesman, Per, « A Canon Law Culture in Late Medieval Denmark? » Mia Korpiola (éd.) *Nordic Perspectives on Medieval Canon Law.* Saarijärvi 1999, p. 65-78.

IRMAE: *Ius Romanum Medii Aevi.* Medionali (Milano) 1961 et plus tard.

Isidori Hispalensis Episcopi Etymologiarum sive Originum. Libri XX. v. W.M. Lindsay, T. I-II. Oxonii 1911.

Jolowicz: Jolowicz, H.F. and Barry Nicholas, *Historical Introduction to the Study of Roman Law.* 3e éd. Cambridge 1972.

Jusselin, Maurice, « Notes tironiennes dans les diplômes mérovingiens ». *Bibliothèque de l'École des Chartes*, LXVIII. Paris 1907.

Jørgensen, Andreas, « Les Archives notariales danoises ». *Archivum 12*, 1962 [1965], p. 127-128.

Jørgensen, Poul Johs., « Biskop og bedste Bygdemænd ». *Tidsskrift for Rettsvitenskap*, 1944, p. 102-131.

Jørgensen, Poul Johs., *Dansk Retshistorie. Retskildernes og Forfatningsrettens Historie indtil sidste Halvdel af det 17. Aarhundrede.* 2e éd. København 1947.

Jørgensen, Stig, *4 obligationsretlige afhandlinger*. København 1965.

Jørgensen, Stig, « Jydske Lov i europæisk sammenhæng ». *Jydske Lov 750 år*. Réd. par Ole Fenger et Chr. R. Jansen. Viborg 1991, p. 18-25.

Kbh. Dipl.: *Kjøbenhavns Diplomatarium. Samling af Dokumenter, Breve og andre Kilder til Oplysning om Kjøbenhavns ældre Forhold før 1728*. Édit. par O. Nielsen. Bd. I-V. København 1872-1880.

Koechling, L., « Untersuchungen über die Anfänge des öffentlichen Notariats in Deutschland ». *Marburger Studien*. S. II, H. 1 (1925).

Kolderup-Rosenvinge, J.L.A., « Bemærkninger om den canoniske Rets Anvendelse i Danmark ». *Kirkehistoriske Samlinger*, vol. I, 1849-1852, p. 1-54.

KLNM: *Kulturhistorisk Leksikon for nordisk Middelalder*, Bd. I-XXII. København 1956-78.

Korpiola, Mia (édit.), *Nordic Perspectives on Medieval Canon Law*. Publications of Matthias Calonius Society II. Saarijärvi 1999.

Koschaker, P., *Europa und das römische Recht*. München u. Berlin 1947, 1958.

Kroman, Erik, *Skriftens Historie i Danmark*. København 1943.

Kunkel, Wolfgang, *Römische Rechtsgeschichte*. Köln 1972.

Köbler, Gerhard, « Verzicht und Renunziation ». *Zeitschrift der Savigny Stiftung für Rechtsgeschichte. Germ. Abt*. 85, 1968, p. 211-217.

Larsen, J.E., *Samlede Skrifter, 1. Afd., 1. Bind, Retshistoriske Afhandlinger og Foredrag*. Kjøbenhavn 1861.

Lassen, Jul., *Forelæsninger over romersk Privatret*. København 1904.

Luschek, F., *Notariatsurkunde und Notariat in Schlesien. Hist.-dipl. Forschungen*, Bd. 5. Weimar 1940.

LdM: *Lexikon des Mittelalters*. (Artemis Verlag). München u. Zürich, Bd. I-VIII. 1980-1997.

Lot, F. et R. Fawtier, *Histoire des institutions françaises au moyen âge*, I-II. Paris 1958.

Mayali, Laurent, *Les Magistri dans l'ancienne Septimanie au XIIe siècle*. Recueil de Mémoires et de Travaux publié par la Société d'histoire du droit et des Institutions des anciens pays de droit écrit. Fascicule X. Université de Montpellier 1979.

Matzen, Henning, *Den danske Panterets Historie*. København 1869.

Matzen, Henning, *Forelæsninger over den danske Retshistorie*, Bd. I-II. København 1893-97.

Mayer, E., *Das Mainzer Notariat von seinen Anfängern (1292) bis zur Auflösung des Kurstaates*. Mainz 1953.

Mentz, Arthur, « Die tironischen Noten. Eine Geschichte der römischen Kurzschrift ». *Archiv für Urkundenforschung*. T. XVII, 1942, p. 222-235.

Meynial, E., « Des renonciations au moyen âge et dans notre ancien droit ». *Revue Historique de Droit Français et Etranger*, 24 (1900), 25 (1901), 25 (1902), 28 (1904).

Moddermann, W., *Die Rezeption des römischen Rechts*. Übers. u. hrsg. v. K. Schulz. 1875.

Nielsen, Herluf, *Kronologi*. Viborg 1962.

Nielsen, Thøger, *Studier over ældre dansk Formueretspraksis*. København 1951 (disp.).

Oesterley, Ferdinand, « Das deutsche Notariat ». *Geschichte des Notariats*. Hannover 1842, Nachdruck Aalen 1965.

Petitjean, Jean Bart-Michel, *L'influence du droit romain en Bourgogne et en Franche-Comté*. IRMAE, Pars V, 12 b, 1977.

Plöchl, I-II: Plöchl, Willibald M., *Geschichte des Kirchenrechts*. Bd. I: Das Recht des ersten christlichen Jahrtausends. Von der Urkirche bis zum grossen Schisma. Bd. II: Das Kirchenrecht der abendländischen Christenheit 1055 bis 1517. Wien 1960-62.

Radding: Charles M. Radding, *The Origins of Medieval Jurisprudence. Pavia and Bologna 850-1150*. Yale Univ. Press, New Haven and London 1988.

Ramsay, N.L., « Scriveners and Notaries as Legal Intermediaries ». *Enterprise and Individuals in Fifteen-century England*, ed. J.I. Kermode. London 1991.

del Re, N., *La Curia Romana*. Roma 1970.

Recht und Verfassung: *Recht und Verfassung im Übergang vom Mittelalter zur Neuzeit*. I. Teil. Hrsg. v. Hartmut Boockmann u.a. Abhandlungen der Akademie der Wissenschaften in Göttingen. Phil.-hist. Klasse, 3. Folge, Nr. 228. Göttingen 1998.

Redlich, O., *Die Privaturkunden des Mittelalters. Handbuch der mittelalterlichen und neueren Geschichte* IV, Urkunden-Lehre 3. München u. Berlin 1911.

Regino af Prüm, *Libri duo de synodalibus causis et disciplinis ecclesiasticis*. Ed. Wasserschleben. Lipsiae 1840, réimpression photographique. Graz 1964.

Rehfeld, Bernhard, « Rezeption in Schweden ». *Zeitschrift der Savigny Stiftung für Rechtsgeschichte. Germ. Abt.* 82, 1965, p. 316-326.

Rioufol, Jean et Françoise Rico, *Le Notariat*. Presses Universitaires de France. La série *Que sais-je?* 1ère éd. 1979, 2e éd. 1992.

Samling af danske Kongers Haandfæstninger og andre lignende Acter. Af Geheimearchivets Aarsberetninger. København 1856-58, fot.optr. 1974.

Schulz, Fritz, *Principles of Roman Law*. Oxford 1956.

Siems (1992): Harald Siems, *Handel und Wucher im Spiegel frühmittelalterlicher Rechtsquellen*. Monumenta Germaniae Historica, Band 35. Hannover 1992.

Skautrup, Peter, *Hardiske Mål*. Bd. I: Hardiske Sprogkilder. København 1930; Bd. II: Kildekritiske Forudsætninger. Aarhus 1942.

Skautrup, I og II: Skautrup, Peter, *Det danske Sprogs Historie*, Bd. I. København 1944; Bd. II. København 1947, 2. oplag 1968.

Skyum-Nielsen, Niels, « Den danske konges kancelli i 1250'erne ». *Festskrift til Astrid Friis*. København 1963, p. 225 ff.

Skyum-Nielsen, Niels, « Kanslere og skrivere i Danmark 1250-1282 ». *Middelalderstudier tilegnede Aksel E. Christensen*. København 1966, p. 141-184.

Skyum-Nielsen, Niels, *Kvinde og slave*. København 1971.

Soliva, C., *Die Renunciationen in den Zürcher Urkunden*. Zürich 1960.

Steenstrup, Johs., *Nogle Hovedtræk af Skriftarternes Historie*. København 1915.

Stelling-Michaud, Sven, *La diffusion du droit romain en Suisse*. IRMAE, Pars V, 12 b, 1977.

Stemann, Chr. L.E., *Den danske Retshistorie indtil Christian V's Lov*. København 1871.

Stengel, E., *Nova Alamanniae, Urkunden, Briefe und andere Quellen I-II*. Berlin 1921-30.

Stiennon, Jacques, *Paléographie du Moyen Age*. 2ᵉ éd. Armand Colin. Paris 1991.

Stölzel, A., *Die Entwicklung der gelehrten Rechtsprechung in den deutschen Territorien*, Bd. 1. Stuttgart 1862, Neudruck 1964.

von Stryk, Karin Nehlsen, *Die boni homines des frühen Mittelalters*. Freiburger Rechtsgeschichtliche Abhandlungen, Neue Folge, Band 2. Berlin 1981.

Tamm Retshistorie: Tamm, Ditlev, *Retshistorie*, bd. 2: Romerret og Europæisk Retsudvikling. København 1991.

Tangl, M., *Die päpstlichen Kanzleiordnungen v. 1200-1500*. Innsbruck 1894.

Tisset, Pierre, « Mythes et réalités du droit écrit ». *Études d'histoire du droit privé offertes à Pierre Petot*. Paris 1959, p. 553-560.

Trusen 1962: Trusen, Winfried, « Anfänge des gelehrten Rechts in Deutschland. Ein Beitrag zur Geschichte der Frührezeption ». *Recht und Geschichte*, Bd. I. Wiesbaden 1962.

Trusen 1977: Trusen, Winfried, « Zur Urkundenlehre der mittelalterlichen Jurisprudenz ». *Recht und Schrift im Mittelalter*. Hrsg. v. Peter Classen. Vorträge und Forschungen Bd. XXIII. Sigmaringen 1977, p. 197-219.

Voltelini, A., *Die Südtiroler Notariats-Imbreviaturen des dreizehnten Jahrhunderts*, T. 1. Acta Tirolensia.

Wieacker, Franz, *Privatrechtsgeschichte der Neuzeit*, 2. Aufl. Göttingen 1967.

Table des matières